英語教育史
重要文献集成

［監修・解題］江利川 春雄

■第10巻■　英学史研究

◆日本英学史話

勝俣銓吉郎

◆東京の英学

東京都都政史料館

ゆまに書房

凡　例

一、「英語教育史重要文献集成」第Ⅱ期全五巻は、好評を頂いた第Ⅰ期全五巻に引き続き、日本の英語教育史において欠くことのできない重要文献のうち、特に今日的な示唆に富むものを精選して復刻したものである。いずれも国立国会図書館デジタルコレクションで一般公開されておらず、復刻版もなく、所蔵する図書館も僅少で、閲覧が困難な文献である。

第六巻　英語学習法一

第七巻　英語学習法二

第八巻　英語教員講習一

第九巻　英語教員講習二

第一〇巻　英学史研究

一、復刻にあたっては、歴史資料的価値を尊重して原文のままとした。ただし、寸法については適宜縮小した。

一、底本の印刷状態や保存状態等の理由により、一部判読が困難な箇所がある。

一、第一〇巻は、明治前期までを対象とした英学史研究に関する次の二篇を収める。

勝俣銓吉郎「日本英学史話」『丁酉《ていゆう》倫理会倫理講演集』第四百六十九輯、一九四一（昭和一六）年一一月一日発行、Ａ５判、全二一ページ。

東京都都政史料館『東京の英学』（東京都史紀要第一六）、一九五九（昭和三四）年三月発行（奥付なし）、Ｂ５判、謄写刷、全二七五ページ。

前者は倫理雑誌に収録されたこともあり、英語教育関係者には知られざる講演筆記である。後者は、慶應義塾などの英学教育機関（とりわけ英学私塾）について、豊富な人物誌を交えて描いた資料的価値の高い一冊である。

一、本巻の復刻に当たって、複写等で協力をいただいた上野舞斗氏（和歌山大学大学院生、現・関西大学大学院博士課程）に感謝申し上げる。

英学史研究　目次

勝俣銓吉郎「日本英学史話」
東京都都政史料館『東京の英学』
解題　江利川 春雄

日本英学史話

（明治三十七年一月十一日第三種郵便物認可（毎月一回一日發行））
（昭和十六年十月廿五日印刷納本　昭和十六年十一月一日發行）

第四百六十九輯

丁酉倫理會
倫理講演集

十一月號

日本科學史に就て……理學博士　小泉　丹……（一）
日本英學史話……勝俣銓吉郎……（七）
教育の臨戰態勢……小尾範治……（二八）
錬成と科學……大島正德……（四一）
敬遠離隔の禮制に就て……文學博士　植木直一郎……（五一）
伊藤博文公の謝恩追懷談……麻生正藏……（七六）
パスカル研究の一書……文學博士　桑木嚴翼……（九三）
お銀小金の事……文學博士　得能　文……（九七）
故松平直亮伯と修德叢書……文學博士　深作安文……（九九）
新刊紹介

東京　銀座
大日本出版株式會社

日本英學史話

勝俣詮吉郎

今日はかういふ私の先生方を前にしてお話しますので平常教室に於て學生に話をするのと一寸調子が違つてゐますが、教室で生徒に話をしてをるのを、それを傍聽してをるといふやうにして戴かないと話にくくて困りますから、どうぞさういふ氣持でお聽きを願ひます。お話致しますことは、英語がどういふ風にして日本人の間に行はれるやうになつたかを極くざつとお話する譯でありまして、實は私、他日洋行する機會があると思ひまして何か外國に土產を持つて行かうといふ場合に、英語の教師であるといふ關係上、英語の研究をどういふ風にして日本でやつたかといふことを外國人に知らして、日本の英語史の一面といふものを外國に紹介したら面白いであらうと思ひまして、三十五六年前からいろ〱研究もし、文献も蒐めました。日本でさういふ研究をやるには文献蒐集が第一になります。圖書館にある所の文献だけでは當になりませぬので、自分自身の所で圖書館を造らなければなりませぬ。さういふ研究は三十年はかゝると思ひまして、三十年計畫で研究にかゝつたのでしたが、研究の方は碌なことも出來てゐないのです。然もそれを外國で發表しようといふことは今の所難しいのです。私は來年停年になり、學校の關係が再來年切れますし、また今日の情勢から考へて、洋行などといふことは先づ出來さうもないので、かういふ立派な會に其の一端を發表させて戴くといふことは私に取りまして非常に光榮に存じます。私の研究は何れ出來るならば他日英文で發表したいと思つてゐますが、それはどうなるか判りませぬ。英語史研究は日本文のものは二三出てをりますが、まだ〳〵研究の餘地がありまして、また英文に書いて海外に發表する必要もあると思ひます。さういふやうな譯で、今日のお話は時間の關係もあり、迚も十分といふ譯に行きませぬ。南畫風に荒つぽく申上げます。然もそれが下手な南畫ですから、どんな不手際なものが現はれて來るか判りませぬが、まづさういつた心組でお話を進めて見たいと思ひます。

一體日本人が外國の學問を研究したといふことは古いことで、それは、漢學によつたのであることは勿論でありますが、この漢學といふものは御承知の如く眼が縱に動くのでありまして、それが日本人の場合には、今漢學の先生の眼を見ますと縱に踊つてゐます。この漢學が千六百年前から、日本の一つの外國の學問の流れとして續いて來た譯ですが、これが東亞に於ける新體制樹立の上に於きましても亦變つた役割を勤めることになるのであります。今後の漢學は支那語となつて、縱に踊らず眞つ直ぐに動く、直讀直解でなくてはならないと思ひますが、日本の外國研究の一方面として、兎も角漢學といふものがあります。漢學創始から千二百年も經ちまして、始めて西洋の學問といふものが日本に入つて來ました。其の時分には九州が中心でありまして、島原半島からあの邊に隨分西洋文化の華が日本に咲き誇つたものです。其の時分から縦にばかり動いてゐた日本學徒の眼が横に動くやうになつた、これが日本人が思想的に西洋に進出して、世界の日本といふ態勢を取るやうになつた發端であります。其の時代にキリシタン徒の著書がありまして、今日其の時代に活字で印刷した書物を蒐集家は非常に貴重視してをります。今までに明かになつてゐるのが二十七册ばかりあります。中には立派な日歐對譯辭書もあります。皆ローマ字の活字で、向ふから持つて來た活字で印刷したものであります。其の時代は明治の時代と似ていろ〳〵ハイカラなものがあつたやうで、九州の島原邊の歐化は、隨分一時は盛なものであつたと思はれます。其の第二十七册の一册は、去年の十二月本郷の本屋に出まして、一體何圓位するものか、何千圓位かとある人が訊いたら、何千ぢやない何萬だと答へられて魂消たさうです。この本は五千圓位で賣られたといふことです、「おらしよの飜譯」といふ題名の本でラテン語を平假名で書きまして、其のあとに飜譯したものであります、これがキリシタン版の第二十七といふことになつたんです。ローマ字のものが多く十六册ありまして、邦字で書いたものは、十一册位あります。この時代が西洋の學問を日本でやつた始めですが、當時の日本人のキリシタン徒の中にはラテン語を始め、なか〳〵語學に達した人があつたのです。日本刊行のキリシタン版を世界中漁り廻つた、アーネスト・サトウといふ人が明治の初期に、その解題を一册刊行してをりますが、これ等が今日流行してゐるキリシタン研究の草分けであります。近代の日本研究といふことは大抵外國人から始まつてゐますが、其の外國人は英國人が多く、米國人の研究といふものは比較的少ないので、アジア協會の雜誌を見ても判りますが、日本研究は大抵英國人から始まつてゐるといふ風に見えゐるのであります。日本語の近代的研究にしても、英國人チェンバリン博士から始まつてゐるやうな譯です。兎に角、キリシタン時代に西洋の學問が入つて始めて日本學徒の眼が横に動き出してをります。（講演の後で井上哲次郎博士は佛徒の梵語學習で日本人の眼は幾分横に動いてゐたといふ事實があると注意せられた。）

一體日本人は器用に出來てゐて、手足の指にしてもその働きが巧妙で、手先の業とか水泳とかでは世界的に優秀性を持つてゐるのであるが、日本人のインテリの眼も隨分いろ〱の方向に動くので、眼の動き方から云つたら日本人は非常に勝れた人種があると言へやう。眼の動きは自然頭の活動となるので、日本人の頭は相當勝れたものであると、かう考へられるのであります。又日本人はかなり雜種であるといふことから、世界の凡ゆる文化に對して共鳴し得るといふことも一面にありますから、世界の魂を持つて、眼が東西に動いてをるといふやうなことは、日本將來の大發展の基礎が其の邊にもあるんぢやないかと考へられるのであります。

さういふ風にして、西洋の學問は南歐系から始まつたのですが、南歐系は極めて華やかではありましたけれども、僅な間で散つて了まつて、キリシタンと共に葬むられてしまひました。これに次いで、擡頭して來たのが北歐系のオランダであります。所謂蘭學が始まつたのは徳川八代將軍の頃からでありまして、八代將軍は學問に非常に興味を持つてをられ、帝王の學問といふのは天文學だ。天文學といふのは政治をやる人の學問だといふ譯で、天文といふことに大に關心を持たれ、天文に關するある西洋の本を見て、誰か讀む者はないかといふ質問をされたのが抑もの始まりで、こゝに西洋の學問の端緒が出來たといふことになつてをりますが、其の時分將軍家の書物庫に青木昆陽といふ人がゐて、この人が今で云へば圖書館の司書といつた格であつたものですから、其の人が同志野呂玄丈とまづ蘭學の研究を始めるといふことになり、長崎に行き僅かな言葉を覺えて來たが、到底飜譯などする力はなかつた。それで其の一代は終つて、後に特殊の人がだん〳〵出來て、蘭學が漸く軌道に乘つて來た。始めは天文學から起つたものが、次は醫學になつた。天文學は民に時を授けるといつて、豐年萬作といふことを狙つた譯でありませうが、それが今度は人間の生命を目標とする醫學の方に變りました。當時の日本は夷狄の學問は嫌つたんでせうが、併し、人命といふものは東西を問はず貴重なものであるから、それが救へるといふならば、どこからでも學問を採入れるのが人道であると考へたので、醫學だけは西洋の學問でも構はぬといふことになつた。さうして其の間に蘭學も相當の發達を遂げていろ〳〵の飜譯も出來るやうになつた。德川時代の日本飜譯全書といつたものが出るといゝと思ひますが、かうした飜譯全書があると、德川時代にどの位蘭學者が其の間に立つて努力したかといふことが一目瞭然と判ると思ひます。德川時代の蘭學者の仕事が捨石になつて、いや立派な基礎になつて、明治の文化が構築されたのでありますから、彼等の事業は日本文化史上重大な位置を占めてをるのであると思ひます。

蘭學者は日本の醫學昂上のために飜譯を始めた。醫學といふものは、凡ゆる學問の緒口見たいなものですから、色々の方面に進んで行きます。現に宇田川家はお醫者さんの家ですが、藥物學から、植物學へ、それから化學へといつた風に研究を進めてをります。その家學は槐園から興齋まで四代の間に、實に欝然たる一つの森林をなしてをるのでありまして、德川の文化史に於て宇田川家といふものは立派な業績を殘してをると思はれるのであります。不幸にして宇田川家といふものは後繼者に惠まれてゐないものですから、先人の遺業が餘りよく世間に知れてをりませぬが、その點は大槻家と全く趣を異にしてゐます。私などども宇田川家の遺品を相當に所藏してゐる關係上同家の日本文化史上の業績を明かにしたものを何か纒めなければならないやうな責任を感じてをります。

兎に角、さういふ風にして西洋の學問が江戸時代に行はれるやうになつた。その學問の目標も變遷して、最後に國防といふ問題に歸着してゐる。天文學から國防といふことはかなり距離があるのですけれども、さういふ風になりまして、天文研究を振出しに人間の生命の研究に移つて、更に國防といふ、國家の存亡といふ所に來たのです。其處で始めて蘭學が政治を帶びて來、非常に重きをなして來た。お醫者さんでは大したことはない、けれども、國防といふ問題になると武士階級の仕事になり、大砲とか、練兵とかいふ國防問題の方から蘭學が非常に重きをなして來た、西洋の學問は蘭學一點張りでやつて來たのですが、其のうちに英語の勢力がだん〳〵日本にも及んで來て、英語といふものは蘭學よりも更に力のあるものだといふことが判つたのです。そこで蘭學はぺちやんこになつた譯です。安政年間には蘭學研究の道具が揃つて來て、印刷した辭書まで出來て來た。この油の乘つて來た時に、蘭學は潰倒して、英語の方にすつかり後事を託して明治の新舞臺にしたてたといふ形になり、この安政時代に福澤さんが、江戸に上つて來た。さて江戸の蘭學者にはどの位の力があるのかといろ〳〵當つて見ると大したことはない。所が横濱へ行つて見て、到底蘭學では用をなさない。新時代は英語でなくてはならないといふことを知つた。そこで急に英語に轉向したんですが、併し、ヨーロッパの言葉は、どの言葉も一國語の方言みたやうなものです。日本といふ言葉からヨーロッパに達するには距離がある譯ですが、ヨーロッパに達してをれば、英學から蘭學に入ることは大した問題ではないのです。第一ヨーロッパにどうして日本から入るかといふことが第一の問題で、後進國として世界文化の中心から離れた日本にとつては先づ第一にヨーロッバに橋を渡すといふことが大事なことで、それで我々の先哲は蘭學をやつた。所で蘭學をやつた人は大抵前に漢學をやつてゐる、漢學はヨーロッパ學ではありませぬけれども、大陸語に接觸するのであるから、從つてヨーロッパ語に移るのも樂になる。福澤さんの場合もさうであつたに違ひない。日本の知識層は蘭學の前に南歐系のラテン、ポルトガル、スペインの語を通じて、日本人のインテリの方には相當の知識が入つて、然もそれが漢學と結び附いて、其の中に入つてゐる西洋の知識が相當この方面からも攝取されて來たのでであります。漢文の書物には明末、淸初の外國宣敎師の書いたいろ〳〵の本がありますが、中には禁書として輸入を禁止されてゐたものもあります。勿論キリシタンのことも書いてあるからでありますが、西洋のサイエンスといふやうな、現代科學を取扱つたのもあります。それを大抵の漢學者は見てをります。キリシタンにしても、徂徠などは危險思想であれば危險思想の正體を認めて置かないと、自分等が或はその危險思想を知らずに人に說いてゐるやうなことがあるかも知れぬといふことを書いてをります。漢學者の間ではこれ等の本を盛に寫したものと見えて、寫本が今日までもちよい〳〵殘つてをります。さういふ風に日本の禁敎であるキリシタンの敎へも漢學を通じて侵入したのですが、同時に西洋の學問が漢學を通じて日本に入つてをります。

英語の傳來は文化年間のことで、その六年に長崎にイギリスの船が入つて來た。敵國の船を分捕らうと思つてやつて來たのです。其の時に英語が判らなかつた爲に、當時の通詞は非常な失敗を演じて、向ふの者が暴れ放題に暴れ廻つてしまつたといふことがあります。この事件で、どうしても英語をやらなければならぬといふことを悟り、當時の通詞が習ひ出したのが日本の英語研究の濫觴であります。其の研究の結果、今日の字引とそれから會話の本みたいなものが編纂され、これが今日殘つてをります。その稿本が長崎の市役所に殘つてをります。これで當時の研究振が窺はれます。

其の後は大した事件もなく、英語の研究も持續されませんでしたが、日本人が英語の重要性を認めるやうになつたのは捕鯨船が日本の近海に集まつて來たといふことがその一つの原因になつたと思ひます。鯨が日本を開いたといふのは奇矯な言ですが、見方によつてはさうも言ひ得るのである。當時日本の近海には鯨が非常に多く、アメリカ其の他から捕鯨船が澤山やつて來た。これ等捕鯨船が水を求め、野菜を求めるといふ風に、海上生活の必需品を彼方、此方で買ひ入れるといふことになり、自然日本と接觸することになつて來た。水戸の彰考館に英和辭書がありますが、其の字引は英語を習ふためのものでなく、寧ろ通信用のものとして編纂されたものらしく思はれる。其の序文を見ると外國船着岸の事件があつた時に其の字引を持つて行つて、適當の文句の所を指で指して示したら意思が先方に通ずるだらうといふので、かうした字引は、武の方の一つの道具であるといふことが書いてあります。捕鯨船が盛に來るといふことがやがてペルーが日本にやつて來る背景になつたのであります。捕鯨のことを書きましたアメリカの海洋小説家で有名なハーマン・メルヴヰルのモービー・ディックといふ本には、我々は日本の直ぐ近くの所まで來てをる。若し日本が他日開國したら、それは我々捕鯨船の手柄だといふことを書いてをります。さうして、愈々アメリカが來て、日本が開國といふことになりますと、第一に英語といふ問題が起つて來て、それから英語が盛になり出したのであります。

「蕃書調所」といふ所でも、オランダ語を敎へてゐました。私は「蕃書調所」の印を押した木版の官版敎科書を最近手に入れました。これでオランダ語を敎へたものだと察します。所がオランダの影が薄くなつて、英語の方が旭日の勢を示して來ました。俗に「木の葉文典」といふ極く薄つぺらな本が出てをります。それから「枕辭書」といふ英和辭書も出てゐます。「まゝら」といふのは寢てゐて見られるといふことであると思ひます。が、大きさと格好が枕にするのに至極便利になつてゐます。この字引は文久二年の出版です。この日本最初の刊本英和辭書の前にオランダの字引が出來ました。日本で日歐對譯の辭書が出來ましたのは、九州が始まりで、天草、長崎などで出來ました。これ等の對譯辭書は西洋人が作つたので、ローマ字で書いてあります。日本人が最初に作つたのはハルマといふ人のオランダの蘭佛對譯書を臺本にして編纂した「江戸ハルマ」で、これが寛政八年に出來ました。これは稻村三伯といふ醫者の苦心に成つたもので、三伯は藩の人で大槻盤水の塾に入つたのですが、鄕里へ歸つても字引がなければ學問を進めることが出來ないから駄目だといふので、辭書の編纂を思ひ立つたのですが、非常に好い思ひつきだつたと思ひます。さういふ字引を作らうといふことを思ひ立つて、蘭學者の間を歷訪したり、同志の力を借りたりして割合に短い間に成業したのであります。樂翁公のお出入りに馬田《ばだ》といふ蘭學者があります。石井恒右衞門とも言つてをりましたが、其の人が蘭學に達してゐたものですから、其の人に大體飜譯して貰つて、それを土臺にしたものと思ひますが、當時の蘭學者は大抵自家用として字句を書留めて置いた小さな字引みたいなものを持つてをりましたので、さういふものを狩り集めて一つに集大成したものが今の「江戸ハルマ」といふのでありまして、それをどうして印刷したかといふと、見出語を木版にして三十部刷つたといふんですから、少しばかり刷つては解版し、それからあとを組み、又解版するといふやうにやつたものだと思ひます。譯語は筆記になつてゐます。其の字引を私は大震災の翌年早稲田の近所で買ひました。もう一つは水戸の彰考館にありまして、是は水戸の徳川家の所藏です。私のは名古屋の徳川家の物でした。それを御殿醫が貰つたんです。もう一つは何處から出たか知りませぬが、去年の十二月に神田の本屋に賣物に出てゐましてびつくりしました。三十部の中で二部も殘つてゐるさへ不思議であるのに、もう一つ出て來たといふので、私は驚いた。確に間違のない品です。「江戸ハルマ」には序文もなく、誰が見ても一寸それとは判らない。たゞ終りにオランダ文で寛政八年二月十八日といふ日附が印刷してあります。神田のは目録に一千八百圓といふ値段が出てをりますが、千八百圓でも非常に安いと思ひました。國寶的な物で、さういふ難事業が日本人の手で完成されたのだといふのは、學問に志が篤いといふ點から言つても非常に立派な文化財であると思つてをります。その寫本を作ると言つても千圓では出來ませぬ、紙丈でも大變なものです。あれを書いたんですからこれも大變だと思ひます。一人の手蹟ではありませぬから大勢かゝつて書いたものと思はれます。見出語は勿論横書きであるが、筆記の譯の方は縦になつてゐる。横文字と同じやうに日本の字を横にするといふことは、とても大變なことだつたと思ひます。横に行く横文字同様邦字を横に書くといふことは明治六年頃の辭書になつて始めて見受けるのであります。結局ローマ字譯の辭書のローマ字を邦字にして辭書を作つた時などから馴致されたものであらう。書法上の從來の習慣を捨てゝ新らしい行方をとるのはなか〳〵困難な事で、かういふ點から見て邦字の横書化は面白い題目です。また鉛製活字本は德川の末から明治の始めにかけて出版されてゐますが、德川の末期以前のものは、皆木版であります。所が、德川の始め、或は其の前のキリシタン學林から出たのは勿論鉛製ローマ字活字で印刷してありますが、その印刷式は中斷され、その後の德川時代の出版は整版又は木活版でありまして、文久になつて始めて鉛の活字を使つたが、然も邦文譯の方は依然木版でやつてをつたのであります。

そんなことをいろ〳〵考へて見るとなか〳〵面白く感ぜられます。德川時代は、鎖國と共に西洋との學術的交流が其の間は停止したといふやうになつてゐたが、僅にオランダの學問といふもので西洋と僅に接觸を保つてゐた。その一脈は長崎によるもので、長崎の人間に譬へて言へば、臍のやうなもので、こゝを通じて僅に西洋との氣脈が通じてゐたものであります。恰度牢舍に入つてゐる人が小さな窓を通じて僅に太陽の光線に觸れるやうに、日本が長崎を通じて僅に西洋と呼吸してゐたのである。それが開國となつてから、特別長崎に依る必要がなくなつた。其の跡が卽ち長崎といふ臍になつてゐるといふ風なことを書いたことがありますが、鎖國日本にとつて長崎は西洋を見るところの一つの窓だといふのであります。極めて明りの通りの惡い薄ぼんやりした窓だつたといふ譯です。

今字引のことを申上げましたが、英語の方はその學習が本格的になつてから僅かに九十何年で、抑もの始めからいつても百三十年位の歴史しかないのですから、この歴史を研究する場合材料が乏しいのです。私は三十五年ばかりその蒐集をしてをり相當に持つてゐる、恐らく個人として最も完全に集めたんぢやないかと己惚れてゐますが、それでも大したことはないのでありまして、英語だけでは餘り面白くないので、だん〳〵オランダ語研究の資料も蒐めることになりました。オランダの方は流石に期間が長いだけに面白いものがあります。ハルマの譯は前に申上げました「江戸ハルマ」の外にもう一つ西洋人の編纂したのがありまして、長崎の通詞を助手としてやつたものです。編纂の主腦者はヅーフといふ蘭館の甲比丹で、ナポレオン戰爭の結果、歸ることが出來ず、永く日本に滯在中長崎で字引を作りました。ナポレオンの影響が極東の日本にまで來たのでありまして、是は寛政に日本人が作つたものより後で出來たものですが、別にそれを參考してゐないらしいんです。しかしさういふものがあるといふことをヅーフ自身が序文に書いてゐます。通詞を使つてゆつくり構へて作つたこの字引が安政頃になつて木版に印刷されてゐます。多少訂正を加へてゐますが、大體長崎ハルマ其儘の印行であります。

長崎ハルマは、要領を得てをるといふことの評判を取つてゐたが、江戸ハルマの方は要領を得ない所が少くないので、印刷するとなれば、結局長崎ハルマを印刷することになつたのです。西洋關係の物を出版することは當時官憲が容易に許さなかつたのでありますが、何かいゝ手蔓を得たと見えて、桂川家では官許を得て印刷したのですが、其の時は既に蘭英過渡時代に入つてをり、長崎ハルマは大した役割りを勤めないで、あたら葬り去られたものと考へます。それから間もなく世は英語時代に入つてをりますから蘭和辭書は殆ど何の役にも立たないからであります。世の中の事といふものは實に皮肉なものです。日本人が長崎で英語をやり出した時に誰を先生にしたかといふと、オランダ人で英語の出來る人といふので、軍人上りのブロムホフといふ人を先生にしてやつたのです。ブロムホフは結婚して間もなく此方に來たもので、子供が一人あつたが、妻君があとからやつて來て、長崎で同棲しようとしたが、日本に西洋女を置いてはいけない掟なので、名殘り惜しげに歸つて行つたといふ、斷腸の思ひで歸つて行つた。當時世間の噂の種になつたものらしく、錦繪其の他の繪に夫人と子供の姿が出てゐます。又ボクサーといふ日本の研究に熱心なイギリスの軍人がありますが、この人は今シンガポールあたりで、日本通として大ひに用ひられてゐることゝ思ひます。數年前ボクサー氏は日本の軍隊に入つて軍事を研究してゐました。イギリスにゐる時分から日本語がよく出來て、日本に來ては日本の文献をよく讀めるやうになつたので、日本の根本文献、例へば史學雜誌といつたやうな權威ある雜誌に現はれた日本と西洋との交渉を研究して西洋で出版したものがあります。西洋人中には隨分怪しい日本研究家がありますが、是はインチキでなく、熱心な研究家でありまして、然もオランダ語も、ポルトガル語も、ドイツ語も出來る人です。この人がブロムホフ一家を描いた立派な畫を手に入れましたが、後故あつて手離し、今では東京帝大の所藏に歸してゐます。長崎の通詞達はこのブロンプスといふ人から英語を習つたんですが、その研究の成果が、前に申上げました小さな「諳厄和亞語林大成」といふ、一萬に足らざる語彙の字引と、そして初歩の會話の本が出來上つた譯です。ブロムホフは日本に於ける最初の英語の先生で、日本人の最初の英語教師はオランダ人でありまして、日本人は何から何までオランダ人に紹介して貰つたのであると考へさせられることになります。其のずつと前に來朝したイギリス人のウィリナム・アダムス即ち三浦安針がありますが、これは英語を教へたといふより寧ろ日本語を習つた日本人のやうになつてしまつた方で、家康に數字を教へたといふことは傳はつてゐるが、英語を教へた形跡は何もありませぬ、但しジェームス王からの國書の飜譯はやつてをりますから、英文和譯の元祖はウィリヤム・アダムスであると言つて言へないことはないでせう。併し英語を教へたのは蘭人ブロムホフであります。

其の次に日本人の英語教師をやつたのは米國人で、名をマクドナルドといふスコットランドとアメリカインディヤンの混血兒で、此のマクドナルドが日本に渡來したのです。此の人の父はハドソン河の流域で毛皮會社の仕事をやつてゐた。その社の政策として、土人と意思疏通を計る一つの手段に土人の娘との結婚を奬勵してゐた。さういふやうな譯でマクドナルドの父は土人の娘と結婚した。其の間に出來たのが英語の教師をやつたマクドナルドです。母はチヌリ族の酋長の娘で、この種族はアメリカインディヤン中文化の高いので著明であります。其の居住區域オレゴンには毛皮の商賣人が集まつて來るので、一種の國際語みたいなものが出來てゐたといふことが書いてあります。ところが、マクドナルドの母は早く死んでしまつて、其の後にドイツ系のスエーデン人か何かの後妻が來たのですが、後ちにイギリス人の家庭に移されてイギリス式の教育を受けたのです。ですから、マクドナルドの英語は立派なものであつたと思ひます。其の人の日本渡來の動機といふのはかうです。自分等アメリカインディヤンはその祖先は日本人と共通だ。で、日本はまだ開けてゐないから自分等が行けば大將株になれるだらうと思ひ込んで、日本行きの考へを起して、日本の近海に行つたら必ず降ろすといふ條件で捕鯨船に乘組み、とうとう日本にやつて來て北海道で下船した。ところが、捕まつて長崎に送られ、其地でかれこれ十ヶ月位滯在してゐる間に英語を教へたのです。森山多吉郎も、最初に英和辭書を作つた堀といふ人も皆マクドナルドの弟子で、殊に森山は秀才で、クラスの中でも傑出してゐたので大に褒めてをります。マクドナルドが殘した材料に依つてある米人が書いた傳がありますが、この本にそのことが詳しく書いてあります。で、兎に角日本人は非常に悧巧な國民だから必ず他日大いにやるに違ひない。自分の生徒で判るといふやうなことを書いてをります。この人が國に歸つて行つてからは、土人として知能の點が懸け離れて高いので、土人の女を貰ふといふ氣にはなれず、さればといつて、白い肌の女を貰ふといふことは女の方で毛嫌ひをするといふやうな譯で結婚が出來ず、一生を獨身で通し、非常に慘めな生活をやつたやうですが、さういふ人が新日本の曙光の見えた頃の英語の先生だつたのです。

それから、明治に入つてからは英語の勢力といふものは大變なもので、帝大などは、西洋人の學校かと思はれる程澤山に主として英米のお雇教師を使つてゐたものです。當時帝大は外國人が外國語で外國のことを敎へる所、慶應は日本人が外國語で外國のことを敎へる所、早稻田などは日本人が日本の言葉で西洋の新學を教へる所、大體かういふ風に考へられてゐたのであります。日本人が日本人に教育を施す場合に西洋の本で教へるのでは國語の獨立性が無くなるから國家の體面に關する、そこで早稻田では日本の言葉で新しい學問を日本人が教へることを學の獨立といつてをりましたが、今では考へ方が變つて來まして、いつも知識的負債國ではいけない、債權國になつて、日本人の知識を外國に輸出せよといふ風に、「學の獨立」を解してをります。明治初期の官立學校は皆英語の雰圍氣が濃厚で、學校以外には西洋人の居らない所は大抵ない位でした。政府の各省にそれぞれ西洋人が顧問として雇入れられてゐたものです。

極めて亂脈なお話を致しましたが、今言つたやうな譯で、英語がだん〳〵、世界の情勢から言つて日本にとつて一番必要だと考へられてゐたのですが、今日では極めて影が薄くなりつゝあるやうに見えます。しかし、私は日本人にとつて英語といふものは外國語ではない日本語だ。但し、一般の日語ではない、インテリの日本語だと、さう考へてゐる次第であります。どうしてもインテリといふものは二つの言葉を持たなければならない。言葉といふものは文化生活から見て根本的なものである。二つの言葉を持たなければ世界的の人間にはなれない。どうして眼が二つあるか、手が二つあるか、足が二つあるか。足は一本では進めない、進んでも遲々として捗取らない。一方の足で立つて一方の足で進まなければならない。一方の眼で右を見、一方の眼で左を見なければならない。視野を廣くしなければ間違ひが起り易い、耳と共に世界の耳目にならなければいけない。一つの言葉では文化人としての活動は十分に出來ない。古來日本のインテリは二つの言葉を持つてやつて來た。昔の人も二つの言葉を持つてゐた。その一つは書く言葉で、話す言葉ではありませぬけれども、兎に角二つの言葉を持つてゐた。漢學の場合は書く言葉ですが、それが國語と結び付いて東亞に於ける日本今日の地位が築き上げられたのである。眼が縱に動いてゐたのが、横文字の研究で横に眼が動き出して、西洋にまで眼が届くといふことが日本の世界的發展といふことになるのであります。「西洋の思想は牛肉を食べて非常に高價な費用をかけて造り出した思想である。それを日本は、米の飯で菜食でこなさうとするから、そこに無理がある、近眼になり、肺病になる。」こんなことをハーンは書いてゐますが、少し位健康を害しても西洋の思想や國情を知る必要があります。又そんなに健康を害さないやうにもやりやうに依つては出來るんぢやないかといふ風に我々は考へてをります。英語が今非常に攻撃されてをるやうですが、昔漢學は廢してしまへ、漢學なんかやるなといふのと筆法が似てをるんぢやないかと思ひます。

斯くて千六百年の間二つの言葉を持つて來た日本が、今日その一つの言葉として世界的のものを持つてやるといふのは、當然日本の强味であつて、世界から恐れられる一つの根據となるのであります。英語は橋渡しだ、東洋人が世界に手を伸ばすにはヨーロッパの言葉を驅使する必要があります。そしてそのヨーロッパの言葉は第一に英語をやるのが一番自然である。それは、ドイツ語なり何なり、自分の職域の關係からいろ〳〵の國語に移つて行く飛石になるものです。自分は英語の教師であるので、我田引水的だといふ非難を受けるかも知れませんが、今日日本の外國語教授では、恐らく英語の教授法が一番進んでゐると思ひますが、それでも改善すべき點が多々あつた。所期の成績が得られてゐない。單に英語のみならず日本語の教へ方も好成績を示してゐない。英語の教師から見ると、今日の日本の言葉を國語として見ることは却つて我々英語の先生の方がよく判るので、東亞の大陸に日本が進出して行くといふやうな場合に、結局從來の國語學者の考へ方ではいけないので、外國語を教へてゐる人の考へ方で見直さなければいけないかと思ひます。自分自身さういふ新式の字引を編纂してみようといふやうな企てを起したのであります。我々のやうな外國語使用者にして始めて日本の言葉といふものゝ姿をはつきり認められるやうに考へられるのであります。極めて普通の日本語をぢつと見詰め、これを忠實に記録し、さうしてこれを整理し、日本語の眞面目として世界の日本語研究者に送りたいものだと考へてゐます。それには英語の説明が必要で、二つの言葉が列んでゐるといふことが非常に必要なことのやうに思はれますから、私の最後の御奉公としてさういふことに全力を盡したいと思つてをるのであります。教師としては圖書館に墓標を遺せば澤山です。メチニコフが自分が死んだら灰を圖書館に納めて呉れと言つたが、それが我々の本願でなければならない。何か役に立つ本を圖書館に遺せば自分の功名になる。墓なんかといふものは何もなくていゝんぢやないかと思ひますから、最後の御奉公としてさういふことをやりたいと思ひます。

これまでお話申上げたのでもうお話は盡きたのでありますが、蒐集の事を一寸附け加へさせて戴きます。私は蒐集家として蒐集した物は何處か適當な必要な所に比較的纏まつて納めるといふことが願はしいと考へてゐます。從來の蒐集家を見ると、散らばしてしまつたのが多いのでありまして、私は何かそれを、成るべく有益に殘るやうにしたいと思つてをります。自分の持つてをる物を一番澤山持つてゐる人に讓つてしまふ、といふことにでもすると、其の人が研究するのに便利だから、既に相當集まつてゐる所にそれを補强するやうに分配したらと思つてをります。大槻家がその關係のある東北大學に自分の物を納めるといふことを聞きましたが、これ等は非常に結構なことゝ思ひます。何か意義あるやうに處分したいと思つてをります。

私の蒐集は、日本と英語の關係から始まりまして、それが日本とオランダに移り、日本と南蠻系の關係に延び、更に日本の西洋との交涉に擴がつて行きまして、それに關聯した物で目についた物は大抵買つたのです。凡ゆる日本と西洋との接觸の痕跡が現はれた物、或は磁器、陶器にあるといふ風にいろ〳〵な物があるのでありまして、さういふ物を集めて御覽に入れたら面白いと思ふのでありますが、つい用意が難しくて持つて上りませぬでしたが、蒐集家は、たゞ蒐集する人もありますが、私は研究が主でありますので研究をやります。閑却するやうなことは出來ません。硝子なども、矢張り西洋關係なので蒐めてをりますが、是は陶器のやうに窯印といつたものが殆どない。非常に研究が難しい。たゞ蒐めたといふだけで一向何も發表が出來ないといふ風になつてしまつたのですが、其の他の物品も蒐めて見ました。和時計等も少し蒐めて見ました。時計製作は日本人が込入つた機械を取扱つた最初のものだらうと思ひますので、興味が深いのであります。それから鐵砲――鐵砲といふものを日本人が製作したので、鐵をいぢることが巧みになりまして、明治になりまして活字の字母を造るには鐵砲鍛冶が一番上手だつたといふことである。物を蒐めるのは月謝を拂ふといふ積りで買ひ集めます。蒐集家も樂ではないので、金が少し位あつても餘程努力しなければ蒐まらないのであります。蒐集といふことは面白いことは面白いが骨が折れるので、三十何年も續けてやる人は少ないので、五年位で變つて了まふ人が多い。私等は少し鈍の方で、從つて根がありまして、始めから今まで同じ筋の物をやつたもので氣の早い人は驚いてゐます。十年一日の如しといひますが、私は三十五年も四十年も一日の如くやつて來て漸くどうにか纏まり、いくらか研究も出來たのであります。今日はかういふやうな立派な席に御伺ひしまして、皆樣に私の詰らないお話をすることが出來ましたことは誠に光榮の至りでございます、重ねて御禮を申上げます。

（六月十七日、本會研究會講演）

明治三十七年一月十一日第三種郵便物認可（毎月一回一日發行）
昭和十六年十月廿五日印刷納本 昭和十六年十一月一日發行
丁酉倫理會 倫理講演集 第四百六十九輯 ㊥ 定價四十錢 郵稅一錢

東京の英学

東京都史紀要　第16

東京の英学

東京都 都政史料館

昭和34年3月

東京の英学　正誤表

ページ	行	誤	正
一三	一八	Nevius	Nèvius
一四	三	Cochram	Cochrain
三四	四	最初の女学校	最初の公立女学校
三八	一二	計ふるば	計ふるは
五六	一七	都市紀要	都史紀要
六五	三	生徒をより可愛がり	生徒をよく可愛がり
六六	五	Yes, Your	Yes, your.,
七五	二	私塾学塾の	私塾家塾の
七八	六	共学塾の最盛時	英学塾の最盛時
八四	七	勧業義塾	勧学義塾
八八	一〇	行政纂	行政纂
九一	三	多ろ方で	多い方で
〃	八	「… 外国人教師各一覧」	「… 外人教師名一覧」
九四	三	Christ●per	Christopher
一〇四	二	作文公和文	作文公私文
一一〇	七	ビネオ	ピネオ
一一一	四	目的とせんは	目的とせしは
一一五	一六	Strattou'e	Strattons
一二四	一	ミツシン関係	ミツション関係
一二四	一三	男性徒	男生徒
一二六	三	「… 外人教師各一覧」	「…外人教師名一覧」
一二七	一八	伝導六分	伝道六分
一四〇	一〇	始業したいうのである	始業したいというのである
一六〇	九	「自由之理解顕」	「自由之理解題」
一六七	一六	「府下居住外国人明細表」	「府下居住各国人明細表」
〃		…学校にと雇傭されてもいまの	…学校にも雇傭されているの
一七三	一四	… for forty gears	… for forty years

はしがき

「東京の英学」は、むしろ、「東京の英学私塾」とした方が、より適切であつたかと思う。なぜならば、本稿では、東京の英学そのものを探究するというよりも、学制頒布前後における東京の私塾の実態を、とくに英学私塾にしぼつて、あきらかにすることに重点をおいたからである。

明治初期の英学は、英学それ自体の課題として、英学史の上から追求されるべきものであろうが、ここでは、蘭学にかわつて、急激に隆盛となつた英学が、学制の頒布を契機にどのような前進をみせたかを、英学私塾の設立状況から眺めようとしたものであつて、方式は変つているけれども、明治初期における東京の民間教育事情の解明を主眼としたものである。したがつて、これを、東京の英学史としてみれば、中途半端で問題の核心をそれており、また、教育史のひとコマとしては、きわめて変則的なものとなつたのもやむをえない。

それにもかかわらず、当時の教育事情解明のため、英学私塾だけをとりあげたのは、それが女子教育発達の端緒となり、また、私立大学への最初の芽ばえとなつたからであり、しかも、英学私塾の受難期、崩壊期に、民権思想の擡頭にうながされて、かえつて活発に創設され、法学系大学の萌芽となつた専門学校群とは、設立の契機を異にしており、それらに先行していた点をあきらかにしたいと考えたからである。

本稿の中心史料となつたのは、旧東京府文書として当館に収蔵されている「開学願書」、「開学明細調」などの私学教育関係の記録である。いままでの明治初期英学教育関係の述作は、もつぱら、「文部省年報」によるものであつたが、この機会に、旧東京府の教育史料を紹介することができたのはよろこばしい。

本稿の執筆は、手塚龍麿が担当した。細目については、自序によられたい。

昭和三十四年三月

都政史料館

自序

国防のための英学の研究は、長崎を中心として展開され、のち江戸や水戸にも及んだけれども、それは、あくまで鎖国的、非公開的な、いわば、きびしい監視のもとにおこなわれたものであつて、市民の教育とは無関係であつた。

それが明治期に入つて、文明開化の脚光を浴びると、西洋文化摂取のための手段として、新しい性格を帯びるようになり、とくに、四民平等のたてまえから、一般市民にまで解放され、近代的教育制度と結びついて急激に前進した。幕府崩壊のあとをうけ、官学の復興がまだ緒につかないうちに、英学への関心は旺盛となり、「学問のすゝめ」や学制頒布の趣旨にはげまされ、ささえられて、一八七二年(明治五)には英学を主とする私塾の創業も頂点に達した。

本稿では、このような英学私塾創設のうごきを、当時の「開学願書」その他の教育史料を中心にさぐり、その実態をあきらかにしようとした。

しかし、東京の私塾を中心とするにしても、英学の隆盛は全国的な現象であつて、東京だけをきりはなしたのでは、東京そのものの英学の姿も十分に理解することはできない。とくに、東京の英学が、どのみなもとから流れ出ているかをあきらかにすることはできない。そこで、東京の英学のみなもとをたずね、その系譜をたどるために、中央の官学や地方の官公私学についても一瞥した。

本稿は、序説と九項目からなる中心部分と史料篇、作表および付録の年表とで構成されている。序説の「日本英学小誌」は、東京の英学がどのような系列に属するものであるかを示すためのものであり、東京英学との関連性をあきらかにするていどにとゞめた。

中心部分の九項目のわけ方は、それほど体系的に仕組んだものではない。私塾の実態にふれたものの九篇を適宜排列したにすぎない。

史料篇を加えたのは、旧東京府文書にある教育史料の一部を、そのまゝの形で紹介したいと考えたからであり、その選択は、当時隆盛であつたものを主にした。

作表と年表は、本文記述の便宜のため、あらかじめ用意したものに、いくらか補筆したにすぎないが参考のため加えた。年表の開始が一八五一年（嘉永四）であるのは、東京の英学に、もつとも直接する時期であると考えたからである。この年表では、私塾の創立年次をあきらかにするとともに、英学塾関係者の編著書や私塾で使用されたテキスト類の翻訳書、辞書などを、できるだけ加えた。

明治初期の英学塾の実態は、「開学願書」その他の記録文書だけからは浮き出てこない。英学関係で、もらすことのできない私塾でも、記録に残つていないものが多い。そのおぎないのためには、できるだけ広く、校史、伝記類、その他、当時の新聞などについて関係記事を採取することにつとめた。

本稿では、その性質上、多くの外国人名がもちいられている。本文と作表では、その綴字の判明しているものについては原綴をかきそえ、それとともに、底本にみられる独特のよび方はあらためた。外人名のカナうつしによるあらわし方はむずかしく、問題もあるが、本稿では英米人が主であるので、引用文の場合をのぞき、思い切つて、明治時代から慣用されてきた変則的なよみ方は全部排除した。

本稿で、しばしば出てくる「明治初期」というのは、きわめて漠然としたものである。学制頒布の年次を

（Ⅲ）

中心として、私塾成立の最盛時からその崩壊期といわれる十年代の初期、学制から教育令へのきりかえの時期までを一応の目安としたが、十年前後の記録文書は、書庫改造中のため十分利用できなかった。この点は次の機会に補足したい。

いま、全篇を通覧して残念に思うのは、英学私塾についての記述が、平板な説明だけにおわり、あらゆる点で、突込みの不足していることである。一例をあげるならば、英学私塾の教則からも、もっと思想的背景とでもいうべきものを探るべきであった。英学私塾の中心として創立のもっともふるい慶応義塾では、漢学は、封建制の基盤である儒教思想にささえられているというので極力排撃されていたけれども、箕作秋坪の三叉学舎においては、漢学を知らぬ洋学者は役にたたぬとして洋学とともに漢学を重視した。中村正直の同人社でも同様であった。この二つの教育方針を比較考量して、当時の英学教育の実態にふれてみたら、一層興味深い結果がえられたであろう。今後の課題として次の機会をまちたい。

一九五九年三月

都政史料館にて

手塚龍麿

東京の英学　目次

序説——日本英学小誌……（一）
英学という言葉……（一）
わが国における英学のおいたち……（四）
ウイリアム・アダムス（四）　フェートン号事件（五）　米人ラナルド・マクドナルド（七）　漂流者中浜万次郎と浜田彦蔵（九）　プロテスタントの宣教師たち（一一）
蘭学から英学へ……（一四）
江戸英学の特徴（一五）　蘭学の頽落（一六）　蘭学から英学へ転じた人たち（一七）
1. 明治初期の東京の英学私塾（学制以前）……（二一）
明治英学の明暗……（二二）
「学問のすゝめ」の及ぼした影響……（二六）
官学と私学……（二九）
開成学校・大学南校（三〇）　地方における官（公）学の創設（三二）　東京府洋学校（三六）　その他（三七）
私学の出現（三八）　私学に対する規制（三九）　尺振八らの建言（四一）　福沢諭吉の上申書（四三）　開塾・入塾・外人雇入れなどの際の届書（四五）
2. 明治初期の東京の英学私塾（学制以後）……（五一）
学制頒布……（五一）
学区制と東京府……（五四）

大区小区の制（五五）　学区と大区小区の制（五六）

学制と私学・私塾……（五六）

明治英学の特徴……（五九）

学制頒布と官学……（六一）

東京英語学校（六二）　東京師範学校（六七）　官設外国語学校統計（六八）

東京の洋学一般……（七〇）

ドイツ学（七一）　フランス学（七二）　その他（七四）

3. 英学私塾概観……（七五）

英学塾という用語（七七）　英学関係の私塾数（七七）　英学塾の最盛時（七八）　英学塾の分布と設置個所（七九）

私塾の経営形態（八一）　私塾の教師（八三）　私塾の生徒（八三）　私塾の経費（八八）

4. 英学私塾の教科内容……（九七）

教則にみられるもの（九八）　正則英語と変則英語（一〇八）　教科書にみられるもの（一一一）

5. 女子・童児を主とする英学私塾……（一一七）

明治の女子教育（一一七）

官設の女子学校……（一二一）

東京女学校（一二二）　開拓使女学校（一二三）

ミッション関係女子学校……（一二四）

A六番女学校（一二四）　B六番女学校（一二五）　原女学校（一二五）　新栄女学校（一二七）　桜井女学校（一二八）　女子小学校（一二九）　喜多英和女学校（一三一）　立教女学校（一三二）

その他の女子私塾……（一三三）

芳英女塾（斎藤女学校）（一三四）　水交女塾（一三七）　上田女学校（一三八）　同人社女学校（一四〇）

児童幼児中心の私塾……（一四二）

培根舎（一四二）　共学舎童子塾（一四三）　錦脩塾（一四三）　稲成学舎（一四四）　幼学舎（一四四）

6. 英学による商業教育と農業教育……（一四五）

商法講習所（一四五）　学農社（一四九）

7. 英学教師の系譜……（一五三）

開学願書にみられる英学指導者たち（一五三）　東京英学の源流（一六一）　開学願書にみられる内外人教師（一六二）
出身学校別にみた日本人教師（一六三）

8. 外人教師の片影……（一六四）

外人教師についての評価の一断面（一六五）　外人教師の閲歴（一六九）　記録に残る外人教師（一七一）　A・J・
ヘア（一七二）　ドラ・スクンメイカー（一七四）　マリア・T・トルー（一七六）　アンナ・H・ギダー（一七八）

9. 英学私塾の衰退と前進（大学への萌芽）……（一七九）

慶應義塾大学（一八二）　立教大学（一八三）　青山学院大学（一八四）　明治学院大学（一八八）　その他（一八
九）

史料・東京府文書を中心にみた英学私塾……（一九一）

慶應義塾（一九一）　攻玉塾（二〇五）　共立学校（二〇九）　同人社（二一六）　共立学舎（二二〇）　三叉学舎
（二二一）　鳴門義民塾（二二五）　共慣義塾（二二八）　勧学義塾（二三二）　有馬学校（二三五）

表

Ⅰ 私塾開設年月等調
Ⅱ 私塾教師・生徒数等調
Ⅲ 明治初期東京在住英学私塾関係外人教師名一覧

付録

東京英学年表（一八五一—一八七九年）

序説――日本英学小誌

「東京の英学」という主題にはいる前に、英学とは一体何かということ、英学にはどういうおいたちがあつたか、そしてそれまでの英学の発達のささえとなつたものは何か、ということについて、ごくかいつまんで一言するのが順序であろうかと思われる。

つまり、英学は、明治期に入つて急激に発達して来たのではあるが、その萌芽期、または胎動期ともいうべき時代があり、この時代をカットするわけにはいかないのである。本論をすすめていく上にも、その前提となる時代について一応ふりかえつておく必要があろう。

英学という言葉

英学という用語は、いろいろに解され、何となく、漠然とした、あいまいさが感じられるが、一応、はじめに念頭にいれておかねば進めにくくなる。現在では、ほとんど用いていないこの言葉も、以前には多くつかわれ、それなりに、その内容を自然にいいあらわしえていたようである。この用語を、いま仮りに、英語学または英文学という言葉とおきかえたなら、英学というものの実体は稀薄になるのではなかろうか。この言葉は、そう限定しないで、その当時に考えられていたもつとひろがりのある内容をもつものとして広義に解釈してはどうであろうか。

そこで思い出されるものは、洋学という皇漢学以外一般をさす用語や、南蛮学、蘭学という用語である。洋学とは、ひらたくいえば、西洋の学問である。西欧の諸科学および西洋諸事情の研究一般を含めていう言葉である。（沼田次郎　幕末洋学史）。南蛮学は、キリシタンの伝来にともないて輸入されたスペイン語、ポルトガル語を媒体とした西洋学であり、蘭学は、鎖国以後、幕末にかけて隆盛をきわめたオランダ語を媒体としたそれである。

英学についても同じように考えたい。試みに「広辞苑」をひくと、英学とは、

① イギリス流の学問
② 英語またはイギリスに関する学問
③ 英語によつて研究する学問

と説明されており、結局においては、英学を広義に解しているようである。ここでも、明治初年から慣用されてきた英学という言葉を、英語を媒体とした西洋諸学の意味に、さらには、イギリス系の学問、したがつてアメリカをもふくんだ意味にとりたいと思う。

この英学は、わが国においては、蘭学を基礎として、それを継続、発展させたものではあるが、この二つの間には、それなりに相違がない訳ではない。

蘭学は、英学の最初がそうであつたように、鎖国時代においては、泰西の兵学をとり入れようという国防的な立場もあつたが、その摂取しようとした学問の内容は、数学、天文学、地理学、博物学、理化学、

医学など、一体に自然科学を中心とするもので、とくに医学は蘭学を媒体とするものの王座を占めていた。蘭学者として名声をはせた緒方洪庵、伊東玄朴、大槻玄沢などはみな医家であつたのでもうなずける。しかし、蘭学と医学とは不可分ではあつたけれども、医学を修得するためだけに蘭学が役立てられたのではなかつた。

のちに英学に転じた福沢諭吉が、はじめ大阪の緒方塾に入学したのは、決して医学を研究するのが目的ではなく、蘭書を学んで西洋文明の主義を輸入して国民一般の思想を一新するためであつた。（石川幹明福沢諭吉P一七〇）。

このことは英学についても言える。英学を「イギリス流の学問」としてとりあげる場合にはその内容は、道徳、哲学、政治、経済、法律、その他自然科学の分野にわたり、また、「英語またはイギリスに関する学問」としてみれば、英語学、英文学などのきわめて分化された専門的研究にも及ぶけれども、「英語によつて研究する学問」という点を重視すれば、英語を通じてなされる学問も、理論的なものばかりでなく、いわゆる「実学」というものが浮んでくる。

この実学というのは、福沢諭吉が「学問のすゝめ」で強調したもので、決して高度の学問ではない。主として国防の立場から、蘭学に代つて必要とされてきた英学も、本稿でもつぱらとりあげようとする明治期においては、この実学修得のためという点で一般性をかちとり、蘭学が特定知識人のみによつて享受されたのとは、比較できないほど前進したのであつた。

だから、英学という言葉には、道徳、哲学、政治、経済などという高度の学問がふくまれる反面、庶民生活にもつとも卑近なものも数えられねばならない。明治初期の英学の内容は、体系的には、程度の高いものはむしろ例外であり、その多くは、英語を通じてなされた普通学であつた。そこで当時においては、英語プロパーのほかの普通程度の諸学科は、地理、歴史、理学、数学、天文、測量、簿記にいたるまでがこの英学という、きわめて大ざつぱな名称の内容をなすものであつたことを銘記しなければならない。

わが国における英学のおいたち

ウイリアム・アダムス 一六〇〇年（慶長五）四月、九州豊後の海岸に漂着したオランダ船リーフデ号（De Liefde）のパイロット、ウイリアム・アダムス（William Adams 1564—1620 日本に帰化して三浦按針という）は、日本へきた最初の英国人としてとりあげねばならない。

アダムスは、イギリス、ケント州ジリンガム（Kent Gillingham）の生れ、ライムハウスの造船業者のもとで十年余年期奉公してから、最盛時のイギリス海軍に入り、Master and Pilot としてスペインの無敵艦隊との海戦にも参加、のちオランダのロツテルダム会社に入り、東インド派遣の五隻のうちの一つ、リーフデ号の航海長（pilot major）となつたが、マジエラン海峡を迂回後、かろうじて今の大分県に漂着した。リーフデ号にはオランダ人ヤン・ヨウステン（Jan Joosten）も同乗していた。

当時、大阪にあつた家康は、アダムスらをよびよせて面接し、関ケ原役後は江戸に伴い外交顧問として邸宅を与え、時々江戸城にまねいて海外事情など聴取したと伝えられる。アダムスの邸のあつた日本橋のまちは、彼がパイロツトであることにちなんで按針町と呼ばれ、相模三浦郡にも領地があつたところから日本名を三浦按針とよんだ。ヤン・ヨウステンの邸のあつたあたりが八重洲河岸とよばれ、按針町ととも今はなくなつたが八重洲何丁目という町名があつたことは、まだ記憶にあらたなところである。

一般に知られているアダムスの業績は、すでに述べたように、外交顧問として海外事情を伝えたこと、造船術を心得ていたので、家康の命によつて西洋型帆船を建造したこと、海外事情を語る余暇に、幾何学や造船術について説明して新知識を与えたことなどであるが、言葉の方面ではどうだつたろうか。

家康在世の一六一三年（慶長一八）英国使節ジョン・セイリス（John Saris）が、当時の英国王、ジェイムズ一世から家康にあてた親書と進物をたずさえ来航した。家康はこれに返書を与え通商を許したのであるが、この時通訳の任に当り、ジェイムズ王からの親書を和訳し、家康の返書を英訳したのはウイリアム・アダムスであつた。

滞日十余年の間に日本婦人と結婚したアダムズは日本語を自由に読みかつ書くことができたのである。こうして、使節セイリスは、来航の年の十一月、平戸にイギリス商館を開き、リチャードコクス（Richard Cocks)を館長にのこして帰英したが、家康の死（一六一六・四・一七）とついでアダムスの死（一六二〇・五・一六）によつて日英関係はあまり進展をみるにいたらなかつた。

そればかりでなく、日本語に堪能であつたアダムスは、最初の英文和訳者、和文英訳者であつたという栄誉をにないながら、造船技術や数学知識以外に、英学の種をわが国の土壌に遂にまきおろさなかつたことは英学史上の痛恨事というべきであろう。

フエートン事件　家康、アダムスの死後、情勢は一変し、平戸のイギリス商館は閉鎖されたが、一六三四年（寛永一一）、ウエデル（J.Weddle)が七隻の船隊をひきいて平戸に入港し、通商の自由を求めた。一六七一年（寛永一一）には、東インド会社が日英交渉の再開を期して英王チャールズ二世の親書をたずさえ二隻の社船を派遣し、そのうちの一隻リターン号（Return）は一六七三年（延宝元）長崎へきたがいずれも成功しなかつた。

一八〇八年十月（文化五）早朝、突如としていわゆる「フェートン号事件」が長崎に勃発したが、この事件が、国防的立場から、英学の必要を幕府の要路に痛感させることになつた。

東インド艦隊に属する三十八門艦フェートン号（Phaeton）はアモイ附近で行動中、司令官の命をうけバタヴィアー長崎間の定期航海に就航中のオランダ東インド会社の所属船を拿捕するため長崎にむかつた。長崎港外に姿を現わしたフェートン号は、日本官憲をあざむくためにオランダ国旗をかかげていたので、海事知識に乏しい日本の官憲は商船でないことを見ぬくことができなかつた。

時ならぬオランダ商船来航の報をきいて、長崎奉行松平図書頭康平はオランダ商館長、ヘンドリック・ドーフ（Hendrik Doeff）にそのことを伝えたが、すでに臨検付添のオランダ書記役二名は拉し去られ、かつ夜闇に乗じ港内は探索されていた。この国際規約を無視した暴挙をいきどおり、諸藩に打払令を発したが在番の鍋島藩兵の大半はひそかに帰郷していて手薄であり、諸藩の援兵も急には間に合わなかつた。やむをえず、ドーフの助言によつて、薪水食糧などを供給して、退去させたが、康平はその責任を痛感し、事件の顚末を記述した遺書を残して割腹自殺するという悲劇におわつた。これがフェートン号事件の概要である。

この事件は、日英通商の再開が不調におわつていることのあせりやオランダだけが日本との交渉をつづけていることに対する不満などから突発したものであるけれども、事件がそれほどまでに深刻になつた第一の原因は、長崎のオランダ通詞に英語を解するものがなく、意志の疏通を欠いだことにあつた。そして、この事件の反省が英語研究の急務であることを教えた。

この事件以前にも蘭英対訳書による英学研究の事例はあつたけれども、組織的研究はこれを契機になされたものであり、一般にフェートン号事件の発生をわが国における英学事始めとみている。

事件の翌年にあたる一八〇九年（文化六）に、幕府は長崎のオランダ通詞に英語の研究を命じた。教師はオランダ商館のブロンホフ（Jan Cock Blomhoff 1779—1853）であつた。

ブロンホフは一八〇四年（文化元）荷倉役として出島のオランダ商館に着任、館長ヘンドリック・ドーフを補佐した。ナポレオン戦争のためジャワ島が英人に占領された時、総督のラッフルズ（Thomas Stanford Raffles）は出島をも奪還しようとくわだてたが成功しなかつたのは、ブロンホフがドーフを助けて頑強に却けたからであつた。ブロンホフはオランダが独立して失地を回復したのち、ドーフに代つて商館長となつた。

このブロンホフについて英語を学んだ長崎のオランダ通詞たちは、その指導のもとに、一八一一年（文化八）「諳厄利亜興学小筌」という単語短句対訳集を訳述した。

米人ラナルド・マクドナルド　わが国における英学は蘭学を基礎として習得されたものであることは、はじめに述べたが、最初の外人教師もまたオランダ人であつた。英語を母国語とするウイリアム・アダムスは、来日最初のイギリス人であつたが、日本語に堪能であつて遂に英学の種子をまきおろさなかつた。だから、英語を母国語とする最初の外人教師の栄誉は米人ラナルド・マクドナルにゆずらなければならなかつた。

ラナルド・マクドナルド（Ranald Mac Donald 1824—1894）は、スコットランド人を父とし、アメリカンインディアンの酋長のむすめを母として、当時英領だつたオレゴン州の港まちアストリア（Oregon Astoria）で生れた。長じて船員となり、捕鯨船に乗組んだが、船乗りになるのが目的ではなかつた。アメリカン・インディアンは自分たちが日本から移住したものと思いこんでいた。そこでぜひ祖先の地をふんでみようという希望を抱くにいたつたからであつた。

日本渡航をくわだてて捕鯨船で日本に近づいたラナルドは、船長に事情をうちあけ、偽装漂流者として一八四八年（嘉永元）北海道利尻島附近に上陸したが、捕えられて長崎へ送られ、ここに抑留、監禁された。そして翌年の四月アメリカの軍艦プレブル号（Preble）にひき渡されるまでの数カ月を長崎にすごしたが、この間にラナルドは、堀達之助や森山栄之助（多吉郎）など十四名のオランダ通詞に英語を教えた。ラナルドは、ミッションスクールの教育をうけていた。日本渡航の念願は、祖先の国へわたるという民族的希望のほかに、日本が英米と通商を開くようになつたら通訳として、ひとはたあげようという野心をもつていたからであつた。それだけに日本の英学に対しても、英米人による最初の英学教師としての大きな功績を残した。

ラナルドの教えを受けた堀達之助と森山栄之助とは、ともにペリー（Matthew Calbraith Perry）来航の際通訳としてはたらき、日米修交史上に不朽の名を残した人たちである。

ペリーの「日本遠征記」（Narrative of the expedition of an American Squadron to the China Seas and Japan performed in the years 1852,53 and 54,1856―60）によると一八五三年、浦賀入航の時の主席通訳、堀達之助は、サスクエハナ（Sasquahanna）に横付けにした防備船の上から、「私はオランダ語がはなせる」（I can speak Dutch）と立派な英語でさけんだとい

う。そして、彼（堀のこと）の英語は、それだけいうのが精一杯であとはオランダ語であつたと加えているが、また、外国語に熟達する異常な才能があると、ほめている。

一八五四年、再航の際の首席通訳は森山栄之助であつた。「遠征記」には彼（森山のこと）について、「森山栄之助は多少英語を話すが、日本に抑留されていたアメリカの一水夫から習得したといつている。」と書いてある。この一水夫とあるのは、ラナルド・マクドナルドであることはいうまでもない。

堀達之助はのち開成所の教官となり、また「英和対訳袖珍辞書」（いわゆる開成所辞書）編集の中心人物でもあつた。森山栄之助は、一時福沢諭吉の英学の師となつた人、福地桜痴や津田仙もその門から出ている。また福沢らとともに一八六一年の遣欧使節団にも加つている。東京の英学の系譜をたどつてみると、この二人は日本人としてその頂点にたつているのであるが、いずれもラナルドの教え子であつたことは、英学史上におけるマクドナルドの地位を決定するものといえよう。

漂流者中浜万次郎と浜田彦蔵　　偽装漂流者の英学は長崎に種をまかれ、のちその教え子によつて江戸、東京に移植されて開花をみるのであるが、不思議なことに、わが国の英学と漂流者とはどういうものか縁が深い。ここにとりあげる中浜万次郎（ジョン万次郎ともいわれる）は土佐の漁夫であつた。また、日本の英学に、万次郎ほどの影響は与えなかつたけれども、浜田彦蔵（帰化名Joseph Heco）は播磨の漁夫であつた。時期はちがつてはいたが、ともに太平洋で漂流し、アメリカの船に助けられてかの地に渡り、教育を受けて帰国し、幕末から維新にかけ新知識として多くの功績を残した。

一八四一年（天保一二）十四才の時、土佐沖で漂流した万次郎は、アメリカ船に救助されて、アメリカに渡り教育を受け、一八五一年（嘉永四）に、英文典その他の英学書をたずさえて帰国した。そして土佐に帰省していたところを、幕府から出役を命じられ、一八五三年（嘉永六）幕府の普請役として米国事情を研究することになつた。このことはいずれあとにふれるが、当時の英学は、あくまで国防という立場からなされたもので、万次郎が出役を命じられたのは、アメリカ帰りの新知識であつたがためであることはいうまでもないが、その日本人ばなれの英学の実力に驚いた当局は、国防の秘密がもれることをおそれて直接米国人には近づかせなかつたといわれる。

それだけに、満十年の滞米時代に身につけた英学の実力は、当時としては珍らしく、唯一の正則英学の修得者として、重宝がられたわけである。一八五九年（安政六）の日英通商条約締結後最初の遣米使節団には通訳として加つたが、その時同行の福沢諭吉とともに、それぞれ、ウエブスターの大辞書を求めて帰つた。

これが日本渡来の最初のウエブスター辞書であつたといわれる。維新以後には開成学校の二等教授となり、渡米の安政六年には「英米対話捷径」を公けにした。西周、尺振八に英学の手ほどきをしたのは万次郎であつた。明治になつてからは、伊沢修二もその門をたたいて教をこうている。

このような例をみてくると、日本人として最初のアメリカがえりとして、東京の英学に及ぼした万次郎の影響は、堀田、森山にも増して大きかつたといえる。

万次郎にくらべると浜田彦蔵は同じ漂流者であつても、別の方面、とくに日本における最初の邦字新聞発行者としての功績が買われているが、英学の上でも一言しなければならない。

一八五〇年（嘉永三）に、万次郎と同じ十四才で漂流した彦蔵はアメリカで教育を受け、カトリックに入信、その上アメリカの市民権をえて、ジョセフ・ヒコと名を改めて、開国の一八五九年（安政六）六月に日本へ帰つたが、この時は、ハリス公使と中国から同船してその通訳をつとめ、上陸後は神奈川米領事ドア（E・M・Door）の通訳兼領事館書記生として勤務することが予定されていた。彦蔵もまた滞米約十年の経験をもつており、ハリスとの対談においてベテラン森山、堀両通詞も解しかねた用談を明解に補足して、アメリカ帰りの実力をみせたものである。また、一八六三年に書いた漂流記（The Narrative of a Japanese・What he has seen and the people he has met in the course of the Last forty years 2 vols）は、日本人の英文著書の最初のものとして特筆される。

プロテスタントの宣教師たち　日本開国の報をきいて、いち早く宣教師の派遣を決議したのはアメリカのプロテスタント各派の伝道会社であつた。キリシタン禁制は解かれていなかつたが、すぐれた人々を送り出そうと考えた。監督派（American Episcopal Mission）はその年五月、当時中国にいたリギンズ（John Liggins）とウイリアムズ（C・M・Williams）を長崎へ転任させた。長老派（American Presdyterian Mission）は十月、宣教師ヘバン（J・C・Hepburn＝ヘボンとして知られている）を神奈川（横浜）へ、オランダ改革派（Dutch Reformed Church Mission）からは、ブラウン（S・R・Brown）、宣教医シモンズ（D・B・Simmons　セメン円調剤者セメン先生で知られる）、ヴアーベック（G・F・Verbeck　フルベッキとして知られる）の三人が同船して十一月渡来し、ブラウンとシモンズは神奈川に上陸し、オランダ系米人のヴアーベックだけはオランダとのゆかり深い長崎へまわつた。

禁教下の日本にあつて宣教師たちの布教活動は思いもよらなかつた。彼等は日本語の研究に着手した。日本人から日本語を教わるかたわら英語を教えることになつたのは自然の成行であつた。初期来朝の宣教師たちの業績の一つには、日本語の研究を通しての聖書翻訳の完成があげられる。もちろん、日本人側の協力を忘れることはできないが、この聖書の翻訳はたゞ彼等の布教上に便宜を与えただけでなく、それ以後の翻訳事業の指針となり、また国語の新しい表現様式を創り出す手びきとなつた。宣教医による近代的医療の移入や施療所の設置によつて医療社会事業に一つのエポックを画したことなど特筆されている。

英学の歴史においては、学才ある米人によるもつとも正しい英語を伝えたこと、数々の指針となる著述をのこしたこと、彼等から手ほどきを受けた人達が、明治初期の英学伝達の指導者となつたこと、彼等の創設になる英学私塾が、こんにちの有力な私学の起源となつていることなどの諸点がとりあげられる。

最初の赴任者としてあげたリギンズは、開港以前に病気療養のため中国から長崎へきていたが、長崎通詞たちは彼から英語の手ほどきを受けた。元来健康すぐれない人で、正式に長崎へきてからも滞在わずか十カ月で帰米したが、英和千字文といわれた One Thousand Familiar Phrases in English and Romanized Japanese (1860)を残した。

彼とともに長崎へ来たウイリアムズは、のち大阪をへて上京し、直接経営には当らなかつたけれども、一八七四年(明治七)築地に英語学校を設立した。これが立教大学の起源である。

ヘバン夫妻が横浜で開いた家塾からは林董、高橋是清、益田孝など多くの人材が輩出されたが、幕府が九名の学生を委託したこともあり、そのなかには大村益次郎も加つていた。最初の和英辞典「和英語林集成」はヘバンが五年の歳月を要して刊行されたものであるが、その価値は、官学の本山である大学南校が二千部買上げていることでもわかる。

その女塾はこんにちのフエリス学園の起源となり、また一部は、ブラウン、バラ(J・H・Ballagh一八六一

(文久元年)朝来など長老派系の私塾をあわせ、明治学院大学にまで発展している。

ブラウンが幕府開設の英学所（神奈川）や修文館や新潟英語学校で教えたほか、私塾を開いて、大島圭介、佐藤昌介、小野梓、押川方義、植村正久など各界の名士を送りだしたことは、会話書〝Colloquial Japanese or conversational sentences and dialogues in English and Japanese〟(1863)の刊行とともに記憶されねばならない。

ヴァーベックについてはヘボンとともにもつとも広く知られている。ブラウン、シモンズと同船しながら単身長崎に上陸した彼は、幕府直轄の語学校である済美館や長崎にある佐賀藩校の致遠館の教育事業につくし、副島種臣や大隈重信にアメリカ憲法や国際公法を教えた。船中で、日本語の単語二百四十余をおぼえたほどの努力ぶりだから、英学教育でも影響力が大きかつた。のち、太政官にまねかれて上京してその顧問となつたが、また、洋学を主とする大学南校の諸学教頭としてその経営にあたり、東京大学の基礎をかためた。

以上は一八五九年（安政六）来日の人たちである。このほか、さきにもちよつと書いたがバラ（James Hamilton Ballagh 一八六一年（文久元）来朝、高島藍謝塾バラ学校）をはじめ、トムソン（David Thompson 一八六三（文久三）来朝、大学南校教師、欧米視察の案内役）、カロザーズ（Christopher Carrothers 一八六九年（明治二）来朝、慶応の初代外人教師、広島、大阪両英語学校、築地大学校ーバラ創設のものとは別）、のちに宣教師となつたグリフィス（William Elliot Griffis 一八七〇年（明治三）来朝、福井藩校、大学南校、）グリフィスの推せんによつて渡日したクラーク（Edward Warren Clark 一八七一年（明治四）来朝、静岡藩学校、東京開成学校）、ワイコフ（Martin Nevius Wyckoff

（一八七二年（明治五）来朝、はじめグリフイスの後任として福井英語学校へ、のち新潟外語、東京英語学校明治学院など）、バラ（John Craig Ballagh 一八七二年（明治五）来朝、J・バラの弟、高島藍謝堂、築地大学校、明治学院）などの長老派系の人々、メソディスト系のコクラン（George Cochran）一八七三年（明治六）来朝、同人社教師）などは、幕末から明治初期にかけて来朝し、日本の英学、とくに東京の英学の発達に多くの業績を残した宣教師であり、本論に入る前、沿革の最後に一応その名を記しておかねばならぬ人たちである。

このほか、婦人宣教師では、紹介されること稀ではあるが、夫君とともに来日してA六番館女学校を創設したカロザーズ夫人、一八七三年頃（明治六）横浜へきて、のち原胤昭にまねかれ、その経営になる成樹学校に教え、女子教育に生涯をささげたトルー夫人（M.T.True）、一八七四年（明治七）来朝し、麻布に女子小学校を開いたミス・スクーンメイカー（Dora E. Schoonmaker）一八七五年（明治八）来朝して駿台英和女学校を創設し、生涯を日本の女子教育にささげたミスキダー（Anna H.Kidder ーフェリス学園の創立者メアリ・キダーとは別人）の名は、東京の女子英学教育の歴史からは忘れられぬ人たちである。

このうち、駿台英和女学校は廃校となつたが、A六番女学校と成樹学校（原女学校）とは、ともに女子学院の源流の一つとなり、女子小学校は青山学院女子部の起源となつた。

英学研究のいろいろな事例にみられるように、わが国の英学は、蘭学を基礎として発達したことは容易にうなずかれる。日本に上陸した最初のイギリス人はオランダ船にのつて漂流したことや、英学最初の外人教師がオランダ人であつたことも奇縁といえる。長崎の通詞達によつて書かれた「諳厄利亜興学小筌」の種本は蘭英会話書であつた。（写本になる「諳厄利亜語林大成」（一八一四）や日本人による活字本最初の英和辞典といわれる「英和対訳袖珍辞典」A Pocket Dictionary of the English and Japanese Language) も英蘭辞書を底本とするものであつた。

しかしながら、英学の基礎となつた蘭学が次第に勢力を失つていつた第一の原因は、国際的情勢の変化によつて、外交語としてのオランダ語の命脈がつきたためであり、これに代つて英語の勢力が抬頭するにいたつたからである。幕府との直接交渉の相手が、オランダから英米に移りつつある状況では、幕府公認の外国語であつたオランダ語だけではこと欠くようになつたのは当然といえる。

江戸英学の特徴 そこにまた幕政下における英学の特質というものも考えられる。フェートン号事件を契機として、幕府がにわかに、英学の研究を命令したのは、当面の相手である英米の来航にそなえての、国防の立場からであつて、西洋文化摂取のため、蘭学を英学におきかえたのではなかつた。英学の研究は、長崎ではじめられただけではなく、江戸や水戸においてもおこなわれたが、江戸時代の英学研究はみな同じく国防のために開始された。前にあげた、長崎の和蘭通詞らの苦心になる「諳厄利亜語林大成」が、日本に、いま三冊残つているそうだが、それが長崎、水戸、東京であることは、英学の中心の移動を示すものとして興味がもたれる。

江戸方面においても、英艦が貿易を計画して近海に出没したり、捕鯨船の来航があつたりした。とくに、一八二四年（文政七）の英捕鯨船乗組員の常陸大津浜への武装上陸事件は水戸を中心とする英学研究の機運をこの上もなく、あおりたてることになつた。

しかし、江戸を中心とする英学研究に転機となつたのは一八五三年（嘉永六）のペリー来航であつた。英学研究発祥の地である長崎からは、英学に通じたオランダ通詞、堀達之助、森山栄之助などが江戸にきたので、自然、江戸は英学研究の拠点となつた。

幕府が、アメリカから帰つて土佐に帰省していた中浜万次郎をよび出して普請役に任じ、米国事情を研究させたのも、従来の洋学所を蕃書調所と改め、その充実をはかり、蘭学のほかに英学を加え、一般の入学を許可して開校式をあげたのもこの頃からであつた。

しかし、幕府の英学奨励はあくまで国防のためであつたことは、中浜万次郎が新知識として重宝がられた反面、たえずその行動を監視され、直接米人に近づけさせなかつた一事によつてもうかがえる。

しかしながら、この国防のためであり、従つて鎖国的でさえあつた江戸を中心とした英学研究も、その後における西洋文化摂取のための英学研究へ質的転換する素地は、この時すでにつちかわれたといつてよい。

蘭学の顛落　幕府の英学奨励政策のあおりを受けたのは蘭学である。元来、蘭学は長崎における通商貿易の必要から生じたのであるが、一面においては、江戸蘭学のごとき、西欧文化摂取という学問的立場から開国、鎖国の思想的立場をはなれて、とくに医学者によつて続けられてきたものであつて、国防的なにおいは少なかつた。

だから、外交用語としての命脈はつきたとしても、急激に顛落することは意外の感がなくもないが、英米の実力がオランダのそれをしのぎ、要人の海外派遣もオランダから英米に変つてきたのは、国際情勢の推移によるものであり、実際上、英語の用途が多くひらけてきたからである。このことは、明治期に入つてからの私塾の動きにはつきり示されている。

「明治二三年頃から政府の積極的援助奨励の下に続々開設を見るに至りました民間の洋学塾も、政府の教学方針に則りまして、英仏独三箇国語が最も多く、蘭学塾は漸次衰へて行く傾向にあつたのでありますが、明治六年に政府が英学を以て専門学の本位と云ふ方針を決定致しまするや、此の決定が民間の私塾にも大きな影響を及ぼしまして、苟くも新らしい学問に志す者は英学へ英学へと殺到致しまして、英学私塾と云ふものは、恰も雨後の筍のやうに、続々出来て来たのであります。統計に依りますと、明治七年には官立私立の英学校は大小合せて八十二校、更に同八年には九十六校、一年の間に十何校も殖えて居ります。一方独逸語、仏蘭西語の塾は段々減少致しまして、蘭学塾に至ると明治八年になつて、一つもなくなつて居るのでありまます。是等の英学塾の中、大きなものは、二百人、或は三百人の学生を擁して居りまして、全体を合せて約六七千人の英学生が養はれて居つたと見られて居ります。非常に盛んな事であります。」

（富田正文　福沢諭吉傑攷の「英学の発達と福沢先生参照）。

蘭学から英学へ転じた人たち　プロンホフから英学の手ほどき受けたオランダ通詞も英語はオランタ語ほど特意ではなかつた。ペリーの「日本遠征記」で、立派な英語だと書かれているけれど、オランダ語が話せると叫んだだけで、「それだけいうのが精一杯であつた」といわれた堀達之助の英語の能力はオランダ語以下であつたにちがいない。このように蘭学を基礎とした英学ではあるが、その転換は並大低ではなかつたであろう。その苦心のほどは、「福翁自伝」のなかにみることができる。

昨年秋、慶応義塾は創立百周年を迎えた。日本の英学史の上で、慶応義塾の創設は大きなエポックを画する出来事であつた。大阪の緒方塾で塾長にまでなつた福沢諭吉が、中津藩主のまねきで江戸にのぼり鉄砲洲に家塾を開いたのは一八五八年（安政五）十一月で、この家塾が慶応義塾の起源となつていることは衆知のとおりであるが、この頃の福沢は蘭学の徒であり、家塾も蘭学塾であつた。

いかに彼が緒方塾の塾長の実力をもつていたとしても、また大阪の書生は修業のため江戸へ行くのではない、行けば教えに行くのだという自負心をもつていたとしても、やはり気になるのは江戸の蘭学の水準がどれ位かということであつた。しかし、一、二の質疑で、江戸の蘭学の力量にまけぬ自信をつけたのであるが、突然思いがけないことにぶつかつた。

福沢が江戸に出た翌年、つまり安政六年に横浜が開港になり、彼は一日見物に出かけた。あちこちに外国人の店があつて、いつてみたが一向に言葉が通じない。ドイツ人の商人で、蘭文を書けばどうにか意味が通じるのがおり買物などして帰京したものの内心おだやかでないものがあつた。

いままで数年間、死物狂いでオランダ書をよむ勉強をつづけてきたのに、いまそれが少しも役にたたない。医者になるためではなく、あくまで西洋文明を輸入するため、ひたむきに蘭学に傾倒してきただけに、その落胆は大きかつた。洋学者として、これからは英語を知らなければついていけないと思いあたつた。彼は、一度はがつかりしたものの、新たに志を立て英語を学ぶことに意を決した。しかし江戸のどこで英語を教えているのか皆目わからなかつた。

そのうち、条約締結のため、長崎の通詞、森山多吉郎が江戸にきて小石川の水道橋に住んでいるときいて早速たずね英語教授のことを依頼した。

「森山の云ふに昨今御用が多くて大変に忙しいけれども、折角習はうと云ふならば教へて進ぜやう就ては毎日出勤前、朝早く来いと云ふことになつて其時私は鉄砲洲に住て居て鉄砲洲から小石川まで頓《やが》て二里余もありませう毎朝早く起きて行く、所が今日はもう出勤前だから又明朝来て呉れ、明くる朝早く行くと人が来て居て行かないと云ふ如何《どう》しても教へて呉れる暇がない、ソレは森山の不深切と云ふ訳けではない条約を結ばうと云ふ時だから中々忙くて実際に教へる暇がありはしない。さうするとこんなに毎朝来て何も教へることが出来んでは気の毒だ・晩に来て呉れぬかと云ふソレぢや晩に参りませうと云て今度は日暮から出掛けて行く、あの往来は丁度今の神田橋一橋外の高等商業学校のある辺で素と護持院ヶ原と云ふ大きな松の樹などが生繁つて居る恐ろしい淋しい処で追剥でも出さうな処だ其処を小石川から帰途夜の十一時十二時ごろ通る時の怖さと云ふものは今でも能く覚えて居る。所が此夜稽古も矢張り同じ事で今晩は客があるイヤ急に外国方（外務省）から呼びに来たから出て行かなければならぬと云ふような訳で頓と仕方がない凡そ其処に二月か三月通ふたけれどもどうにも暇がない、迚もこんな事では何も覚えることも出来ない加ふるに森山と云ふ先生も何も英語を大層知て居る人ではない漸く少し発音を心得て居ると云ふ位迚も是れは仕方ないと余儀なく断念」（福翁自伝）

それで小石川通いをあきらめて独学で英学研究をはじめた。参考書には、横浜のドイツ人商人から買つた薄い蘭英会話書二冊があつたが辞書がないので独りでは読めなかつた。

それで蕃書調所へいつて英蘭対訳辞書を借出したが、もつてかえれないとあつて、毎日辞書をひきに、鉄砲洲から九段下まで通う訳にはいかず、せつかく入門したけれど、これまた断念のほかなかつた。

八方ふさがりで当惑したが、ホルトツプ（Holtrop）という英蘭対訳発音付の、二冊物だが小さな辞書が手にはいるという商人があり、奥平藩に歎願して買つてもらい、これさえあれば先生はいらぬとばかり自力研究に日夜をすごしたという。

このような、難行時代があつたればこそ、英学は明治期に入つて美事な開花をみたのであり、また福沢諭吉の慶応義塾が東京の英学の中心となつたことも自然の成行きであつたといえよう。

おもな参考書

田保橋潔　近代日本外交関係史　昭五・九
武藤長蔵　日英交通史之研究　一二・四
幸田成友　日欧通交史　一七・六
竹村　覚　日本英学発達史　八・九
定宗数松　日本英学物語　一二・五
豊田　実　日本英学史の研究　一四・二
重久篤太郎　日本近世英学史　一六・一〇
福原麟太郎　日本の英学　二一・四
比屋根安定　日本近世基督教人物史　一〇・一〇

1 明治初期の東京の英学私塾（学制以前）

国防上の必要から蘭学に代つて登場した英学も、幕末、開国の機運がようやく開けようとする頃から、次第に西欧文化摂取の手段として重要視されるにいたつたが、明治期に入つてからは、文明開化の学として英学は時代の脚光をあび、きらびやかな装いのもとに市民の関心をうばつた。

しかしながら、このような関心は、ただ、英学それ自体の魅力からだけでなく、庶民にまで解放された学問へのさそいにはげまされ力づけられたためであり、「官武一途庶民ニ至ル迄各其志ヲ遂ケ人心ヲシテ倦マサラシムルヲ欲ス」や「智識ヲ世界ニ求メ大ニ皇基ヲ振起スヘシ」などというかけ声だけでは、英学をはじめとする洋学の勃興とはならなかつたのではなかろうか。

新時代の客観的事情が、学問の進展をうながしたことも否定はできない。しかし、それだけではなかつた。学問へのアプローチが以前よりも気安くなつたこと、そのささえとなつた教育観の変革がどれほど作用したことであろうかと考えられるのである。

このような観点にたつて以下主として、東京府文書にある学制頒布前後四、五年にわたる「開学願書」その他の教育関係史料を中心にして、当時の、英学を主とする私塾の概要を、記述の便宜から、「学制以前」、「学制以後」にわけてたどつてみたいと思う。

明治英学の明暗

多忙な森山多吉郎のもとに通うのをあきらめ、独学で英学研究にふみきつた福沢諭吉は、その年、はやくも、日米修交通商条約書交換のためワシントンに派遣される使節団の一行に加わり、木村摂津守（軍艦奉行）の従者として、勝海舟、中浜万次郎らと同行し、帰国の際には万次郎とともにウエブスター辞書をもたらしたが、間もなく外国方翻訳員となつた彼は、つづいて、遣欧使節団に加わつてかつて教えを乞うて果さなかつた森山栄之助らと行を同じくし、また、再度の米国行にも加わるなど、幕末においてすでに英学者としての栄誉をほしいままにした。

福沢私塾の発展はいうまでもない。一八六八年（慶応四・この年明治と改元）新銭座へ移り、慶応義塾と名づけたが、上野における官軍と彰義隊との戦闘のさなか、砲声をきき、砲烟をながめながら、ウエイランドの経済書の講義を続けていた姿は、新日本の夜あけ前ののどやかな、あかるい風景としていつまでも記憶されよう。

明治維新の変革で教育どころではなく、官学や藩学は潰滅状態におちいつた際にも、慶応義塾だけが、嵐をよそに授業をつづけえたのは何故であろうか。「福翁自伝」から次の一節をひいてみよう。

「此方が此通りに落付払て居れば世の中は広いもので又妙なもので兵馬騒乱の中にも西洋の事を知りたいと云ふ気風は何処かに流行して上野の騒動が済むと奥州の戦争と為り其最中にも生徒は続々入学して来て塾はますます盛になりました。顧みて世間を見れば徳川の学校は勿論潰れて仕舞ひ其教師さへも行衛が分らぬ位、況して維新政府は学校どころの場合でない。日本国中荷も書を読で居る処は唯慶応義塾ばかりと云ふ有様で其時に私が塾の者に語つたことがある。「昔シ拿破翁《ナポレオン》の乱に和蘭国の運命は断絶して本国は申すに及ばず印度地方まで悉く取られて仕舞て国旗を挙げる場所がなくなつた所が世界中纔《わずか》に一箇所を潰したソレは即ち日本長崎の出島である出島は年来和蘭人の居留地で欧洲兵乱の影響も日本には及ばずして出島の国旗は常に百尺竿頭に翻々として和蘭王国は曾て滅亡したることなしと今でも和蘭人が誇て居る、シテ見ると此慶応義塾は日本の洋学の為めには和蘭の出島と同様、世の中に如何なる騒動があつても変乱があつても未だ曾て洋学の命脈を断やしたことはないぞよ慶応義塾は一日も休業したことはない此塾のあらん限り大日本は世界の文明国である世間に頓着するな」と申して大勢の少年を励ましたことがあります」

慶応義塾を洋学における出島になぞらえたあたり、意気当るべからざるものがある。さらにまた「維新の騒乱も程なく治まつて天下太平に向て来たが新政府はマダマダ跡の片付が容易な事でなくして明治五六年までは教育に手を着けることが出来ないで専ら洋学を教へるは矢張り慶応義塾ばかりであつた何でも廃藩置県の後に至るまでは慶応義塾ばかりが洋学を専らにしてソレから文部省と云ふものが出来て政府も大層教育に力を用ふることになつて来た……」

といつている。多少の誇張はあるにしても、この事実はみとめなければならぬであろう。

これに対しても反対論はある。たとえば、三宅雪嶺の「同時代史」(第一巻)をみると、

「事実は斯く簡単に言ふべき者ならず。新政府の要路者は謂ゆる書生上りにて、学事を忘れず、官制を考ふる毎に之に注意し、何等かの形に於て継続せり。旧幕の重要なる学校は数次管轄を変じつゝ、維持して発展すべきを期す。元年に山内容堂を知学事とし、二年に松平春嶽を大学別当とせるは、重望ある者を教

育の衙に置けるなり。……」

（明治三年の項）

とあるが、主として騒乱後における官学の再興についていったものであり、政変時の空白はうごかしがたい事実であった。このことは、私学が時の政権に密着することなく、学問が真に不偏不党の独立を保持し主宰者が一切の圧迫に対し自巳の学者的信念を守りぬくことができたからであり、（高橋誠一郎「私学百年」文芸春秋三三・一一月）明治初期における私学隆盛の原動力ともなつた独立精神のあらわれとみてよい。しかしながら、慶応義塾以外においては、英学はまだ揺籃期を出ていなかつた。

英学よりもむしろフランス学に秀でていたといわれる福地源一郎（桜痴居士）に「懐往時談」というのがある。福地は安政六年、長崎から江戸に出て郷里の先輩である森山多吉郎の塾に寄寓し、その教えを受けまた塾頭をつとめた明治新聞界の先覚者の一人である。この「懐往時談」のなかで、森山多吉郎についいて

「数年前より徴されて江戸に来り常に江戸下田の間を往復して専ら条約の事に関り、当時は外国奉行支配調役並格にて外交の通弁を任じ、幕府外交の事に就ては尤も勤労を尽したる人なりき。其事は猶追々に述ぶべし」としたあと、

「此時に際し江戸にて英語を解し、英書を読みたる人は、此森山先生と中浜万次郎氏との両人のみなりければ、余は此先生について学びたるなり。既に福沢諭吉氏も先生の宅に来りて益を請ひたる事などありて、津田仙彌（現に農学者の津田仙）須藤時一郎（現に東京市参事会員　）、富永市造（現に大審院判事富永冬樹）、沼間慎一郎（故沼間守一）の諸氏も先生の門に出入せられたりき。」

と記している。（川辺真蔵「福地桜痴」一七・五）。

これによると、福沢諭吉は別格としても、森山門下の英学生は、明治初期には、すでにひと角の英学者となつていたと思われるが、いずれは英学の実力にものをいわせて仕官するなり、民間の事業に従事するものが多かつたためか、英学に志すものが良師をうることはむずかしかつた。

その一例として、伊沢修二の場合をとりあげてみよう。

彼は英学に志し、明治二年の秋上京した。生活のこともあり、学僕に這入ろうと思い叔父に当る医師をたずね、志をのべたところ、すぐ快諾してくれた。学僕だから昼は拭掃除から使い歩きをもし、夜は英学に専心したいと希望したが、英書を読める程度の人は数多くあつても、正則英語のできるものはまれであつた。たまたま土佐の下屋敷に中浜万次郎がいるのを知つて深川釜屋堀まではるばるたずねたところ、自分は元来、家弟子はとらぬことにしているのだが、篤志に免じて教えてやろうということになつた。

それから、希望に胸をふくらませ、飛びたつ思いで毎日通つた。学僕だから午前中は出られない。午後から、下谷和泉橋の叔父の家を出て釜屋堀まで下駄ばきで出かけた。行きはまだしも、帰りは空腹をかかえ、日暮近い両国橋の上は筑波おろしが吹きまくるので飢と寒さと戦わねばならなかつた。

それでも英学志望がかなえられたので満足していたのだが、普仏戦争視察団の通訳として中浜万次郎が渡欧することになり、その随行を願つたけれど人数の都合でうけいれられず、遂にこの良師とも別れた。その後、彼は築地にきていた米人宣教師カロザーズにつくことになつた（「楽石伊沢修二先生」大正八・一一）。

明治の新時代にはいつたといつても、伊沢修二の苦心は、幕末における福沢諭吉のそれと、あまりちがわぬものであつたことがうかがわれる。

「学問のすゝめ」の及ぼした影響

学制頒布以前において、英学へのアプローチにもつとも大きな影響を及ぼす契機を与えたと思われるのは、福沢諭吉の「学問のすゝめ」の刊行であつた。

全十七編が完結したのは一八七六年（明治九・一一）であるが、第一編は一八七二年（明治五・二）に世に出た。第一篇は、郷里中津における市学校の開校に際して寄せたもので、学問に関する独自の意見を大胆率直に披歴したが、のち人のすすめで広く世間に伝えるためその内容を活版ずりとして同志の一覧に供した。毎編凡そ二十万部、十七編合して三百四十万部が国内に流布されたという当時のベストセラーであり、また福沢諭吉の思想を端的に示したものとして多くの著書中でもきわめて重要な地位を占めている。その冒頭の数言はあまりにも有名であるが、彼の根本思想をいいあらわしたものとして引用しなければならない。

「天は人の上に人を造らず人の下に人を造らずと云へり。されば天より人を生ずるには、万人は万人皆同じ位にして、生れながら貴賤上下の差別なく、万物の霊たる身と心との働きを以て天地の間にあるよろづの物を資り、以て衣食住の用を達し、自由自在、互に人の妨をなさずして各安楽にこの世を渡らしめ給ふの趣意なり。されども今広く此人間世界を見渡すに、かしこき人あり、おろかなる人あり、貧しきもあり富めるもあり、貴人もあり、下人もありて、其有様雲と泥との相違あるに似たるは何ぞや。其次第甚だ明なり。実語教に、人学ばざれば智なし、智なき者は愚人なりとあり。されば賢人と愚人との別は学ぶと学ばざるとに由て出来るものなり又世の中にむづかしき仕事もあり、やすき仕事もあり。其むづかしき仕事をする者を身分重き人と名づけ、やすき仕事をする者を身分軽き人と云ふ。都て心を用ひ心配する仕事はむづかしくして、手足を用る力役はやすし。故に医者、学者、政府の役人、又は大なる商売をする町人、夥多の奉公人を召使ふ大百姓などは、身分重くして貴き者と云ふべし。身分重くして貴ければ自から其家も富で、下々の者より見れば及ぶべからざるやうなれども、其本を尋れば唯其人に学問の力あるとなきとに由て其相違も出来たるのみにて、天より定なる約束にあらず。諺に云く、天は富貴を人に与へずしてこれを其人の働に与る者なりと。されば前にも云へる通り、人は生れながらにして貴賤貧富の別なし。唯学問を勤て物事をよく知る者は貴人となり富人となり、無学なる者は貧人となり下人となるなり。」（岩波本による）

右の引用文のなかに、彼の教育についての独自の見解がみられるのであるが、それは、一言にしていえば教育の機会均等ということであり、明治のはじめに、これを喝破したことは卓見であつたばかりでなく、前時代の封建的遺制が多分に残存した当時においては、大胆不敵の発言であつたといえる。

人は生れながらにして平等であり、富貴のちがいは人にあるのでなく、そのはたらきにあることを説き、貧富、富貴の差は、要するに学問の有無によるものであると教えた。このような思想は、どこから導びかれたか、ということはここではとりあげない。ただ、封建制度を否定し、世襲的な身分制度に鉄槌を下し、学問の独立を叫んだその声は、庶民の間に大きなよろこびと希望を与えた。そして学問をすることのよろこびを身近かに感じさせた。これは何よりの収獲であつた。

さらに、もう一つの点は、かれのとなえる学問の本質である。

「学問とは、唯むづかしき字を知り、解し難き古文を読み、和歌を楽み、詩を作るなど、世上に実のなき文学を云ふにあらず。これ等の文学も自から人の心を悦ばしめ随分調法なるものなれども、古来世間の儒者和学者などの申すやうさまであがめ貴むべきものにあらず。古来漢学者に世帯持の上手なる者も少く、和歌をよくして商売に巧者なる町人も稀なり。これがため心ある町人百姓は、其子の学問に出精するを見て、やがて身代を持崩すならんとて親心に心配する者あり。無理ならぬことなり。畢竟其学問の実に遠くして日用の間に合はぬ証拠なり。されば今斯る実なき学問は先づ次にし、専ら勤むべきは人間普通日用に近き実学なり。………」

と説き、いわゆる実学をすすめたのであつた。

この実学とは、彼によれば、習字、手紙の書き方、帳合の法（簿記法）、そろばん、計量器のあつかい方、をはじめ、日本はいうまでもなく、世界の風土道案内となる地理学、天地万物の性質をみてそのはたらきを知る究理学（物理学）、年代記のくわしいもので東西古今の有様を詮索する歴史、一身一家の世帯から天下の世帯を説く経済学、身の行いを修め世に処する上での天然の道理である修身学、など生活に密着するものであつた。

それをするためには、翻訳書で大抵のことは用を便ずるが、年少で能力あるものは横文字を学んで用を達すことができるとし、このようなものは人間普通の実学であり、人は貴賤上下の区別なくみなたしなむことができるし、士農工商おのおのその分を尽して銘々の家業を営み、そのことによつて一家の独立と国の独立もえられる、と説いている。

ごく手近かな、普通の実学を説いたからといつて決して高度の学問を否定した訳ではなかつた。一日も早く西欧文化を輸入して国民一般の思想を一新するには、従来の漢学主義の手法をのぞくべきだと考えたのと、実学からはいることの方が一層適切であると信じたからであろう。何よりも士農工商を一様にみるようになったのは、開闢以来の美事《びじ》であり、日本国中の人民は生れながらその身についている位などありえぬ、四民みな物事の道理を知るため学ばねばならないといったのだから、よろこんだに相違ない。この学問へのさそいは、当然に英学研究熱をあおったことはいうまでもない。

官学と私学

諭吉が一八八九年（明治二二・五）植半楼での演説「洋学の命脈」から引用すると明治初年における官学の姿は慶応義塾のそれと対比して一層生々と感じられる。

「……世の攘夷論はいよいよますます熱して遂に維新の騒乱と為り国中に安閑として読書などするものはある可らず旧幕府の開成校も忽ち廃して孤狸の巣窟と為り江戸の洋学者輩も何れへか離散し行く所を知らず前後凡そ二年ばかりの間は洋学中絶の姿なりし其時に本塾のみは毫も之に動かず官軍東下都鄙遠近の戦争最中に塾舎を新築し悠々書を読み理を講じて一日も休業したることなきは時勢上より見て聊か奇を好むに似たれども、畢竟洋学熱信の致す所にして即ち我洋学の行年百十九才なるものをして一日も其命脈を中絶せしめざりしは本塾の名誉にして其名誉は特に今日此席に会同したる吾々に属して日本国中他に争ふものある可らず……」

この一コマは福沢一門のもつとも得意として宣伝につとめるところであるが、表現に多少の誇張があるとしても事実であつたことは何人もみとめるところである。これに対し、三宅雪嶺は、さきに引用したように、「同時代史」で不満の意を表し、開成校の復興のいきさつを記しているが、私学勃興の気運に対し官学がたちおくれたことは否定できない。

ことに、明治初期の洋学のうち、とくに英学は民間から発達したこと、いわゆる実用英学は私塾から出て一般に普及したこと、は見のがしにできぬ事実であつて、ドイツ学の場合とは正反対の動きをみせていた。

一八五五年（安政二）蘭学と英学教授のため創設された洋学所はその後蕃書調所（一八五六）、洋書調所（一八六二）、開成所（一八六三）としばしば改名されたがわが国における洋学のただ一つの官設機関であつた。維新の政変の際中絶されていたところ、一八六八年（明治元）復興し、翌年開校、英仏語科をおき、その年、開成学校、さらに大学南校と改め、医学を主とする大学東校に対し、洋学を主とする官学の拠点となり、ようやく面目をほどこすにいたつた。

この間に、私学は、幕末からの慶応義塾のほか、一八六八年（明治元）に田中録之助の明倫社、箕作秋坪の三叉学舎、一八六九年には鳴門義民の英学所、近藤真琴の攻玉塾が創設され、一八七〇年の共立学舎（尺振八）などとともに私塾ブームの先頭にたつた。

以下に、学制頒布以前における官学私学の概要を述べよう。

開成学校・大学南校　一八六八年（明治元）十二月の官制改革で、頭取以下一等教授、二等教授、三等教授、教授試補などの教官の制度が確立したが、この時、頭取にえらばれた内田正雄は、明治初期のベストセラーの一つである「輿地誌略」の著者であり、二等教授以下には、中浜万次郎、箕作秋坪、佐原純吉伊東昌之助、田中録之助、辻　新次、矢田部良吉など英学関係者が多かつた。このうち、箕作秋坪、田中録之助はその年に伊東昌之助（保義）は一八七一年に私塾を開いている。

一八六九年七月の改正で教官は大博士、中博士、少博士、大助教という名称に変つたが、箕作麟祥、何礼之、河津祐之、堀越愛国、肥田昭作などの人々の名がみられ、一八七一年（明治四）の文部省設置当時の少博士、中教授、少教授、大助教という教官制度のもとでは、阿部泰蔵、小泉信吉、木村一歩、永田健助など、慶応義塾出身の英学者の多いことがめだつている。肥田昭作も同じく慶応義塾出身であつた。

一八六九年には、当時長崎にあつたヴアーベツク（Guido Fridolin Verbeck）は太政官にまねかれて上京し、翌年には南校諸学教頭として教授および経営にあたつたが、この年にはパーリー（Parry 懶惰のため間もなく解任、その就任はヴアーベツクよりも早く英学教師第一号であつた。）、メーヤ（Frederick Adrian Meyer）、ウイルソン（Alexander Wilson）の三英人教師が就任した。次いで一八七〇年には英人ダラス（Charles H. Dallas　）ボーリング（Bowring）、ローパー（Roper）、米人コーンズ（Edward Cornes　）、トムソン（David Thompson）らが一八七一年には英人サンデマン（Sandeman）、ホール（Hall）、ホワイマーク（Whymark）、メイジヤー（Alfred Major）、米人ハウス（Edward H・House）、クラウニンシイルド（Crowninshield　）、スコツト（Marion M・Scott）、ウイルソン（Horace Wilson）らが、一八七二年には米人グリフイス（William Elliot Griffis）らがそれぞれ就任して官学における英学隆盛の基礎をかためた。学制頒布以後には、さらに多くのすぐれた英学教師を迎えたが、すでに記した人たちのうち、ハウスはわが国における最初の外人英文学教師であり、スコツトはのち師範学校に転じ、師範学校の創設や教科書制度の改革につくした人であり、グリフィスは化学科創設の功労者として記憶されている。

開成学校（開成所）は大学南校（一八六九年）、南校（一八七一年）をへて、一八七二年（明治五）学制発布後は、第一大学区東京第一番中学と改称されたが、一八七三年開成学校となつた。

一八六九年以来、開成学校は英、仏、独の三科を設け、外人教師がそれぞれ授業を担当してきたが、のちもつぱら英語で教授することになり、仏独を専修するもののためには転学、転科の措置がとられた。一八七三年に専門大学として法学、理学、工業学、諸芸学及び鉱山学の五科をおいたがこのうちの諸芸学科はもつぱら英学に転じにくい仏語科学生のため、鉱山学科は独語科学生のため設けられ、英語科学生にはそれ以外の三科の選択の自由が与えられた。

このようにして、開成学校は官学における英学の拠点として慶応義塾その他の私学に対抗することになつたが、もつとも有力な外人教師を多数擁していたことは、何といつても開成学校の大きな強味であつた。

その教科についてはふれないが、ただ一つこの学校が、一八七〇年七月、各藩に命じ、いわゆる貢進生制度をとつて優秀な子弟を選抜してあつめ、また海外に留学生を派遣して国家有力の人材の養成にあたつたことは私学の公費生制度廃止とも関連し、私学の経営に大きな衝撃を与えたことを一言しなければならぬ（東京帝国大学五十年史）。

地方における官（公）学の創設洋学の隆盛は地方にも多くの私塾の創立をみたが有力なものは少なかつた。これに反し、官学とはいえないかも知れないが、藩校を改組した洋学校や公立洋学校など、私塾でないものが各地に創設され、地方における洋学の拠点となつた。このうち、東京の英学に影響を及ぼしていると考えられるもの二、三につきふれておきたい。

一八七〇年（明治三・六）、名古屋藩では洋学校が設置され、英、仏学をはじめた。英学は横瀬文彦、仏学は林正十郎が担当、翌年には英人アレクサンダー・インギリス（ト）、仏人ムーリエが招かれた。入学者三百人に及び隆盛時代には六百名をこえたという。普仏戦争後は英学だけとなつた。林正十郎は開成所出身で、のち欽次と改名し、上京して愛宕下町に仏学を主とする私塾迎義塾を開いた。（「名古屋市史」学芸編）。

一八六六年（慶応二・二）オランダ人ハラタマ（K・W・Gratama）をまねいて江戸開成所に理化二学の講述場を開いていたのを一八六八年（明治元・七）に大阪に移し舎密局とし府の管轄下において理化学を教えたが、翌年、府所管の洋学校を開き、のち民部省に移管、そして一八七〇年（明治三・四）には洋学校と舎密局をともに大学の所管とし、舎密局を理学所、洋学校を開成所とあらため、理学所を開成所の分局とした。

この開成所は学制頒布後第三大学区第一番中学となり、開明学校（一八七三）、大阪外国語学校（一八七四）、大阪英語学校（同年）となり、旧制第三高等学校の淵源となつた（「明治大正大阪市史」第一巻概説篇）が、教師その他についてはつまびらかにしない。

一八七〇年（明治三・一一）に京都府は布達を発し、プロシヤ人ルードルフ・レーマン（Rudolf Lehmann）を雇入れ、英、仏、蘭、独の語学と数学伝習の希望者に出願のことを公示した。その構想は、ドイツ学校、英学校、フランス学校をおいて欧学舎と称し、経費は政府支出によることにした。

レーマンは技術者出身で、はじめ英、独両語と数学担当の予定であつたが、その年まずドイツ学校が開かれたのでそれに専心した。翌年（四・四）英学校が開かれたときは米人ボードウイン（Charles H・

Baldwin）が授業に当つた。四年にはフランス学校が開かれ仏人レオン・デユリー（Leon Dury）とその妻ジョセフィンが雇入れられた。このうち、英学校が一番学生が多かつたので、一八七二年（五・七）別に英語教場を開いて英人ホーンビー・エバンズ（Hornby Evans）をやとい、同時にその妻エメリは女紅場を開いて女生徒に英語、裁縫、袋物などを教えた。この女紅場《じよこうば》はわが国で最初の女学校である。のち英女学校と改称された。ドイツ学校は府立医科大学の、英学校は府立一中、英女学校は府立第一高女の淵源となつている。（「明治文化と明石博高翁」一七・六）ホーンビー―エバンズ夫人はのち東京に出て大学予備門で教えまた私塾にも関係した。

王政復古となつて、徳川慶喜は静岡に去つたが、これに従う旧幕臣が多く、その子弟教育のため、一八六八年（明治元・九）学問所が設けられ、幕府崩壊のため急いでイギリスから帰つて静岡にあつた中村正直が一等教授に任ぜられた。イギリスを去るときフリーランド（Freeland）から贈られたスマイルズ（Samuel Smiles）の自助論（Self-Help）を「西国立志編」として翻訳刊行したのも、ロンドンからもちかえつたミル（John Stuart Mill）の自由論（On Liberty）を「自由之理」として翻訳刊行したのも静岡学問所で教えるかたわらであつた。一八七二年（明治五）明治政府の懇請によつて上京し翌年二月小石川に同人社を開くまでの中村正直の英学上での活動は静岡においてであつた。

また静岡にクラーク（Edward Warren Clark）を迎える際に勝海舟をたすけ、来朝時に横浜まで出迎えたのも中村正直であつた。「自由の理」の巻頭にE・W・C・のイニシアルの署名で英文の序文を寄せているのはこのクラークである。

この学問所の教授陣には中村正直のほか、津田真道、杉亨二、名村泰蔵、外山正一などの名がみられ、その出身者には目賀田種太郎、平山成信、大森鍾一、太田資行などがあり、その後身はのちに師範学校となつた。

静岡学問所についで、同年十二月開設された沼津兵学校も、東京英学の系譜をたどる上からみのがしにできない。西周は東京に出て、公務のかたわら家塾育英舎を営むまでは沼津にあつて兵学校の教授方頭取の職にあつた。

その他、授陣には渡辺(部)一郎(のち温)、乙骨太郎乙、などの英学者があり、卒業生には永峰秀樹、島田三郎、石橋絢彦、岡部長民、成瀬隆蔵など二百余名にのぼつた。兵学校の後身はのちの沼津中学校である。(米山梅吉「幕末西洋文化と沼津兵学校」一〇・一〇、岡村千曳「紅毛文化史話」所載「静岡学校と御雇米人教師 Edward Clark」新旧時代(二・二―三)所載、吉野作造「静岡学校の教師クラーク先生)、「再びクラーク先生に就て」)。

渡辺温はのち新小川町に隆麼義塾を開き、また長崎英語学校や東京外国語学校の校長を勤めた。イソップ物語の訳者でもある。乙骨太郎乙はニューヨークで刊行された日本教育史(An Outline History of Japanese Education 1876)の執筆者の一人であつた。また卒業生の永峰秀樹はウォーカー(Amasa Walker)の「富国論」(The Science of Wealth)、ギゾーの「ヨーロッパ文明史」その他の訳書で明治初年に活躍した。

巻末にそえた「東京英学年表」では、とくに「地方」としてあつかわなかつたが、横浜についてもふれなければならない。

一八六二年(文久二・一〇)、幕府が官吏の子弟を教育するため運上所官舎に開いた英学校はアメリカ人宣教師ブラウン（S・R・Brown）をはじめ、神奈川奉行付翻訳方石橋助十郎、太田源三郎を教師とした唯一の官学であつたが、一八六六年（慶応二・一〇）の大火でやかれて一八六八年廃校となつた。

これより先、漢学を主として開設された修文館も同じ年に廃止になつたが、一八六九年（明治二・一一）、神奈川県裁判所役人の尽力によつて再興し、旧英学校跡では英仏学科の授業をはじめた。この再興の修文館はのちに二つの私立学校を合併して横浜市学校または市中共立修文学校と改称されたが、一八七六年（明治九・六）神奈川県師範学校となつた。横浜の場合は、東京と同じく、私塾の方が盛んであつた（「横浜市史稿」教育編）。

このほか、東京英学の系譜に関係ある地方の官公立英学校には、長崎広運学校、福井、鹿児島の県学校がある。

これらを通じていえることは、地方における官公立の英学校は東京よりも創設が古いことである。

東京府洋学校　東京府洋学校の事蹟については「東京府史行政篇」（第五巻）にもふれるところがすくない。それは旧東京府文書に関係史料を欠いていることによるものである。

一八七一年（明治四・七）に太政官に八省がおかれたとき、文部省もはじめて発足したが、東京府洋学校の設置は文部省の要請によるものであつた。「日本教育史資料」(七)の東京府教育沿革によれば、

「（明治四年）三月東京府洋語学校ヲ六番町ニ設ケ米人ルイスヲ傭ヒ毎二ケ月金弐百五十両ヲ給シ英語学ヲ教授セシム」

とあり、ついで同年八月には洋語学校を中小学校とともに文部省の管轄に帰したという記録があるにすぎない。東京府の管轄わずか五カ月であるが文部省移轄後についても記録されているものを知らない。よう

やく知りえたのは次の二つのものだけである。

私学開業願（明治十一年）には下二番町開青社からの願書の英学教員柿内基房の履歴に

「明治三年三月ヨリ番町洋学第二校ニ於テ教師米人「ルイス」氏ヨリ受業、同四年四月廃校ニ付横浜ニテ同人ニ従学」

とあつて創設、廃止（移管）の時期がちがつている。同じく明治二十年の、東洋英和学校同女学校の校長異動の際の書類をみると、新校長平岩恒保の履歴書に

「明治四年東京府下六番町東京府立洋学校ニ入学寄宿、米人ルイス氏ニ就キ初メテ英学ヲ修ム、且ツ兼テ独乙学ヲ修ム、翌年該校廃止即ハチ去ル」

とある。これによると、府洋学校は文部省移管後廃止になつたものと思われる。

平岩恒保はのちに日本メソデイスト教会の監督になつたが、倉長巍の「平岩恒保伝」（一三・三）をみると

「偶ま翌明治四年、東京府が麹町六番町に創設した「府立洋学校」と称する官立学校に選抜せられ官費生となるる機会となつた。先生は此学校に於てドイツに生れたユダヤ系の米人ウオルタイム・ルイスと云ふ御雇教師について英独の二語学を兼修せられたのであつた」。

とあり、教師ルイズについて、どの資料よりも明示されるところが多い。唯一の府営の洋学校でありながら、京都の場合よりも多く記述できないのは残念である。

その他　東京府洋学校創立の一八七一年には東京外国語学校の源流の一つとなつた外務省語学校が創設された。翌一八七二年には国漢と英語の読物におもきをおく東京女学校、開拓仮学校（のち北海道に移り

札幌農学校となる）および付属女学校が英学関係の官立学校として発足したこと、および一八七一年に岩倉大使一行の渡欧とともにアメリカへ派遣された津田梅子をふくむ五人の女子留学生は開拓使庁の教育計画によるものであつたことを一言するにとどめる。

私学の出現　官学はむしろ地方において早く出現をみたが、私学は反対であつた。東京と分離できない地理的関係にあつた横浜も東京と同じく、しかも外国関係も加つてその出現はずつと早やかつた。幕末来朝のヘバン、ブラウン、バラー、キダーなど米人宣教師たちによつて横浜で開かれた私塾は、東京英学の先達者を生んだことからも、また、のちの大学専門学校の母体となつた点からも多くの影響を及ぼしている。

東京における私学がもつとも隆盛をきわめたのは学制頒布以後であるが、それにもかかわらず、洋学熱は早くから熟し、とくに英学万能の機運は、官学にさきがけてきざしていた。慶応義塾についでは箕作秋坪の三叉学舎、鳴門義民の英学所、近藤真琴の攻玉塾、尺振八の共立学舎は明治初年から一、二年の間に創設され、きわめて活発な地歩をきざんでいた。

「福沢の慶応義塾が英学を以て三百を計ふるば、珍らしき現象なるが、鳴門義民の英学所は一時殆ど之に匹敵せり。近藤真琴の攻玉塾が慶応義塾跡に引移れるは明年の事なるも、創立は本年十一月にして、航海測量術の外、和漢蘭英をも教へたり。尺振八の共立学舎を創立せるも本年に於てす。」

と三宅雪嶺の「同時代史」第一巻、明治三年のところに記されているように、先にあげた諸塾はもつとも有力なものであつた。

「明治四年三月中東京府下私塾并ニ生徒ノ数」（同年発行新聞雑誌第五号所載）を摘記してその隆盛ぶりをうかがおう。なお、この表は英学を主とする洋学におもきをおき、他の私塾はのぞくと付記されている。

英仏学	箕作秋坪	生徒百六名
洋漢学	山東一郎	三十四名
仏学	福地源一郎	七十八名
洋漢学	尺振八	百十一名
英学	田中録之助	二十三名
英仏学	司馬少博士	十九名
洋学	伊東昌之助	十四名
仏学	中神保	十四名
洋学	西周	十三名
英学	上野鉄太郎	九名
英学	山尾工部権大丞	八名
洋学	高橋琢也	四名
英学	福沢諭吉	三百二十三名
英学	吉田健三	六名
仏学	村上英俊	十三名
英学	鳴門二郎吉	百四十一名

明治初期において、これらの私塾をおえたものは全盛期の私塾の経営者または教師となり、その師から受けついだものをさらに後進に伝えるという役割をはたすことになつた。とくに慶応義塾では多くの英学教師を養成し、官、私学を通じて東京英学の隆盛に尽しただけでなく、その足跡は全国各地に印せられ、わが国英学の進展に大きな功績を残した。したがつて英学における福沢諭吉の地位は高く、文部省創設後間もなく、箕作麟祥、内田正雄、細川潤次郎など官学系の学者に伍して学校取調御用掛を命ぜられたほどで、その指導力、影響力は大きく、「文部省は竹橋に在り、文部大臣は三田に在り」とまでいわれた。

私学に対する規制　学制頒布以前においても文部省創設後は私学に対するいろいろな規制があり、私塾開設には文部省の許可を必要とした。

明治五年三月、文部省から東京府にあて、

「第五十八　従前私塾ニテ生徒教育候教師ト雖モ官ノ許可ヲ得ザレバ不相成ノ件」という通達があった。

その全文を明治五年「東京府布達類」から記載する。

98　第六号

従前私塾ニオヒテ生徒教育之儀ハ官ヨリ指構不致候処元来人民教育之道ニ於而者公私ニ因リ其差別無之筈ニ付私塾教師ト雖トモ官之許可ヲ不得叨リニ教育ハ不相成訳ニ候条自今私塾ヲ開キ候者ハ前以其姓名年齢従前之履歴学課塾則教育之方法開校之場所等委細ニ開列シ当省ヘ伺出免許ヲ受候上開塾可致就テハ東京府下ニ於テ是迄私塾設置候者右塾則等早々取調来ル十七日ヨリ廿日迄ノ際府庁添翰ヲ以当省ヘ可伺出其他之府県ニ於テハ其官庁ヨリ適宜之期限ヲ立テ塾則ノ類為差出検査之上開否之見込ヲモ相添当省ヘ可伺出候事

但府県学之外皆私学トス唯一家或ハ二家迄之子弟ヲ教候モノハ家塾ニ属シ候間私学之数ニ算入セス

一、私学教師之許可ヲ受候者ハ何方ニ於テ開塾候共不苦尤其人不行状有之歟或ハ文部省之約束ニ相背キ候者等ハ教師之名ヲ差止メ閉塾可申付事

一、公学私学之別ナク公費ヲ以テ生徒エ給与候儀ハ叨リニ不相成事ニ有之然ルニ生徒之内生質善良学術上達往々学課成業之目的有之候得共何分其身家貧窮ニシテ学資無之者ハ其教師ヨリ情実委細取調当省ヘ可伺出試験之上詮議ニ寄リ官費被下方之道モ可有之今度公費生徒一切廃止候処自然右ニ適シ候者有之ハ早々取調東京府下ハ来廿日迄ニ可申出事

一、今度私塾之生徒ヘ公費支給之儀一切廃止候処前書之方法相違候ニ付テハ其内自然私学教師之見込ヲ

以テ申出候次第者有之候間是迄公費ヲ以テ私塾へ差入置候生徒当省ヨリ相達候迄帰県無之様可致候

尤モ県庁ニ於テモ後来成案之見込無之候生徒ハ断然帰県可申付候事

但本文之儀ニ付当地在留中公費是迄之通タルヘキ事

壬申三月十四日　　　　　文　部　省

右之通被相達候間各区無洩可触知者也

壬申三月十七日　　　　　東　京　府

この通達は、教育行政の上から、私塾の開業届出その他については当然の要求であつたけれども、私塾の公費廃止については強い反対があつた。府文書のうちからその一つをえらんでみる。尺振八の共立学舎からの建言である。

尺振八らの建言

御布告之趣ニ付建言仕候書付

第六大区本所相生町三丁目
共　立　学　舎
社　中

私塾之義に付御布告之趣謹而奉承候処私塾教師と雖も官之許可を不受叨に教育は不相成と之条に至り真以愕然仕候是こそ折角西洋日新之事体を酌用被遊文物を盛大に相成度との御趣旨に戻り開化之妨可相成は必然之勢に付黙止候ては却而奉恐入候間尚委曲之御事情奉伺度一体人間必要之事務にて実に不

可欠のものは通常之教育に有之扨通常之教育とは蓋し人生れながらにして知るものにあらざれば蒙
瞭を発し霊機を導き禽獣之域を免れしめ漸く善知に進ましむるの義に可有之されば通常教育之道は、
先輩より後輩に伝るも父兄より子弟に伝るも同様之訳に可有之に付官准なければ自家之聞知する処を
人に伝る能わざる理は有之間敷奉存候処御布告之趣は大に是と相違仕居候様奉存候抑も世に学業全
成之人は可無之必ず短長優拙可有之候得ば公なりとも私なりとも互にこれを妨げず互にこれに挿手
せず甲の得る所を乙に授け乙の得る処を丙に伝るを人情の常と可申且は開化之基も是に外ならす幸
存候実に教育の主意とする所は已が継承する行業を益々盛大にし次序に後輩子弟に貽り彌々益々是
を盛大にするの手段なるべくと奉存候夫故に前文人情之常開化之基とも申上候されば人世之通義を守
り他人之妨を為ず其学業を務めこれを人に授るに又他より挿手あるべき理は有之間敷扨又家塾私塾の
相違は可有之候得共教育之道に於而は一人を教るも百人を教るも敢て変候訳は有之間敷奉存候依て御
事情尚得々奉伺度奉存候已上

一御布告中性質善良云々之条は如何なる御主意御座候哉前文申上候如く人生れながらにして知るもの
にあらざれば性の敏と不敏とに架敏者は自然解悟も早き故格別之教授を要さざれども不敏者は大に
人之教授を要すれば此の如き人物之教育こそ第一之要件なるべく奉存候されば勉強いたし居候生徒え
官費相給可然哉扨当塾にまかり在外生徒は何とも勉強仕居候ものにて実に時に検査もいたし後来の望
なき人物は固より差置不申候此段申述候

壬申　三月

浜松県士族
尺　振　八
東京府貫属士族
吉　田　賢　輔
静岡県士族
須　藤　時　一　郎

この建言は布告を全面的に否定しているもので、当時の私学経営者の反骨精神を遺憾なく発揮したものとして全文を記載した。これをつぶさに検討すれば教育についての考え方の思想的な背景もさぐられるであろう。たゞこのプロテストの結果どうなつたかを知る史料はない。

公費廃止については福沢諭吉も強く反対した。

福沢諭吉の上申書　慶応義塾塾生の大半は各藩からの選抜生であり、したがつて公費生が多かつた。文部省ー東京府の布達が塾当局に大きなショックを与えたことはいうまでもない。福沢諭吉の上申書を明治五年三月の「新聞雑誌」から転記しよう。（「新聞集成明治編年史」による）。

「芝白金川口町二十三番地町人福沢諭吉申上候。此度文部省ヨリ御達以来、私塾ノ生徒へ公費差出候儀ハ一切可致廃止、但シ東南両校へ稽古願出候者ハ、試験ノ上入学可被差許条拝承仕候。私儀ハ兼テ三田二丁目ニ於テ、地処拝借私塾取建、生徒モ凡三百名入塾イタシ居、此度右御達ニ付、塾中取調候処府県ノ公費ニテ入学ノ者過半有之、以来公費御廃止相成候テハ今日ヨリ差支候ハ申迄モ無之、甚舗ハ故郷ヘ帰路ノ費モ無御座、難渋無此上次第、勿論両校ヘ罷出試験ノ上入学モ御差許可相成趣ニハ候得共、元来生徒ノ試験ハ読書ノ功拙而已ヲ以テ足ベキニアラズ、読書ハ可ナリ出来候者ニテモ行状不宜者ハ、結局国家ノ用ニ適スベキ者ニアラズ、学業ノ進歩ハ速ナラザルモ誠実ニ勉強シ、行行ノ見込有之人物モ不少、其辺ノ吟味遽ニ一日一席ノ試験ヲ以テ迚モ詳ニ可致儀ニハ無御座、加之始テ読書ニ就キ僅ニ半年カ一年ノ者ハ学業試験可致方便モ無之、去迚其人物ノ良否ヲ問ハズ此追修業ノ年月ニモ拘ラズ、唯今日ノ有様ヲ試験イタシ其学業未熟ナリトテ之ヲ放逐可致理モ有之間舗、且又官ノ学校ト云ヒ私立ノ学校ト云フモ唯其相違ハ教師ノ官員ニ列スルト否ザルトニテ、教授ノ法ハ大同小異詰リ日本国内ノ生徒ヲ導キ、文学ヲ開キ候儀、此迄トテ諸方ノ私塾ヨリ人物ノ出候儀ハ不少、然ルニ今私塾ノ生徒ヘ而已公費御差留ト御座候テハ、現在文学ノ一路ヲ塞ギ候次第ニハ相成間舗ヤト奉存候。右ノ次第ニ付私方塾ノ生徒ハ、両校ニテ試験ノ御趣意ヲ奉伺、其例ニ倣ヒ私ニテ試験仕、其次第ニ依リ見込ノ者ヘ公費御渡相成候様仕度、私塾ノ生徒ニ候得バ朝夕親シク教授ヲ致シ候者共ニ付、大抵其人物ノ良否モ相分リ居、且又学業ノ試験ハ此迄モ春秋両度取行候仕来ニテ、即当三日其期日ニ候間、此亦詳ニ生徒ノ甲乙ヲ定メ可申、或ハ私共ノ試験不行届ノ儀モ可有之ニ付、文部省ヨリ御立合モ被下候ハバ無此上儀ニ御座候。兎ニ角ニ方今天下ニ文学ノ洽カラザルハ国家ノ一大欠典、官私ヲ問ハズ全国内ニ数千百ノ学校ヲ建立致シ度ハ固ヨリ私共ノ志願而已ナラズ、恐ナガラ政府ニテモ其御趣意ト奉察候折柄、此度御達ノ趣何分ニモ疑惑仕候ニ付、忌諱ヲ憚カラズ、此段奉願候ノ　以上。」

公費廃止については意をつくして私塾の実状を訴えて表現もおだやかであるが、官私に対する差別的待遇については、教育そのものの本質からするどく迫つていて気骨のほどがうかがえる。たゞ、福沢の場合も、尺の場合同様、その結果どうなつたかの手がかりとなる史料がない。（慶応義塾五十年史）。
私学といえども教育機関である以上、野放しにはできなかつたであろう。しかし、公費支給を官学だけにとどめ、貢進生制度により全国の俊英を官学に独占しようとした当局の意図は私学圧迫の第一歩であつたといえないだろうか。

開塾・入塾・外人雇入れなどの際の届書　開塾願の一例として、西周の育英舎をあげよう。

「私儀第四大区小二ノ区四十九番小川町広小路屋敷内に於て英語学開塾仕度此段奉願候也

静岡県寄留士族
陸軍大丞従五位　西　周

明治五壬申年三月九日
東　京　府
御　中」

この願書に対し「願之趣聞届之事」という奥書きがみられる。
森鷗外の「西周伝」の年譜には、さきにのべた沼津兵学校については、たゞ「陸軍学校頭取となりて、沼津に往き、城内に住む」とあるだけで触れるところ少いが、一八七〇年（明治三）には上京し、はじめ浅草鳥越三筋町にすみ、のち神田西小川町に移つていることがわかる。
私塾もはじめ三筋町にあり、のち小川町に移されたものらしく、三筋町で開塾の際の届はみられない。移転は一八七一年で、陸軍大丞にはその翌年なっていることから、この届出は相当おくれて出されたもののようである。

「西周先生私塾育英舎通規」（「幕末西洋文化と沼津兵学校」所載）によると私塾は、この届出の翌年には閉鎖されたのではないかと思われる。

元来ならば、転居の場合には、戸長、副長にあて届出なければならなかった。その例として共慣義塾の場合をあげよう。

「英学義塾転居御届

先般願済相成候木挽町五丁目英学義塾今般依都合新富町弐丁目廿弐番地江転塾仕候此段御届申上候也

第一大区十小区木挽町五丁目弐番地

英学義塾主

第二大区七小区華族従五位南部信方養父隠居

南部信民　㊞

壬申二月七日

第一大区十小区

戸長

副長

御中」

外人教師を雇入れ開塾の例としては

「　御　届　書

私儀願済之上荷蘭人チエイチユーウイヘー氏を教師に雇入辛未十二月朔日ヨリ開塾仕候仍而規則書相添

此段御届申上候以上

壬申三月十九日

第二大区小四ノ区愛宕下藪小路

滋賀県士族内匠大令史　城　多　董

東　京　府

御　庁」

がある。これも既成事実を正式に届出た部類に属する。もつともめずらしく考えられるのは入塾に際して出された許可願である。いくつかの例を挙げてみよう。

「東京府貫属大蔵監督少佑岩田信郷倅

岩　田　蕃

未二十一才

右蕃儀明治元辰年八月廿六日英学教授元中津藩福沢諭吉方江為修行入塾罷在候処今般御布告之趣茂御座

候間其府藩県之印証無之者ハ一切難差置旨福沢諭吉申聞候間御印証御渡被成下候様仕度依之此段奉願候
以上

東京府貫属大蔵監督少佑岩田信郷大坂在勤ニ付留守預
東京府貫属民部省出仕地理少佑準席
村上与七郎

辛未二月廿日

東京府御役所」

「奉願候覚

堀鍵三郎触下
土肥次郎八
未二十七才

私儀
是迄英学熱心ニ付本所相生町三丁目静岡藩尺振八方江入塾罷在候処今般御達之趣ニ付改而是迄之通入塾修行仕度依之此段御聞済奉願候以上

辛未四月四日

土肥次郎八

東京府御役所」

「元盛岡県東京府貫属耕平伜
西田耕蔵
未十八才

是迄拾四番組芝露月町中年寄坂部六右衛門兼房平十郎支配英学教師鳴門次郎吉方江入塾仕候処今般御布告之趣モ御座候ニ付改而入塾奉願修行仕度奉存候依テ此段奉願候以上

辛未三月十七日
西田耕蔵

東京府御役所」

以上はいずれも布達の趣旨にのつといて提出されたものであるが、その内容は「東京府布達目次」によつてもあきらかでない。この他に「今般御達之趣ニ付改而」というような条件記入のない入塾願が多数みられる。それらの願書に対してゝ、「願之通聞届候事」とか「願之通聞届候条戸籍掛江罷出可受差図候事」という奥書が付されている。

「開学願書」は当然のこととしても、私塾志願者が希望の塾へ提出する以外に府庁へまで入塾願書を出さねばならなかつたとは、新時代における旧秩序の維持のためというきらいがないでもない。

東京における私塾私学の実態については、学制以前に創設されたものも、学制以後に創設されたものと共に、以下に述べることとする。

2　明治初期の東京の英学私塾（学制以後）

学制頒布

東京における英学私塾の発展の姿をあとづける場合に、一八七二年（明治五）の学制頒布は一つのエポックとなっている。「学問のすゝめ」の刊行が英学発達の思想的あるいは精神的ささえとなったとすれば、学制頒布はその制度的ささえとなったといえる。すくなくとも、この学制頒布を契機として、私塾の全貌ははじめてあきらかになったといえよう。

学制は一八七二年（明治五・六）裁可をえ、文部省布達十三号をもって同八月（新九月）頒布された明治新政府最初の教育立法である。文部省は、
「今般学制御確定相成候ニ付御布告書並学制章程共別冊相渡候間自今右目的相立候分可伺出候也」
という布達を発した。この学制は、学区、学校、教員、生徒及び試業、海外留学生、学費など教育の全般にわたって規定し、全篇百九章からなるものであったが、翌年、「学制二編」を追加、海外留学生規則、神官僧侶学校の規程を定め、さらに二編を追加して専門学校の規程を加え二百十三章となった。

学制の立案は、初代文部郷大木喬仁の教育行政上での功績の一つになっているけれど、文部省雇外人Ｇ・Ｆ・ヴァーベック、デヴィッド・マレーの二人が参画したことはあきらかである。（藤原喜代蔵「明治大正昭和教育思想学説人物史」第一巻明治前期篇）。

「大体に於て仏国の制度に則り、教則は米国に則れり。孰れにしても最初の学制頒布は空想と称すべき程の新計画にして、……」と、三宅雪嶺は評しているが（「同時代史」第一巻）、学制の根本精神は皇道主義や儒教の精神に求めたのでなく西洋思想に求められ、フランスの教育精神がそのバックボーンなっていたことはいうまでもないが、学区制度のゆきすぎだけをとらえて学制そのものの価値を過少評価することはできない。

学制頒布のとき太政官から出た布告文は、福沢諭吉がかねてから唱えていた趣旨とほとんど同じであるといわれる。文部省の長官の更迭がはげしかつたので田中不二麿は、かねてから福沢に推服していて文政のことでは何事によらず福沢の意見をきいていたから、学制の制定についても有力な助言をしたであろうといわれているほどである。（石川幹明「福沢諭吉」）。

だから、学制の前文を検討する必要があろう。「学問のすゝめ」と比較するにも便利なので全文をかかげる。

「人々自ら其身を立て其産を治め其業を昌にし以て其生を遂るゆゑんのものは他なし身を修め智を開き才芸を長ずるによるなり而て其身を修め知を開き才芸を長ずるは学にあらざれば能はず是れ学校の設あるゆゑんにして日用常行言語書算を初め士官農商百工技芸及び法律政治天文医療等に至る迄凡人の営むところの事学あらさるはなし人能く其才のあるところに応し勉励して之に従事ししかして後初て生を治め産を興し業を昌にするを得べしされば学問は身を立るの財本ともいふべきものにして人たるもの誰か学ばずして可ならんや夫の道路に迷ひ飢餓に陥り家を破り身を喪の徒の如きは畢竟不学よりしてかゝる過ちを生ずるなり従来学校の設ありてより年を歴ること久しといへども或は其道を得ざるよりして人其方向を

誤り学問は士人以上の事とし農工商及婦女子に至っては之を度外におき学問の何物たるを弁ぜず又士人以上の稀に学ぶものも動もすれば国家の為にすと唱へ身を立るの基たるを知らずして或は詞章記誦の末にに趨り空理虚談の途に陥り其論高尚に似たりといへども之を身に行ひ事に施すこと能ざるもの少からず是すなはち沿襲の習弊にして文明普ねからず才芸の長ぜずして貧乏破産喪家の徒多きゆゑんなり是故に人たるものは学ばずんばあるべからず之を学ぶに宜しく其旨を語るべからず之に依て今般文部省に於て学制を定め追々教則をも改正し布告に及ぶべきにつき自今以後一般の人民華士族農工商及婦女子必ず邑に不学の戸なく家に不学の人なからしめん事を期す人の父兄たるもの宜しく此意を体認し其愛育の情を厚くし其子弟をして必ず学に従事せしめざるべからざるものなり高上の学に至ては其人の材能に任かすといへども幼童の子弟は男女の別なく小学に従事せしめざるものは其父兄の越度たるべき事

但従来沿襲の弊学問は士人以上の事とし国家の為にすと唱ふるを以て学費及其衣食の用に至る迄多く官に依頼し之を給するに非ざれば学ざる事と思ひ一生を自棄するもの少からず是皆惑へるの甚しきもの也自今以後此等の弊を改め一般の人民他事を拋ち自ら奮て必ず学に従事せしむべき様心得べき事

右之通被　仰出候条地方官ニ於テ辺隅小民ニ至ル迄不洩様便宜解釈ヲ加ヘ精細申諭文部省規則ニ随ヒ学問普及致候様方法ヲ設可施行事

明治五年壬申七月　　太政官」

この前文は一般の通達文の場合とちがい、全文をわかりやすく、とくに平仮名を用いているほか、おもな漢字には仮名をふり、左側には一層理解しやすいように、かえ言葉を付している。

たとえば、「其産《さん》《しんだい》を治《をさ》め其業《げふ》《とせい》を昌《さかん》にし」、「日用常行言語書算《にちようじやうこうげんぎよしよさん》《ひびのみのおこないことばつかいてならいそろばん》を初《はじ》め士官農商百工技芸《しくわんのうしやうひやくこうぎげい》《やくにんひやくしやうあきんどしよくにんげいにん》及び法律《はうりつ》《おきて》」、「沿襲《えんしう》《しきたり》の習弊《しうへい》《わるきくせ》にして文明《ぶんめい》《ひらけかた》普《あまね》からず」というぐあいに、全国民への趣旨の徹底を期したことや末尾の通達分にもあるように、さらに適当に解釈を加えて末端までもれなく流すように指令していることは、当時の為政者が教育精神の普及徹底に熱心であつたことを示すものであろう。

学問の必要を強調し、四民平等、男女平等の立場にたつて、「必ず邑に不学の戸なく家に不学の人なからしめんことを」期待し、子弟の教育を父兄の責任であるとしたあたり、「学問のすすめ」の精神を立法化したものともいえる。

学制のねらいの一つは全国の教育を統一することにあつた。学区の制もその一つのあらわれであつたと思われるが、当時としては破天荒のとりきめであつて、その点は「空想と称すべき程の新計画」と評されてもいたし方がなかつた。学制への批判の多くがこの点に集中されたのも当然であろう。

全国を八大区にわけ、これを大学区と称し区ごとに大学校一つを置く。各大学区を三十二中区とし、これを中学区と称し区ごとに中学校一つをおく。その数全国で二百五十六校。一中学区を二百十小区に分け小学区と称し、区ごとに小学校一つをおく。その数は一大区六千七百二十校、全国で五万三千七百六十校とする。大体において人口一〇〇人につき一小学校を設けるという計画であつた。その具体的な実施概況を東京府だけについて述べてみることにする。

学区制と東京府

「全国ヲ大分シテ八大区トス之ヲ大学区ト称シ毎区大学校一所ヲ置ク」とされ、第一大区は東京府ほか十三県（現在の関東七都県、山梨県および静岡の一部をふくむ地域）で、東京府に大学本部がおかれた。

中学区以下の区分は、地方官がその土地の広狭、人口の疏密を考え適宜きめることになっており、地方官任命の学区取締が十数名おかれ、それぞれ数十の小学区を受持つという建前であった。この中学区の設定は、東京府においては、それまでにあった行政区の区域によることになったので、この行政区の区画についてさきに説明しなければならない。

大区小区の制　東京の区には長い沿革がある。一八六九年（明治二・二）には新しく朱引を定めて市街地と郷村地の境界線をひき、朱引内にある町地を五〇の番組にわけた。この朱引というのは、江戸時代に江戸の地図に、朱線をひいて府内と府外（郡部）とを分けたことに由来する。ところへ一八七一年（明治四・四）戸籍法が公布された。この年七月には廃藩置県がおこなわれ、戸籍のことばかりでなく、警察事務を行う上からも区制の変更が必要になった。そこへ登場したのがこの大区小区の区制である。

この年十一月の改正は、朱引内外を一括し、それを六大区に大分してそれぞれに十六の小区をおいた。ただ第一大区だけは、築地の外人居留地を別にして十七小区としたので、全部で小区は九十七であった。これを簡単に示すと次のようになる。

第一大区（十七小区のち十六小区）人口十七万　　御廓内筋違橋から柳原筋大川を限り芝口橋まで

第二大区（十六小区）人口十二万

芝口から麻布目黒高輪辺り

第三大区（十六小区のち十五小区）人口十一万

竹橋から小石川御門江戸川筋青山まで
　第四大区（十六小区のち十五小区）人口九万
一ツ橋御門から小石川、王子、下谷辺り
　第五大区（十六小区）人口十七万
浅草、外神田から北一円
　第六大区（十六小区）人口十四万
本所、深川

なお、この区制は一八七八年十一月（明治一一）、十五区制になるまでもちいられたので、当時の学事関係の記録をみるには、大区小区の制の理解が必要である。

学区と大区小区学制　学制にもとづく中学区以下の区分は、地方官の宰領にゆだねられていたが、東京府は学制頒布の前年に決定した大区小区の制度に準拠し、この六つの大区をそのまま六つの中学区と定めた。小学区については、一中学区に二百十の小学区をおくたて前であるが、それだけを一時に創設できないので、当座の措置として、小区ごとに一校を設けることにした。したがつて、当時の小学校数は小区の数と一致することになつた。

このように、学区を行政区画と一致させ、また小学校の設置単位も小区としたため、自然学区取締の任命にも便法がとられ、学制もまた、戸長の兼任をみとめていたので、頒布直後は区長や戸長の兼務者が多く専任学区取締がおかれたのは、のちのことであつた。（都市紀要五「区制沿革」）

さきに述べたように、文部省は、学制頒布にさきだち、「従前私塾ニテ生徒教育候教師ト雖モ官ノ許可ヲ得ザレバ不相成ノ件」を布達した。その内容については、全面的にあるいは部分的に私学経営者の反対をよびおこしたが、この学制は、官私の学校や私塾家塾にいたるまでの一切の修学機関を規制するものであつた。

学制以前の文部省布達においては、「但府県学之外皆私学トス唯一家或ハ二家迄之子弟ヲ教候モノハ家塾ニ属シ候間私学之数ニ算入セス」と規定し私学と家塾とを区別したが、学制ではさらにこれを私学・私塾・家塾の三つに区別するようになつた。そして、文部省は、学制頒布の直後、私学開業に関するそれまでの「私学開業聞届之証」を一応返納させ、改めて、学制第四十三章に準拠した私学家塾開業願を提出するよう次の布達を発した。

「今般学制御頒布ニ相成候ニ付当二月以来於当省指許候私学開業聞届之証悉ク取纏メ当省ヘ返納可為致追而私学家塾等開業之向ハ更ニ学制第四十三章ニ照準シ可願出様取計可申此段相達候也

但筆学算術素読授与之類モ家塾同様可心得候事

壬申九月三日

文　部　省」

続いて同年十月二日文部省布達第三十号をもつて、私学私塾開業の願あるものは、教則・舎則・教員事歴を地方庁を通じ文部省に伺出て、同省において検査の上許可すること、家塾は地方庁限りで処理することをあきらかにした。

この両度の文部省布達が出てから翌年末までに、東京府下では七十八通の私学開業願書と千百七通の家塾開学願書が提出された。（「東京府史」行政篇第六巻）。

さて、布達にある願出の準拠となる学制第十四章とは、

「官立私立ノ学校及私塾家塾ヲ論セス其学校限リ定ムル所ノ規則及生徒ノ増減進否等ヲ書記シ毎年二月学区取締ニ出スヘシ学区取締之ヲ地方官ニ出シ地方官之ヲ集メ四月中督学局ニ出スヘシ

学校ヨリ出ス書記ハ三紙トシ一紙ハ学区取締ニ留置キ一紙ハ地方官ニ留メ一紙ハ督学局ニ出スヲ法トス

大学及外国教師アル校ニ於テハ直ニ地方官督学局ニ出スモ妨ケナシ

但大学及外国教師アル校ニ於テモ学区取締其心得ノ為メ規則並ニ生徒ノ増減進否等ヲ知ランコトヲ求メ丁寧ニ之ヲ告クヘシ」

というのであつた。いま、明治初年の教育事情を考究するのに役立つている東京府文書は、その当時、学制の規定によつて提出されたものである。

学制によれば、私学、私塾、家塾の区別ははつきりしている。

官学に対応するものは私学である。

教師の免状をもつたものが自宅で生徒を教えるのは私塾である。

教師の免状をもたないものが自宅で生徒を教えるのは家塾である。

学制第四十三章は、さらに

私学私塾及家塾ヲ開カント欲スル者ハ其属籍住所事歴及学校ノ位置教則等ヲ詳記シ学区取締ニ出シ地方官ヲ経テ督学局ニ出スヘシ

とし、第四十四章では

「私学私塾教員タルモノ総テ規則ニ違ヒ或ハ不行状アル時ハ之ヲ譴責シ又ハ之ヲ止メシムルコトアルヘシ」と規定し、経営ばかりでなく教員の資質素行についても、制限を加えている。

明治英学の特徴

江戸時代の英学が国防的、鎖国的であつたことはさきに述べた。それが国際情勢にうごかされ開国となつたため、英学研究の目的も一変することになつたのは当然である。

明治維新の変革を契機として、英学研究の目的は、国防のためではなく、文明開化のため、西洋文化摂取のため、ということになつた。封建制度を打破して近代国家を形成するにはまず西欧の文明思想を導入しなければならない。そのためには、洋学、とくに英学を盛んにしなければならなかつた。それは、特定のものにより、ひそかになされ、教師さえもたえず監視されるというような、かつての英学ではなく、庶民に開放された英学であつた。したがつて、明治英学の特色の一つは、庶民教育との結びつきであつた。

その思想的ささえとなつたものは、一つは「学問のすゝめ」であり、もう一つは「学制」前文の趣旨の説明文である。学問や教育の指導精神は、これらを通じて、従来の皇道主義から、人間の自由平等を基調とする実学主義へ前進した。そして、それらを受けいれるために、英語の修得が必要となつた。わが国の普通教育に英語科が必置となつたのは、明治初年の教育思想ないしは政策に由来するのではないかと思われる。

「西洋学の消長は我国の文学に影響すること頗る大なるが中にも、英学は殊に民間より発達して其基礎を我国一般の社会に取りしが故に、其消長の相関するところ最も多し。明治一三年の頃より之を学ぶもの漸く増加し来り、十四五年に至つて著るしく隆盛を極めしが、十九年に森文部大臣の小学校に英語科を必ず置くべきことを命せしより、独り外形上のみならず恐らくは精神上にも英国風を取るの傾向を為し、謂はゆる実用英学なるもの盛に行はれ、従つて諸学校に用ひらるる教科書も大に其程度を進めたり」（大和田建樹「明治文学史」明治二七・一〇）。

「明治文学史」にはさらに、

「我国維新後の社会に最も著るしき影響を与へたるものは、読者も知らん英独風の二主義なるを。而して英国主義すなはち英国風の学問は民間より弘まれること、既に総論に於て余は之を言へり。すべて民間より起れるものは其下底広く且つ堅きが故に、従つて発達また普く且つ速なるは理の見易きところ。之に反して独乙主義は政府より先づ行はれしかば、其区域の狭くして行はるゝところ従つて普からざりしは、実際に就いて之を確むるを得べし。されば彼の民間よりせしものこそ世人を感化せしむるの速力最も強大にして我社会の方針を左右する原動力の一と為りしは争ふべからざるの事実なりとす。而して此くの如く、英学をして著るしき勢力を社会上に有せしむるに至りし其原動者は実に「三田の親玉」と呼ばれし福沢諭吉氏なりと謂はざるを得ず。」

明治初期の英学の特徴やその後のうごきは右の引用文によつて説明を加える必要はないであろう。このように「其下底広く且つ堅」く積みあげられた英学への関心は、英学塾隆盛の大きな原因とみることができよう。さきにのべた庶民教育との結びつきが、英学隆盛の波にのり私塾の氾濫という明治英学を特徴づける現象ともなつた。

明治英学は、実学を重んじたので庶民の間から旺盛な知識欲をもりあげたが、これを思想史的にみて明六社の動きの及ぼした影響面もとりあげねばならぬ。

「明治六年設立ノ縁ニ由」り明六社と命名されたこの結社は、森有礼の主唱により、その年七月創設されたが、社員には、西村茂樹、津田真道、西周、中村正直、加藤弘之、箕作秋坪、福沢諭吉、杉亨二、箕作麟祥、津田仙、九鬼隆一、辻新次、大槻文彦などの英学の大家を擁していた。

明六社制規には

「社ヲ設立スルノ主旨ハ我国ノ教育ヲ進メンカ為ニ有志ノ徒会同シテ其手段ヲ商議スルニ在リ又同志集会シテ異見ヲ交換シ知ヲ広メ識ヲ明ニスルニ在リ」

とあるがこの教育とは、いうまでもなく英学を通じて西欧の文化を摂取することであり、社員は、結成の翌年創刊された機関誌「明六雑誌」に毎号交代で健筆をふるつて民衆を啓蒙したばかりでなく、彼等による著作翻訳は、明治初年において英学教育や西欧思想の普及にもつとも大きな手がかりとなつた。隆盛をきわめた私学私塾あるいは家塾のおもなものはこれらの人たちによつて開業されていたことはいうまでもない。

学制頒布と官学

隆盛期の東京の私学の英学にはいる前に、官学の英学施設にふれる必要があろう。学制頒布とともに第一番中学となつた南校のその後の変動については前に述べたから省略する。

学制頒布の結果、一八七四年（明治七）には
東　京（第一大区）、　愛　知（第二大区）、　大　阪（第四大区）、　広　島（第五大区）、
長　崎（第六大区）、　新　潟（第七大区）、　宮　城（第八大区）の　石　川（第三大区）をのぞく七大学区に外国語学校が設置された。まず、三月に愛知、広島、新潟、宮城が発足し、四月には大阪開明学校、長崎広運学校がそれぞれ外国語学校と改称、十二月には以上の六校が英語学校と改めると同時に東京では前年創設の外国語学校の英語科を分離して英語学校が設けられた。いずれも「外国語」というのを「英語」に改めたところに教科内容の外貌がうかがえる。

しかしそれらの命脈はみじかかつた。一八七七年（明治一〇）二月、東京をのぞく各英語学校は廃止され、東京英語学校は、その年、東京開成学校と東京医学校を合併して設置された東京大学に付属する東京大学予備門と改称された。

この東京英語学校については、「東京英語学校規則」と「東京英語学校教則」（ともに明治八年刊）によつて説明を加えておこう。

東京英語学校　校則の第一条に、「当校ハ英語学ヲ志ス者ヲ教授シ上下二等ノ語学教科ヲ卒業スルヲ以テ法トスル事」とあるとおり文字通りの英語学校であつた。上下語学とも三年、計六年の修業年限で、生徒の定員は六百人、授業料は一ヵ月五円五十銭相当とするほか、三円五十銭と二円の二等級を設けた。不能者には事情により減額の規定もあつた。

入学を許されるものは、小学校教科卒業以上で年令十三才以上十七才以下で学業優等のものには年令の制限をはずしているけれども、種痘をしたものか天然痘をしたものという条件がつけられていた。

下等語学科三年間を通じ、いわゆる正則英語の教科が与えられた。教科書のおもなものは、ウイルソンの綴字書、スペンサーの習字本、チャンバー読本（第一から第四まで）を基本として、ロビンソンの実地算術書、モーリーの地理書、ウースターの歴史、最上級ではブラウンの文法書などであつた。

上等語学科での語学は、精選された文章の諳誦と作文、書取、より高度の文法、英文学史などのほか、数学（代数、記簿法、幾何学、三角法、星学）、科学（地理学、動物学および植物学初歩、生理学および健康学ー衛生学ー物理学および化学大意）、歴史（英国史、合衆国史、仏国史、ゲルマン史）、があり、第三年には語学のなかに理学ー哲学ーが加わり、智学、修身学という教科目がふえ、歴史のかわりに交際学として前期に経済学、後期に万国公法大意、さらにフランス語が付加されている。上等語学科には教科書の名称はみられない。

「規則」と「教則」の内容は無味乾燥なので、自叙伝「宮部金吾」（二八・六）から東京英語学校のくだりを引用しよう。宮部博士は初代札幌名誉市民となつた人。一八七四年（明治七）三月、横浜の高島学校や修文館をへて東京外国語学校英語科の入学試験に合格し、最下級である英語学下等六級の丁組に編入されたが、この英語学の部門はその年のくれ分離して東京英語学校となつたものである。

「英語学校の教育方針は全部英語の所謂正則主義で、教師は英米人が主となり、下級には邦人が加はり、最下級は邦人のみで担当した。英語学校の学級は一級から六級にわかれ、一級から三級までは一組、四級は甲乙の二組、五級は甲乙丙の三組、六級は甲乙丙丁の四組から成つてゐた。最下級六級の丁組を振出に、各級担任教官監督指導のもとに、毎月若しくは、二、三箇月毎に小試験が行はれ、その成績の優良なるものは抜擢進級せしむる制度であつた。

私は先に記したやうに入学当時は六級の丁組にゐたのであるが、同年五月には級のもの四五名と共に丙組に進級、六月には乙組に、九月には甲組に、同月重ねて五級の丙組に、十一月には五級の乙組に、翌八年の三月には五級の甲組に、七月には四級の乙組に、十月には四級の甲組に、更に翌九年の三月には三級に、九月には二級に、十年の三月には一級に進んだ。このやうに殆ど試験の度毎に幸なる進級をつゞけた。」

抜擢進級制度というのは「規則」にはなかつたようであるが、学科ができさえすればどしどし上の級へあげたものらしい。宮部金吾が下等六級丁組にいたころ、その上級には石川千代松、田中館愛橘、土方寧末松謙澄、内村鑑三、加藤高明、などが在学していたと記してある。次の数行は当時の英学の有様がしのばれて興味深い。

「この頃を考へると、教育の制度が丁度一つの大きな過渡時代にあつたやうに思ふ。生徒は多く東京英語の正則教授をしてゐた神田の共立学校からか、横浜の高島学校から入つて来た。一級全科目を通じ一外人が算術、読方、綴方、地理、歴史等皆英語の教科書を使用してこれを担当してゐたが、明治九年頃には漢学が課程の中に加つた。

また飜訳の組も出来た。私がやつたのはMurryのPhysical Geogrephyで、割合に早く二月位で卒業と認められた。この組の受持は教諭下条幸次郎氏であつた。教師に就ての思出は今となつては大分散漫になつてゐるが、その二、三を記してみよう。六級の頃にポート(Poat)が居た。彼は歯医者志望の英人で、米国遊学の途上を日本に立ち寄つてゐたものである。私の前歯二本が齲歯になつてゐるのを見て直してやるから来るやうにと誘はれたまゝ、彼を訪問した所、前歯の穴にゴムを埋めてくれた。一通りの治療器具が揃つて居て、それが馬鹿に美しく清潔に見えた。五級の甲組に居た時にはマッカーサー（Macarthur）といふ酒飲みの英人が居た。商人あがりらしく、数学も加減乗除しか判らなかつたらしい。彼は生徒をより可愛がり、屢々生徒に遊びに来ないかと誘ひかけた。私は級友と共にそこに算術を教はりに行き、分数のことを聞いたら、「分数？そんなことは判らないさ」と平然と答へた。四級の甲組に進んだ時にはマイヤー（Meyer）という仏人の肥つた教師が居り、彼は私の試験点等標に"A good hard working boy"「宮部君は頗る出精なり」との評を与へてくれた。四級を終つた時、彼を中心にして撮つた記念写真が今私の手許に残つてゐる。その中には穂積八束（後年法学博士、東大教授）、近藤仙太郎（後年工学博士）、松田武一郎（後年工学博士）、伊藤悌蔵（後年控訴院判事）、市島謙吉（後年早稲田大学教授）、梅若誠太郎（後年早稲田大学予科教授）、高木甚平、横井左久、内藤信一郎、鶴見次昌、曽我鼎三郎、山田義容の諸氏が居る。三級の時の教師のフェントン（Fenton）は英人で昆虫学者であつた。私が札幌に来た翌年石川千代松君を助手として札幌に蝶類の採集にやつて来たことがある。二級の時の教師レーシー（Lecey）は米人である。彼は金星が太陽の面を通過した時の観測班に加はつて来た儘居残つて教師となつたので、数学が得意であり、また音楽にも趣味を持つてゐた。彼は私の点等標に"A model pupil would make a fine teacher of Arithmetic"なる評をくれた。

一級の教師はスコット（Scott）と云ふ米国の教育家で、英作文を教へる事が非常に巧みであつた。この組に入つてから英作文の上達は飛躍的であつたと思はれ、それが非常に後年のためになつた。スコットは後布哇の中学校長になつてゐた。一級の時の同級生中には後年有名になつた人も少なくなかつたその中でも抜群なのは穂積八束君や酒井佐保君であらう。穂積君は級中での秀才で何学科でも良く出来たが、特に同君の英作文は卓越したものであつた。同級中の秀才として根岸錬次郎君がゐる。同君は長岡藩士であり、河井継之助氏や森源三氏の一族であつて非常な論客であつた。或時スコット教師が米国人は一般に発音（Pronunciation）が良くないがケンタッキー人は正しい。自分はケンタッキー州の産であると言ふや否や、根岸君は直に" Yes Your, pronunciation is very clear "と大音で誉めたので、スコット教師は赤面し、級が一同どつと爆笑した。同君は永らく日本郵船会社のロンドン支店長をして居たが、今は隠退して八十八才の高令を以て東京に矍鑠としてゐる。戦時ロンドンを非常に親しみ「おらが村」と呼んで居た。

この英語学校時代は滋愛溢るゝ母の温き膝下で全く勉学に専念した。学校は一時の油断も許さぬ進級試験制度であつたので、夜はうす暗いランプの下で十一時すぎ迄勉強し、時には深更に及んだ。このために聊か視力を弱めた。勉学に忙しかつたから交友も少なく、多くは御徒町方面から通ふ連中と往復を共にした位のものであるが、一級上の高田早苗君とは家の近かつたため特に親交があり、同君とは竹馬の交を深くし、時には上野の山を散歩し、球投げに打興ずる事もあつた。………」

幾人かの外人教師についての印象は興味深い。スコットという米国の教育家は、南校から新設の師範学校に移つて師範教育の基礎をかためたMMスコットと同一人であるが、マイヤーという仏人は、開成学校から商法講習所に移り、ヘア（Alexander Joseph Hare）とともにホイットニー（William C.Whitney）のあとをうけ、わが国における商業教育に大きな寄与をした Fredrick Adrian Meyer と同一人であるかどうか、にわかに決定できない。マイヤーが同一人だとすれば、彼は仏人ではなく英人である。

宮部金吾は一八七七年（明治一〇）七月、官費生として札幌農学校に入学したが、東京英語学校から同時に入学した人たちのなかには、新渡戸稲造、内村鑑三、佐久間信恭など、明治英学界の大先達の名がみられる。英語学校は予備門的性格のものであつたけれども、英学研究の官学における一拠点であり、開成学校の合格者数のごときも、他の英語学校をひきはなし、その半数近くを占めていた。

東京師範学校　学制頒布より少しはやく、一八七二年（明治五・五）師範学校として創設され、のち東京師範学校、さらに東京高等師範学校をへて現在の教育大学となつた。

やはり英学から出発した官学である。草創の際は米人スコット（Marion M. Scott）か教頭として指導にあたり、講義は坪井玄道が通訳した。

「東京文理科大学　東京高等師範学校　創立六十年」（六・一〇）によれば、一八七三年（明治六）六月の教則改正で余科（普通学）として定められた教科課程は次のようである。

初等一級

一算術　大ロビンソン　一地理書　モンテーヌ　一字義論

初等二級

一代数　ロビンソン エレメンタリー　一幾何学　マークス　一生理学　カツトルス　一本国歴史　一記簿法

ペーソン単記　一物理学　スチール

上等一級

一代数　一生理学　一物理　一記簿法複記

上等二級

一算術復習　一幾荷三角法測量　一植物学　グレー　一地質学　オーレン　一文　学
一化　学

これらの書名は生徒に読ませたのではなく各教科の程度を定めるためにかりにその標準を指示したものにすぎないといわれるが、それらをもとにして教えたことはいうまでもない。一八七七年（明治一〇）七月の校則改正の中学師範学科教則には、あらたに天文学、地理学、心理学を加え、教科書は和漢の歴史のほか、すべて英書を使用することになつた。

そのおもなものは、史学（テーロル、万国史、ギゾー開化史）、地学（モーレー、ヒジカルジオグラフイー）、天文学（ロックヤル天文学）、数学（ロビンソン算術書、代数学書、幾何書、三角法）、物理学（ガノー物理書）、博物学（具氏博物学書）、化学（ロスコー化学書）、地質学（陀那氏地質論略）、経済学（ウエーランド経済書）、生理学（ホチソン生理書）、心理学（ウエーランド心理学書）、修身学（ウエーランド修身学書）などである。

東京師範学校は一八八六年（明治一九）四月、高等師範学校となつたが、前期において摂理、または校長となつた箕作秋坪、伊沢修二、文部省御用掛として校務嘱託となつた西周、同じく文部省御用掛として師範学校監督となつた森有礼の諸星は、一八七四年（明治七）年設立された東京女子師範学校の摂理となつた中村正直とともに明治英学界の大立者であり、またその多くはすぐれた私塾経営者であつたことは述べるまでもなかろう。

官設外国語学校統計　一八七三年（明治六）とその翌年における官立外国語学校統計を集録して参考に供する（文部省年報による）。

一八七三年（外国語学校）
学校数　三校　生徒数　七四九人　内国教員数　二五人　外国教員数　二一人
うち英語のみに関するものの統計
生徒数　四四三人　英米人教師数　一三人
○開成学校
外国教師　一三人　英米人教師　五人　生徒数　二三一人
この年の校数三は東京以外にどれをさすのかわからない。各地に新設をみたのはその翌年である。ただ、外人教師の比率が大きいのと、外国語のなかで英語の占める割合の大きいことは一見してあきらかである。
一八七四年（英語学校）
学校数　七校　生徒数　一〇〇五人　日本人教師数　三七人　外国人教師数　二三人
○開成学校
外国教師　二二人　英米人教師　一一人　生徒数　三三一人
なお、同年度における官私あわせた外国語学校の統計をあげておく。
外国語学校数　九一校　〃　生徒数　六、六三八人　〃　教員数　二六九人　〃　外国教員数　一〇三人
うち英語学校
学校数　八二校　生徒数　五、九五七人　英米人教員数　五一人　日本教員数　二五四人
この数字をみても英学の優位性はゆるがぬところである。

東京の洋学一般

英学にしぼつて東京の私学にはいる前に、洋学一般について一べつしておこう。

統計的のものとしては、明治六年七月十三日発行「郵便報知新聞」所載「東京府下の学校生徒教員数」がある。みやすいように、アレンジしたものをのせる。（明治時代文化記録集成前編）。

第一大学区東京府学校・生徒教員数

種別	校数	教員数 男	教員数 女	教員数 計	生徒数 男	生徒数 女	生徒数 計	その他
公学	一八	六六人	三人	六九人	七六〇人	三〇九人	一、〇六九人	
私学	二五	一五五	四	一五九	一、四八六	一〇〇	一、五八六	
洋学私学	二三	一一二	二	一一四	一、九九五	一四〇	二、一三五	外人教師 二八人 （男 二四 女 四）
家塾	一、一二三	一、〇二三	一〇五	一、一二八	三〇、二九〇	二〇、三〇五	五〇、五九五	

生徒総計　五五、四三〇人　（男　三四、五三一　女　二〇、八九九）

公学とは官公をふくむものと解せらる。
学制では私学、私塾、家塾の別をあきらかにしているが、この統計には私塾が分離されていない。当時の経営様式、規模、教員免許の有無などから俗に私塾といわれたものの大部分は家塾に該当するものであったのであろうか。

この数字をみていえることは、私学が公学に対し優位にあることと一般私学と洋学私学の校数は大体並行しておりながら、生徒数では洋学私学がはるかに多いこと、男女別生徒数には相当のひらきがあるのに、家塾の場合にはそれ程でないこと、などである。ただこの家塾には、皇、漢、数、書道などのものの占める割合が高いのでただちに洋学の隆盛をこの数字から結論づけることはできない。

官学を中心とする東京の洋学については、さきに開成学校のくだりで、英学のほか、仏独語科がおかれたが、のち、もっぱら英語で教授することになったいきさつを述べた。また、一八七三年（明治六）八月、開成学校の語学科と元外務省付属語学所を合わせて設立された東京外国語学校には、東京英語学校が分離されるまで、英語科のほかに、仏語科、独語科、魯語科および漢語科があり、普通学に加え、それぞれの外国語を教授していたが、その内容を知る史料をもたない。

以下、旧東京府文書の開学願書にみられるおもな独仏学私塾について述べるにとどめる。

ドイツ学　もっぱらドイツ学を教える私塾には、次のようなものがあった。

塾名	所在地	主宰者	塾名	所在地	主宰者
前園社	中橋広小路町	前園孝性	—	惣十郎町	吉埜重明
培達義塾	下六番町	佐久間正節	—	本所千年町	石田文蔵

教科はドイツ楷梯、会話、文典、地理書、史類、洋算などで（前園社）、経費は束修（入門金）二分ー三分、月謝二分、月俸（寄宿費）一円二十銭ー二円程度。教師の修業径路では大学南校、壬申義塾があげられる。南校教師としては、カドリー（カデルリー、カドーレエ）とワグナー（ワグネル）の名がみられるが、Jakof Kaderly はスイス人ではじめ横浜の高島学校（藍謝堂）で教えのち大学南校に転じた。ドイツ文典（Lehrbuch der deutschen Sprache）の著がある。Gottfried Wagener は明治初年有田藩のまねきで来日、わが国の化学工芸や工業教育に尽し、日本で生をおえた人。南校ドイツ学の基礎をきずいたばかりでなく、東京工業大学窯業科創設の恩人でもある。壬申義塾は独仏兼学なのであとに述べる。

フランス学　学制前後の「開学願書」にみられるおもなものは次のとおりである。

塾名	所在地	主宰者	塾名	所在地	主宰者
達理堂	深川猿江町	村上松翁	ー	小石川諏訪町	山本周朝
資生学舎	本両替町	岡田三右衛門	ー	中六番町	中江篤助
海南私学	箱崎町	山内豊範	近義塾	愛宕下町	林欽次

村上松翁（英俊）の達理堂は一八六七年（慶応三）の創設になるもの。開学願書提出の一八七三年（明治六）には六十二才で幕末、明初にかけてのフランス学のベテランであった。履歴によると宇田川榕菴について蘭学を学んだあと、嘉永元年（一八四八）「志ヲ立テ仏蘭西学ヲ自研究シ師授ヲ不待読開キ候学業御座候」とあるように独学であった。

中江篤助はいうまでもなく兆民のこと、村上英俊、箕作麟祥の門下である。林欽次は、名古屋藩洋学校で仏学を担当した林正十郎のこと、山内豊範は旧土佐藩主で、岡田三右衛門とともに私塾経営者であった教師としては、資生学舎には南校教師仏人ガロー（Garaud）、山内塾には同じく仏人アントアンヌが雇用されていた。

教則は舎密学、窮理学、歴史、人身窮理、地理学、文典、洋算（達理堂）、習字、綴方、算術、化学、幾何学、製薬学（資生学舎）、と塾によって特徴があり、また山内塾はフランス学のほかに兵学を、迎義塾は同じく農学を加えていた。

中江塾は、これらのうちでもつとも高度の教課を与えていた。

教　則

反切書　単語編　会話書　地誌　ノエル 大文典　ジュリー 小大古史　同 希臘羅馬史

ジュリー 小仏国史　同 仏近世史　ジュクートレー 当代史　ヴォルテール シャル、十二世史　同 ルイ十四世史　モンテスキュー 羅馬興亡論

フェネロン テレマック　古詩類　ルソー 民約論　同 開化論　同 教育論

その履歴に

「慶応元年碕陽ニ赴キ諸家ニ就キ学ブ事一年慶応二年江戸ニ遊ビ村上英俊ニ学ビ半年ノ後浪華ニ転遊シ明治三年東京ニ移リ箕作麟祥に受業シ二年ニシテ大学南校教員ニ列シ明治四年十一月仏国ニ遊学シ在留二年六月ニシテ帰朝総テ学ブ事十年
但シ東西転遊ノ間及ビ時変ニ遭遇シ業ヲ廃セシ時間モ十年ノ中ニ包容ス」

とあつて、その洒脱な人柄がにじみでている。

経費は、仏人教師のいるところは、入門式月謝五円（資生学舎）、東修一円、月謝一円二方（山内塾）の

ように他よりも高い。仏人教師の給料は、ガロー月百円、アントアンヌ月洋銀百五十ドルとなつている。その他　本郷弓町の壬申義塾は大熊春吉主宰の独仏学塾でその経営は河毛　翼、多くの私塾教師を輩出している。一ツ橋通町の訓蒙学舎は独仏学のほか、数学、和漢、などを教えた。教師はドイツ学に篠田隆興、佐久間正節（前出）、真藤小次郎、フランス学に益頭尚志などあり最年少教師は十九才であつた。束修、月謝とも二分で、生徒数は一五〇名にものぼつた。

英学兼修の洋私塾については巻末の一覧表によられたい。ただ、兼修といつても、英学よりドイツ学塾とみられる進文学社についてはここで一言しておく。

進文学社は本郷元町にあり、その英語科には、まだ東京大学の学生であつた高田早苗やのちには坪内逍遙も教えていた。元来、旧高松藩の松平頼寿家に関係があり、旧藩士の一人である橘機郎が経営に当つていた。

高田早苗述「半峰昔ばなし」（二〇・一〇）によると、橘機郎は本業は医者で、東校（大学医学部）へ入学を志望する学生のため予備学校として私塾をはじめたようである。したがつて、ドイツ学を主としたものであつたことはいうまでもない。盛んなときには、塾生も百五十人くらいあつたといわれるが、「私位学校明細調」（明治六年）でも百三十五人と報告されている。ただ、その内訳をみると、英学の方がドイツ学より、いくらか上廻つていることが注目される。進文学社からは、三上参次、原嘉道が出ている。

3 英学私塾概観

明治期における英学の特徴は、庶民層への浸透と、したがって私塾学塾の繁栄であることを述べた。庶民層への浸透には学問の実学的理解が大きく作用しているようで、猫も杓子もという風潮はついに花柳界へまで英語熱を波及させるにいたった。次の例はそのあらわれの一つである。「芸者発憤して英語を学ぶ」という見出しの明治五年四月十六日付東京日々新聞の記事である。

「府下銀座二丁目里俗いろは長家と云える或家の弦妓、妙音絶伎にもて其姿容も婀娜なれば、常に酒客の愛顧も多かりしが、当春の頃某の宴席に招かれしに、客は何れも書生とはいえ残らず英語のみ用ゐければ、さすがの弦妓も少しきまりわるさに、只ぶつねんとして酒盃に媒するのみ、客は益々興に入り、或は話し或は笑ふといへども更に其事柄の解らねば、只まじめに其座しきを勤め、宅に帰りてつくづくと其席の事を考へ、英語の解せざりし事こそ残念なれとて、忽ち髪の具調度をば売払ひ学費に充て、其翌日より愛宕下某の義塾へ日々十二時まで通学せりと、素より己の覚悟にて学びし故か、此ほどは大に上達して、先進の生徒も追々この小妓に圧倒されしと。ことし十八才の由、益々勉強せば他日解語花林の第一にも進むなるべしと、同校中或書生の話なり。」

このような英語熱の風潮は、花街へまで私塾を進出せしめた。「新聞雑誌」の集録である「開化世相の裏表」（明治文化全集「文明開化篇」所載）の明治五年のくだりをみると、「吉原ノ学校」という記事がある。

「昨秋ヨリ当府下官校私塾ノ盛ンナル幾ケ所ナルヲ知ラズ。又女学教授ノ者相継テ出テ所々ニ塾ヲ開キシヨリ、往々婦女子ノ袴ヲ着シ洋書ヲ懐ロニシ街上ヲ往来スルヲ見タリ。此頃又吉原中ノ町沼田美佐雄トイヘル者遊里ニ活計《ナリハヒ》ヲ営ミナガラ、里人ノ懶惰ナルヲ歎キ京町一丁目ニ於テ新タニ共慣義塾出張所ヲ設ケ、廓内外近巷ノ長幼ヲ入レ「英」学ヲ正課トシ傍ラ漢籍ヲモ読シメ、束修月謝及ビ入学ノ規則等モ簡便ニ定メタリシ由。」

とあり、次に「開校ノ記」がある。

「東京府内ハ四方輻湊ノ地ニシテ開化モ諸国ニ先チテ進ム事速カナリ。独リ吉原ノ一廓ノミ遊里ノ陋習伝染シ、文明ノ今日ニ至ル迄懶惰僥倖ヲ以テ活計ヲ求ルカ故ニ、昼夜小利ニ奔走シ従学ヲ得ル者稀ナリ。余宿縁アリテ此浮境ニ寄留スル事十有余年、常ニ廓習ノ固陋ニシテ里人ノ蠢愚《オロカ》ナルヲ嘆ズレトモ、家毎ニ之ヲ説ベカラズ。説ント欲スルモ才学二ツナガラ乏シク徒然トシテ黙止スル歳アリ。方今文物ノ隆時ニ当リ、西洋ノ理学盛大ニ行ハル、ヨリ、市街ニ官校私塾ノ開興数多ナルヲ以テ、其驥尾ニ附キ顰ニ倣ヒ、吉原ノ廓中ニ小学私塾ヲ営ナミ、他ヨリ教官ヲ請シテ多年ノ蒙昧ヲ覚サシメ、僅ニ報国ノ微志ヲ表セントト欲シ義ヲ知己ニ告グ……」

と創設の理由をのべている。共慣義塾の出張所として開いたとあるが、府への願書にはただ、「日洗舎」という塾名だけである。旧風を日々に一洗しようという意味であろうか。記録によると、生徒数二十二名中女子は二名にすぎなく、「新聞雑誌」の記者が警告して付記した

「固ヨリ美挙ト謂ザルベカラズ。然レトモ僅ニ洋漢ノ文字語音ヲ学ビ有名無実ニ陥リ、徒ラニ幇間芸妓等客ニ媚ルノ具トナシ、益々生ロ怜悧《ナマキヽ》ノ浮習ヲ助ルヤウ成行テハ、却テ文明教化ノ妨ケトモナルベシト、

或老ノ婆セ心ソノ人語レリ。」

という心配はなかった。これらは文明開化のもとにおける英語熱の一点景といえよう。

英学塾という用語　英学という用語については、きわめて簡単ではあったが、広義に解し、英語による普通学というふうに考えたいと、さきに述べた。次には英学塾という用語である。学制では、私学、私塾、家塾という区別のあることもあきらかにした。教育関係の旧東京府文書には、ただ、「開学願書」というのが多く、「開学明細調」というのと「私立学校明細調」とがまじり、別に「家塾開業願」という題名のがあるが、内容的にはあまり変りがない。その一部を集録して巻末に二つの表をそえておいた。

　次に英学塾というものの基準であるが、これも一定のワクにいれるものがないので便宜的な措置をとった。表でみるように、純粋に英学塾というのはきわめてすくない。経営の規模は別としても、英独、英仏、英独仏兼修のもの、皇漢学、筆道、和算などの学科を選択または兼修させるものもあつて一定しないが、ともかくも、学科のなかに英学を設定しているものは網羅するように留意した。したがつて、教師数や生徒数は英学だけにしぼることができなかつた。教師数や生徒数を学科別に示したものはそれによることにし、区別のないものはそのまま総数に加えておいたから統計としては不確実なものであることはいうまでもない。報告様式の設定の仕方や解答例の例示の有無など、そこまでの事情はわからないけれど、近代的な行政訓練が当局にも市民の側にも未熟であつた時代の史料であるから、記入もれや感ちがいのものがあつたのもやむをえないと思う。だから、これらの数字を分析することにも問題はあるだろう。

英学関係の私塾数　学制の頒布ののち、従来の「開業聞届之証書」をすべて返納させ、あらためて出願させたのであつたが、未届または無届のものがあつたのではなかろうかと思われる。

明治六年一月の「開学明細調」によって作成した表によれば、英学関係の私塾数は五九、同年五月の「私立学校明細調」によるものでは四〇であるが、このなかには、尺振八の共立学舎、箕作秋坪の三叉学舎、鳴門義民の英学所などがぬけている。

私塾の隆廃には、はげしいものがあったけれども、わずか半年足らずの間にそれほどの変化があったかどうかは疑わしい。

共学塾の最盛時　明治六年一月の「開学明細調」で開設年月を明らかにしている五一塾についてみると、明治元年、二年、三年、六年はおのおの二、四年、九、五年、三四となっており、一八七二年（明治五）が英学塾開設の最盛時であったことを示している。この年は、「学問のすゝめ」第一篇が出版されたり、学制が頒布されたりした記念すべき年である。開設が後半に多いのはその影響によるものとみてよいであろう。

東京の英学私塾の開設年度では、表には見られないけれど慶応義塾について付け加えておかねばならない。昨年十一月にはその創設百年の祝典がおこなわれた。一八五八年（安政五）福沢諭吉はまねかれて大阪から江戸へ来て鉄砲州の奥平家の中屋敷に私塾を開いた。しかし、その時はまだ奥平家のもので彼は蘭学を教えた。前に述べたように、福沢が蘭学から英学に転じたのはその翌年であり、また、福沢塾がはじめて英学を教えたのは一八六三年（文久三）からであったが、一八六八年（慶応元）慶応義塾と称する前から、洋学塾の伝統をまもりつづけてきたことはいうまでもない。

慶応義塾についで古いのは田中録之助の明倫社と箕作秋坪の三叉学舎でともに一八六八年（明治元）である。ついでその翌年、鳴門義民塾と近藤真琴の攻玉塾が、さらにその翌年には木藤秀斉塾、鱸松塘の交有塾、尺振八の共立学舎、西周の育英社が創立され、最盛期を現出するさきぶれの役割を果したが、命数つづかず無名塾におわつたものもすくなくない。

英学塾の分布と設置個所　さきに、行政区画と学制にもとづく学区との関係をのべたが、大区別にしてその分布状態を数で示すとつぎのとおりとなる。人口数や地域的特性などとの関係を分析すれば興味深いものが出来よう。しかし、実際には、寺院や大名屋敷の多いところに集中していたことが看取できる。

東京府所在英学塾区別分布一覧

				人口概数
第一大区	六	一五	三四	一七万
第二大区	六	一七	二九	一二
第三大区	九	七	一六	一一
第四大区	九	四	一四	九
第五大区	七	一三	二〇	一七
第六大区	三	三	九	一四
計	四〇	五九	一二二	八〇
典拠史料	明治六・五 私学明細書	明治六・一 開学明細調	明治六〜七 開学願書	

私塾にはどういう場所がえらばれたかも興味深いことである。慶応義塾のような比較的古いものも特に

学校らしい施設はもたなかつた。鉄砲洲も新銭座も大名屋敷であつた。明治以降に設立されたものの多くは、寺院を利用した。英学もまた寺小屋であつた。そのつぎが旧大名の屋敷邸宅で慶応義塾の場合と軌を一にする。寺院の場合も、大名屋敷の場合にも共通することは、住職や旧大名が経営者になつたものと、住職や旧大名が、経営者に寺院や邸宅を提供したものとがあつたことである。この他には自宅を開放して、みずから経営に当つたもの、商家を借受けたもの、などさまざまであつた。

寺院私塾の筆頭は芝増上寺である。山内の常照院、光岳院、源奥院、大眼院、源流院、岳蓮社、松蓮社などはいつも私塾に使用されていた。源流院は一八七〇年（明治三・六）に、最初の六小学校の一つがおかれたところである。

この他に、六小学校の設置された寺では、市谷の洞雲寺、深川森下の長慶寺の二つが私塾に使用された。松蓮社には海軍省の属舎があつたので、自然海軍関係者の経営による私塾がおかれた。

増上寺に近い西久保、飯倉、北寺町、六本木一帯の寺どころには私塾も多かつた。牛込四谷もその例にもれなかつた。大寺院では、小石川の伝通院もあげられる。浅草のいくつかの寺院も利用された。寺院または住職経営のものでは浅草の東本願寺、築地の妙延寺などがあつた。

旧大名邸に開かれた私塾では、さきにドイツ学のところであげた前田舎は有楽町の万里小路博房邸（文部卿）に、進文学社は本郷元町の松平頼寿邸に、というふうで、その他多くの英学塾があつた。

有楽町の松平忠和邸（有楽学舎、のち奎運義塾）、蛎殻町の松平康倫邸（三叉学舎）、烏森町の分部光謙邸（育英義塾）、愛宕下町の池田徳澄邸（攻究社）、赤坂表町の有馬頼咸邸（有馬学校）、赤坂裏町の徳川茂承邸（斎藤塾）、神田錦町の千種有任邸（共和義塾）、浅草西鳥越町の松平忠敬邸（田代盖四郎塾）

深川佐賀町の堀田正倫邸（西村茂樹の自修学舎）など、寺院私塾にくらべて著名なものが多かった。

これらのうちには、進文学社や有馬学校のように旧藩士みずから経営に当ったものもあるが、堀田正倫と西村茂樹、松平康倫と箕作秋坪との関係にみられるように、旧藩主と旧藩士というつながりで私邸の提供を受けたものも多かった。

個人の私邸の場合は、大体においてその個人が経営者であった。神田淡路町の佐野鼎邸（共立学校）、牛込若宮町の川田剛邸（逢坂学社）、新小川町の渡辺（部）温邸（隆慶義塾）などである。

個人教授に近い私塾には場所を転々としているものが多く、転居のつど塾名をかえていた。たとえば、開塾の時期では慶応義塾についで古かった田中録之助の明倫社（浅草芳町、明治六・一の「開学明細調」では明治元年七月、明治六年の開学願書では明治三年十二月）は浅草新旅籠町に移って新々学舎と改め、三田北寺町に転じて螟蛉社と新塾名をつけてはいるけれども、経営者はつねに同一人であったことである。

私塾の経営形態　このような私塾の設置状況からみても、その規模にも、ピンからキリまであった。大規模の私学校は別として、中小から、今日のことばでいえば零細私塾とでもいうべきものが各地区に群生し、この種のものが圧倒的に多かった。このことは、東京における明治初期の私塾経営形態の特徴であったといえよう。つまり　、教師みずからが経営に当るもの、または一人の教師を雇って経営するものなどが多く、後者の場合、私塾経営が採算のとれる企業であったかどうかを知る史料はないけれど、英学私塾ブームの波にのって、一時はある程度の収益をあげたのではないかとも考えられる。

みずから経営するには、教師としてもすぐれていなければならない。教師を雇用するには、その資質を吟味しなければならない。経営管理がよろしきをえなければならぬこと、もちろんであるが、良教師をえた上で、生徒をそろえるということが先決であつた。いつもの時代に共通していえることであるが、なかには私財をなげうち、きわめてわずかな謝金で、貧困者に対しては減免の措置をとつてまで育英に献身した篤志家もあつたが、そういうのは、むしろ例外に属するものであつた。

普通一般には生徒をあつめるため、良教師、とくに外人教師を雇用するのに苦心したようである。

英学私塾には、外人自営のものもあつた。居留地内のものが多く、したがつて願書は出されていなかつたが、その代表的なものに、サマートズの欧文正鵠学館があつた。

昭和女子大学の「近代文学研究叢書」2の「ジェイムズサマーズ」のなかには、サマーズが御雇外人教師の生活をおわつてから、明治十七年頃自宅に開いた英語塾であると説明されているが、明治三十二年の文書によると、場所は元居留地三六で、明治十年に創立されており、館長はJ・サマーズの妻Ellen I・Summersであつたことがあきらかにされている。この書類は居留地徹廃後提出されたものであるが、創設の時期だけは正しく報告されているようである。創設の明治十年から十一年にかけて、J・サマーズは大阪英語学校で教えていた。築地では妻のほか二女のキヤサリン、三女のリリーも教えていたが、教則その他記録にのこるものはない。いわゆる「サンマー塾」については谷崎潤一郎氏がよく随筆に書いておられる（三三・六中央公論所載「ふるさと」など）。

この他、西久保巴町の天徳寺地内にあつた南英学会も特色ある私塾であつた。長州藩士で幕末に渡英し、のち商法講習所の所長事務心得（自明治一六・一〇至一七・三）となつた南貞助の経営になるものであつたが、教師はイギリスから伴つてかえつた妻のライザ（当時二十四才）であつた。明治六年当時のことである。その頃、チエンバリン（Basil Hall Chamberlain）も西久保広町の青龍寺で私塾らしいものを開いていたようであるが、はつきりした記録はない。日本人に雇傭された形式をとつていたことはいうまでもない。

私塾の教師　私塾の教師数は、明治六年五月の「私立学校明細調」によるのが便利である。それによつて、「私塾教師・生徒数等調」を作成した。共立学舎、三叉学舎、鳴門塾は報告がない。教師数のもつとも多いのは、東派学塾の四二名を筆頭に、習成舎の二三名であるが、この二つの塾は、いわゆる英学塾ではない。有馬私塾の一八名、慶応義塾と攻玉塾の一六名がこれにつづき、共慣義塾（黌）の一五名、共立学校の一〇名という順で、二名ないし四名程度がもつとも多い。

外人教師の雇用も一名というのが多く、しかも、隆慶義塾、共和義塾、墨水学校は、外人教師だけで経営されている反面、この時の報告では、慶応義塾にはただ一人、攻玉塾は皆無という有様である。私学私塾で雇用した外人教師については、あとに述べる機会があるが、慶応義塾の一人は、一八七二年に、外人教師としてはじめて採用されたカロザーズ（Christopher Carrothers）を指すものであることはいうまでもない。

私塾の生徒　生徒数は、二つの表、「私塾開設年月等調」と「私塾教師・生徒数等調」を比較してみるとよい。あとの表では教師数との割合なども分る。

前表で百人以上をひろつてみると、勧学義黌二七二人、鳴門塾二一六人、報国学舎（有馬私学校）一九五人、教育所一五九人、真宗東派学塾一四七人、攻玉塾一二一人、開蒙社一一七人、共立学校一〇九人、有隣塾一〇六人、日章堂一〇四人、共慣義塾、春風社、育幼社などの一〇二人がある。この数字のなかには多少にかかわらず女生徒がふくまれている。女生徒を主とするものには芳英社があり、五七人中男生徒は一人だけである。

後表では、習成舎三〇六人、慶応義塾二五〇人、共慣義塾二二九人、有馬私学校二〇七人、東派学塾一八六人、共立学校一五九人、勧学義塾一五八人、攻玉塾一二五人、訓蒙学舎一一八人、育幼義塾一〇九人日章堂一〇五人となる。この表では男女別があきらかにされていない。女子塾の芳英社は七七人（女子のみ）である。

前後表を比較してみると、共立学校、真宗東派学塾、共慣義塾は増加、勧業義塾は減少、日章堂、攻玉塾、報国学舎は多少ふえているが大体平均した数字をみせている。

この二つの数字と、「文部省年報」のそれを比較するとその増減にはさらに目立つものがある。「文部省第二年報」は、明治七年の実績をのせているのだが、

福沢諭吉	慶応義塾	五二六人	近藤真琴	攻玉塾	三五一人	中村正直	同人社	二五三人
鏡　光照	成義塾	一八〇人	佐野　鼎	共立学校	一六二人	石田英洲	共励学校	一五五人
鳴門義民	英学所	一三九人	尺　振八	共立学舎	八四人	南部信民	共慣義塾	七五人
箕作秋坪	三叉学舎	五八人						

という数字を示し、前表の数を、いずれも飛躍的に増加させている反面、鳴門塾、三叉学舎、共慣義塾などの退潮が目立っている。尺振八の共立学舎は、この数字にはじめて姿をあらわしている。

以上は有名塾の場合である。二つの表を通じていえることは、五〇人以下のものが圧倒的に多いということで、かろうじて、数名を擁するにすぎないものがあることも見のがせない。

明治六年一月の「開学明細調」も、同年五月の「私立学校調」でも生徒数の男女別が出ているが、前者ではその年令別が、後者では身分別があきらかにされている。「学問のすゝめ」や学制の前文では性別についても、身分別についても平等の原則を示しているけれども、集計した結果は次のように、まだまだ旧い殻を脱していないことがわかる。

さきにも述べたように、基本となる数字にあいまいさがあることはいうまでもないが、生徒の男女別では、前者は五六塾、後者は四〇塾につき、どちらも、英学を中心とし、兼学者をも加えて算定した。

○塾の数　五六（明治六年一月）

男生徒　二、九〇四人（八九％）
女生徒　三四八人（一一％）

○塾の数　四〇（明治六年五月）

男生徒　三、〇二六人（九三％）
女生徒　二一一人（　七％）

年令別では、六年一月の「開学明細書」の記入のある五〇塾について集計した結果はつぎのとおりで、十九才以上がもっとも多い。

塾の数　五〇（明治六年一月）

六〜九才　二九三人　（一〇％）　一〇〜一三才　四七四人　（一六％）　一四〜一六才　四六三人
（一六％）　一七〜一九才　五八四人　（一九％）　一九〜　一、一五二人　（三九％）
計　二、九六六人　（一〇〇％）

身分別の集計をいまどき出すのは時代錯誤のそしりはまぬかれないだろうけれども、当時の事情を知る上に何かのよりどころになると思われるので、あえて載せた。四〇塾とも記入しているが、男女別数の合計と一致しないので、性別は出せなかった。

塾の数四〇（明治六年五月）

皇　族　二人　（0％）　華　族　九九人　（3％）　士　族　二、五三六　（80％）

平　民　五二一人　（17％）

四民平等というものの考え方が、庶民向学への大きなさそいとなつたことはみとめなければならないが、また反対に、仕官もしないで、家業をつぐものに学問の必要があるものかという考え方が一般に強かつたことも否定できない。士族の商法ということが、平民の士族に対する嘲笑であつたと同時に、商賈に学問はいらぬという考え方は、商業教育の進出をおくらせることにもなつた。そこで、士族が八割を占めるという結果になつたのであろうか。

皇族の二名は、有栖川宮が校主である育英学校と佐原純一の共学舎とに一名ずつで、どちらも六才以上十五才までの年令層であつた。華族の修業は、旧大名が設立した私塾ばかりでなく、他の私塾にも及んで、るが、親国学舎（関　生三）のように全員士族、集成学舎（江田見義）のように全員平民というのも、なかにはあつた。教育のあり方からいつて、四民平等であるべきはずで進文学社も社則に「但入社中は華士族平民ノ差等ナク学ノ階級ヲ以テ順序ヲ立ツ」と明記していたが、やはり問題はあつたようである。

川田剛その他によつて開設されたものに逢坂学社があつた。英学を主とし、内外人教師一名ずつを擁し、生徒数は男子ばかりで四十三人と報告されていた。さきに、東京英語学校については「宮部金五」の自伝から数行を引用したが、宮部博士と相前後して東京英語学校にはいり、同じく札幌農学校に進んだ大島正健博士は、その前にこの逢坂学社に遊学し、その模様を次のように書いている。

「谷先生が私を入学させようと目論んだ逢坂学校と云ふのは、当時有名な碩儒であつた川田甕江先生が創設されたもので、主として華族の子弟を教育する英学専門の学校であつた。校舎は牛込若宮町の川田邸内にあり、多数の米人を雇傭して新式の教育を授けてゐた。（中略）

前にも述べた通り、逢坂学校は華族の子弟の教育を目標としてゐたので、万事か華族に厚く士族や平民の子弟には薄いといふやうな有様であつた。例へば華族のための寄宿舎は外人教師の住宅と同じ棟で設備もよく、食事なども上等であつたが、士族平民のは、うすきたない日本家屋で、その中に二三十人の生徒が雑居してゐた上に、食事なども至つて粗末であつた。私は勿論士族の取扱を受けたが、粗衣粗食に甘んじて熱心に洋学を学んでゐた上に、

「在校中は日曜其他の休日でも上野や浅草へ遊びに行つてはならぬ。若し他の生徒が誘つたら、保証人が許可せねば同行し難いと云つて謝絶し、休日には必らず書籍を携へて谷家に至り、わき目もふらず勉強せよ。又他の生徒は懐中時計を所持してゐるであらうが、そのやうな贅沢品は他行せぬものには不必要であるから、決して買ひ求めてはならぬ。」

と郷を出づる時、谷先生が戒告されたその言を堅く守つてゐたので、「あの生徒はおとなしい。華族の仲間に入れても差支へはあるまい。」と学校当局の目がねに適ひ、入舎後間もなく私はその居を上等な方に移すことになつた。」（大島正健「クラーク先生とその弟子達」二三・一一）。

これでみると、逢坂学社は華族のための施設のようであるが、届出の生徒総員四十三人の内訳は、華族

一四人、士族二七人、平民二一人で、必ずしも華族だけを重んじてはいない。また寄宿舎などの差別も、身分差によるというよりは、士族の粗暴に対する防衛手段であつたようであるが、いずれにしても、宿舎、食事の差別待遇は不愉快なことに相違なかつたろう。引用文中、谷先生とあるのは、大島博士の郷里神奈川県海老名にあつた海老名学舎の進歩的な教師で、大島博士の父を説いて博士の東京遊学をすすめた人である。

当時の英学私塾における男女共学の模様については、あとで述べる機会があろう。

私塾の経費　いわゆる寺小屋教育においては、僧侶が寺もりの予暇をさいて庶民の子弟教育に当つたもので、知識人として当然の奉仕とも考えられ、したがつて束修、謝儀は任意であつた。普通束修としては白扇一対、鰹節、銭二百文位、謝儀は中元、歳暮、五節句その他季節に応じて多少の金銭、物品を贈る程度であつたといわれる（「東京府史」行政纂第五巻）。

しかし、洋学私塾時代になるとそうはいかなかつた。私塾の諸経費は生徒からの授業料によつてまかなわねばならなかつた。「福翁自伝」をみると、授業料を生徒からとることは明治改元の年、新銭座へ移つてから考えたことで慶応義塾の新案だということが書いてある。従来、日本の私塾で、生徒が入学時に束修を納め、その後も盆暮に、分に応じて金子なり品物なりにのしをつけて教師におくるという風習は中国風をまねたもので、それではとても活発にはたらけない。教育も人間の仕事である。人間が人間の仕事をして金をとるのに何の不都合があるものか、という訳で授業料の名で、毎月一人金二分ずつとることにしたのだという。

さて、明治初年の洋学私塾は、どこでも授業料をとつており、塾則のなかにそのことが明示されていた。

内容は千差万別であつた。教科内容、たとえば、正則課程と変則課程の相違や等級による区分などのほか、名称や貨幣単位の表現の仕方もまちまちであつて、いわゆる通り相場というものをきめかねるものがあつた。

いくつかの例を示そう。

○明治学舎

束修　二円　　月謝二円　　月俸一円半

○田中冬蔵塾

束修　三分　　教授料一両二分　　食料一両二分

○螟蛉社

入社　一円　　月謝五十銭　月俸二円五十銭

○新々学舎

入社金　一円一方　　月謝金一円　　月俸一円三方

但シ月俸ハ時ノ相場ニヨリ高低其差アル可シ外ニ変則年期生教育方法

金二十円前納ニテ十二ケ月ノ間授業料幷ニ食料共賄可申事但シ一ケ年人員五十名宛入社ヲ許ス

○攻究社

月謝　第五等　二朱　　第四等　一分　　第三等　一分二朱　　第二等　二分　　第一等　一円

○親国学会

正則月謝　三方　　変則月謝　一方片

○精子勤舎
月謝　一員　　月俸　一員三歩（物価ノ高低ニ由テ差異アリ）
外来生徒ハ謝金
○英学舎
月謝　第三等　二五銭　　第二等　五〇銭　　第一等　七五銭
○小林雄七郎塾
入門金　三円　　月謝　一円五十銭　　月俸　二円
　外人教師を擁する私塾では次のような金額を徴収している。
○隆慶義塾
束修　一円五十銭　　月謝　二円　　月俸　一円七十五銭
○育英義塾
授業料　洋学　二円五十銭（皇漢学六十二銭五厘）　食料及器皿損料　二円
○駿台学社
束修　二円　　月謝　二円　　月俸　一円三分
○逢坂学社
束修　二円　　月謝　三円　　月俸　二円
○進文学社
入社式　一円五十銭　教科　二円　　月俸　白米一斗五升と七十五銭

○信幸学校
束修　一円五十銭　月謝　一円五十銭　食料　一円五十銭
○墨水学校
束修　一円　月謝　二円

また、次のような無月謝のものもあつた。

○明文学校
「貧生ノ為メ午後八時ヨリ十時マデ無月謝ニテ教授」

なお、束修とは入学金、月俸とは寄宿費のことであることはいうまでもない。比較的規模の大きかった私塾については「史料篇」にゆずることにした。

以上は私塾経費の収入面についてであつたが、支出面では教師、とくに外人教師の給料が大きかつた。明治政府は、あらゆる分野にわたつて外国人を雇用し、莫大な給料を与えたことは、明治五年三月の「御雇外国人一覧」にみられるとおりである。府県御雇外国人についても同じことがいえる。だが、私傭となると、支出面の比率は大きかつたけれども、官公傭とは比較にならない小額であつた。

明治五年から七年にかけての開学願書にみられる外人教師の給料では、最高一五〇円どまりである。おもなものをひろつてみると、

エドワード・ランベルト（英）　一五〇円　勧学義塾
カールト・ヘルマン（米）　一五〇円　駿台学社
W・ヘンリ・フリーム（英）　一五〇円　共立学校
チーエッチユー・ライヘ（蘭）　一五〇円　育英義塾
エドウイン・サイモンドソン（英）　一五〇円　墨水学校
アンゼス・ブルゲルメスエル（スイス）　一〇〇円　協営学社

アルフレッド M・マンテル（米） 一〇〇円 明治学舎　ウヮイト （英） 一〇〇円 逢坂学社
ケンノン （英） 一〇〇円 有馬私学校　ジョセフ・ライオンズ （英） 一〇〇円 進文学社

というのが多ろ方で、ゼー・ピー・モリス（英・明治義塾）は五〇円、ハイレス・ウイルソン（米・芳英塾（女塾）南校ホレース・ウイルソン夫人）は三〇円、その他生徒数によつて、たとえば、生徒一人につき一円などいうのもある。もちろん受持時間の多少、兼務の有無についていろいろ条件があつたことはいうまでもない。

時期は少しおそいけれども、当館収蔵の自明治十至明治十一年「府下居住各国人明細表」にもとづいて、英学私塾関係だけを抜すいして整理作成した「明治初期東京在住英学私塾関係外国人教師各一覧」を巻末に添付した。これについても一応の説明を加えておかねばならない。

この表では、最高がE・H・ハウスの三〇〇円、ついでG・E・グレゴリーの二五〇円、エミリ・ダグラスの二〇〇円で、一五〇円がA・J・ヘア、ペイトン・ジョードン、キーリング、以下チャールズ・グーディング一三〇円、かつて広島英語学校で教えたセントジョウジが一〇〇円、大学南校をしりぞいて、当時まだ私学であつた学習院の教師となつたヴァーベックが同じく一〇〇円、京都英学校から転じたホンビ・ー・エヴァンズが五〇円である。

一覧は私学に限定したので載せなかつたがこの「府下居住各国人明細表」にある官学の給料と比較すると興味ある。

文部省顧問としてまねかれたD・モーレーの七〇〇円は別格として、東京大学では、ピータド・ウキーダーが三五〇円、ホレーウス・ウイルソンが二五〇である。宮部金吾の東京英語学校時代の懐旧談にある外人教師たちは大学予備門に引継がれたが、フランク・M・レーシーは二五〇円、昆虫学者のM・フェントンは二一〇円、ケンタッキー生れで発音が正しいといわれた教育家のM・M・スコットは二五〇円、その後の教師では、のちに明治学院の前身の一つ横浜先志学校の校長となつたワイコフ（Martin N.Wyck-off）二〇〇円、野球ボートその他のスポーツの輸入、紹介、指導の役割をした英人ストレンジ（Fred-erick W. Strange）が一五〇円、その他東京女学校の女教師クララ・ライス（米）が一〇〇円、同じくA・M・S・ワシントン（米）が八〇円で女教師の給料はひくい。

官私をくらべてみると、頂点においてはそれほどの差はないとみられるけれど、底辺においては、ずいぶん低額なものがみられ、同一視することはできない。

とくに、宣教師たちの給料はすくなかつた。アメリカン・バプテイスト・ミッションのジエイムズ・H・アーサー、アンナH・キダー、アメリカン・エピスコパル・ミッションのアニー・M・ブランシエー、イヴアンジエリカル・アソシエイションのF、クレッカー、メソデイスト、エピスコパル・ミッションのJ、ソーパー、ドラ・E・スクーンメイカー、カナデイアン、メソデイスト、ミッションのジョウジ・コクランとその夫人、C・S・イビー、アメリカン・プレスビイテリアン、ミッションのM・T・トルー、カロザーズ夫人、スコットランド・プレスビイテリアン・ミッションのヒユー・ウオデル、英国聖公会系S・P・GのA・C・ショウ、ウイリアム・P・ライト、アリス・エリノア・ホーア、同じくC・M・S・のジョン・パイパーなど、各派の宣教師の名がみられるが、いずれも低い給料である。

宣教師が宣教のかたわらおこなう教育事業も、語学を通しての宗教教育であるから、薄給に甘んじるのは当然であろうが、それが、ミッションの活動としてだけではなかつた。

福沢諭吉は、よく人に、英学教師を雇うなら宣教師にかぎる、彼等はみな学徳すぐれ、それでいて報酬を多くのぞまない、と人にすすめたといわれる。慶応義塾が最初に雇入れた外人教師カロザーズ（Christoper Carrothers）はアメリカン・プレスビイテリアン・ミッションに属する宣教師であつたが、雇入れの際の契約書によると「一ケ月日本金貨百二十五円づゝ」という給料で、それほどやすいとはいえない。そのつぎに雇入れた「亜米利加合衆国人ウヰルレム・グードマン」が「一ケ月日本通用貨幣六十五円づつ相定め」（慶応義塾五十年史）となり、カロザーズの場合より低額であるが、この人は宣教師ではなかつたようだ。なお、このウヰルレム・グードマンは、「外人教師名一覧」にみえる近藤真琴に雇傭された「グードマン」、訓蒙学舎主鈴木重成に雇傭されたジョン・ウイリアム・グードマンと同一人であろうかと想像される。

福沢諭吉がいつたのは、一覧表にあるショウ（A・C Shaw.）やホーア（ホールAlice Elenorr Hoar）の場合であろうか。それとも、それよりあとのW・デニングやアーサー・M・ナップを指すのであろうか。

ショウはS・P・G（Society for the Propagation of the Gospel）最初の宣教師として一八七三年（明治六）やはり一覧表にみられるウイリアム・P・ライトとともに来日、芝に聖アンドリュウス教会をたて、イギリス公使館のチャプレンを兼ねた。来日の翌年から三ヵ年、福沢諭吉のまねきに応じ慶応義塾でキリスト教倫理学を講じ、福沢邸内に洋館をたてて住んだ。軽井沢の開祖として知られ、日本で伝道すること二十九年、東京で死んだ。

ホア（ホール）女史についてはショウと同派の婦人宣教師であつたという以外に知るところがない。

「福沢諭吉」（石河幹明）の記すところによれば、ミスホアはショウの紹介で家庭教師とし雇入れたということである。

しかし、どんなに安い給料でも外人教師に謝礼することは、日本人教師の場合とは違つて私塾の経営をおびやかしたようだ。一覧表の同人社のところにはコクラン夫妻、イビー、チャールズ・ウルフなどカナダメソデイスト系やプレスビイテリアン系の宣教師の名がみられる。

大学予備門の試験にパスしながら、そこは人間を作る教育をしないというので築地のバラ学校（明治学院源流の一つ）に入つたが、「西国立志篇」に感激した母のすすめで同人社に転じたという谷村一佐翁の直話によると、次のような実状であつた。

「一八八二年（明治一五）当時、同人社の定員は正則科五〇人、変則科一四〇人、月謝は一円だが教師のコクランの月給は三百円であつた。月謝を全部まわしても間に合わない。そこで中村敬宇先生は墓碑や心にもない彰徳碑文をかいて生計をたてていた。」

やはり私塾の経営は楽ではなかつたようだ。個人の住宅であつても、塾舎の修理まではまわらず、私財をなげうたねばならなかつた。

恒産のないものにはできる仕事ではなかつた。器物破損料や教科書の賃貸など行われたのはむしろ当然であつたろうと思われる。

たとえば、

一、書籍貸与ハ当分ノ内文典以下ニ限ルヘシ

一、書籍修復料トシテ借用セルモノヨリ納シムル割合左ノ如シ

一、スペリングブック　銀九分　一、文典　銀一匁二分　一、会話　銀一匁三分

一、リードル　銀一匁五分　一、三国会話　金一朱　（以上「明治学舎規則」より）

一、塾中書籍借用ノ者ハ其書籍之価弐拾分ノ一ヲ月々納ム可キ事　（新々学舎）

などいうものがあつた。私塾経営は企業としてはなりたたなかつたようである。

4　英学私塾の教科内容

私塾といえども、教育機関であつたから、それほど大げさなものでなくとも塾則や教則があつて「開学願書」に報告された。教科を中心として双方を兼ねるようなものが多いが、片苦しいとりきめのものもあつた。二、三の例をあげよう。

○塾則　麻布六本木　脇種熊塾

「抑此塾ニ入ルヤ信義ヲ基トシ礼譲ヲ守リ前学ノ者ヲ恵ミ後学之者ハ前学之者ヲ尊敬ナシ互ニ研究イタスベキ事」

○塾則　浅草新堀龍宝寺　西坂義塾

「塾内相共ニ謙譲ノ風ヲ主トシ講堂出席ハ申スニ及ハズ座臥動静迄モ聊カ礼節ヲ失ハズ総シテ懶惰ノ醜之レナク道路往来ニ至ル迄同塾ノ風儀感観アル様ニ心得度事」

○規則　富士見町　明治学舎

「入塾ノ生徒塾則ヲ確守シ信義ヲ尚ヒ放逸怠惰ナク刻苦勉励ヲ以テ要トスヘシ」

そうかと思うと次のような理想的なものもあり、形式的な報告に対し何か反ぱつ（撥）しているような気骨のほどが感じられる。

○塾則　深川佐賀町　自修学舎

「聖賢ノ遺言ヲ奉守仕候故別段塾則無之」

この他、男女共学塾における生徒の注意事項や舎則など長々したものがあるが、ここでは、主として教則をとりあげ、教科書その他教育内容について、当時の英学の実態を一べつ（瞥）したい。

教則にみられるもの　当時の英学私塾の志向したものは何かということを知りたいのであるが、教則でみられるものと実際とではちがつているようである。

「英語学ヲ志ス者ヲ教授シ上下二等ノ語学教科ヲ卒業スルヲ以テ法トスル事」と定めながら「但専門学校ニ於テ生徒ヲ募ルトキ其試問ニ合格スヘキ教科ヲ踏ミタルモノハ上等語学ノ教科未ダ卒業ニ至ラスト雖トモ各自ノ望ニ任セ専門学校へ移ラシムル事モ亦アルヘキ事」とした東京英語学校が、大学予備門と改まる前から予備校的性格をもつていたことは、伝記「宮部金吾」からの引用でも理解できたが、同様な性格は英学をはじめ独仏学の私塾にもみられた。

大島犍吉が東京英語学校へ進む前に入つた逢坂学社にしても、

「当学社ニテ教導スル所ノモノハ英国普通学科ニシテ始メ発音会話法ヨリ漸次法科理科文科ノ大体ニ進マシム」

とあり、その教程も予科のほか上下二等にわけられ、一二等学社の教科を卒えたものが専門学科に移る建前であつたが、専門学科の設けはなかつた。

その入社の資格条件が「皇国日用公私ノ文書ニ習熟スル以上ノモノトス」とあり、また、ヴアーベツク推薦の英人教師ウワイトの受持が「英学ニテ中学々科」と規定しているとおり、英学私塾としては、典型的な正則課程のものであり、それだけで完成教育であつたことは教科目をみてもわかるのであるが、やはり当時の時代的要請もあり、予備校的性格をもつていたことも、その後の中等教育における場合と同じく、否定できないものがあつた。

このような普通学から初歩的な専門学科にわたつて、英語によつて履習できる私塾はそれほど多くなかつた。その代表的なものとして以下にその教科目の概要を記そう。

予科は初級と上級に、下等学社は六級から一級に、上等学社も六級から一級にわかれ、それぞれに次のような教科目が課せられていた。

予科教則

初級　一週間総計三十時、以下皆同シ

一、習字　六時　二、綴字　六時　三、読方　六時　四、諳誦　六時　五、算術　六時

上級　一週間

一、習字　四時　二、綴字　三時　三、読方　六時　四、諳誦　五時　五、会話　二時　六、書取　二時

七、文法　二時　八、算術　六時

下等学社教則

第六級　一週間

一、習字　三時　二、綴字　二時　三、読方　六時　四、会話　四時　五、書取　三時　六、文法　四時

七、作文　一時　八、諳誦　一時　九、算術　六時

第五級　一週間

一、習字　一時　二、綴字　一時　三、読方　五時　四、会話　四時　五、書取　四時　六、文法　四時
七、作文　二時　八、諳誦　一時　九、地学　二時　十、算術　六時

第四級　一週間

一、読方　四時　二、会話　二時　三、書取　三時　四、文法　六時　五、作文　二時　六、諳誦　一時
七、地学　二時　八、算術　六時　九、修身学　二時　十、図画　二時

第三級　一週間

一、読方　三時　二、会話　一時　三、書取　二時　四、文法　六時　五、作文　三時　六、諳誦　一時
七、地学　二時　八、算術　四時　九、幾何　二時　十、代数　二時　十一、修身学　二時
十二、図画　一時

第二級　一週間

一、読方　二時　二、書取　一時　三、文法　四時　四、作文　四時　五、諳誦　一時　六、地学　二時
七、史学　二時　八、算術　二時　九、幾何　二時　十、代数　二時　十一、修身学　二時
十二、図画　二時　十三、博物学　二時　十四、窮理学　二時

第一級　一週間

一、読方　一時　二、文法　四時　三、作文　四時　四、諳誦　一時　五、地学　二時　六、史学　二時
七、算術　二時　八、幾何　二時　九、代数　二時　十、修身学　二時　十一、図画　二時
十二、博物学　二時　十三、窮理学　二時　十四、化学　二時

上等学社教則

第六級　一週間

一、文法　三時　二、作文　三時　三、地学　二時　四、史学　二時　五、幾何　四時　六、代数　四時

七、図画　二時　八、修身学　二時　九、博物学　二時　十、窮理学　三時　十一、化学　三時

第五級　一週間

一、文法　三時　二、作文　三時　三、地学　二時　四、史学　二時　五、幾何　四時　六、代数　四時

七、図画　二時　八、修身学　二時　九、博物学　二時　十、窮理学　三時　十一、化学　三時

第四級　一週間

一、文法　二時　二、作文　二時　三、地学　二時　四、史学　二時　五、幾何　四時　六、代数　四時

七、図画　二時　八、修身学　二時　九、博物学　二時　十、窮理学　三時　十一、化学　三時　十二、経済学二時

第三級　一週間

一、文法　二時　二、作文　二時　三、地学　二時　四、史学　二時　五、幾何　三時　六、代数　三時

七、図画　二時　八、修身学　二時　九、博物学　二時　十、窮理学　二時　十一、化学　二時

十二、経済学　三時　十三、羅甸語　三時

第二級　一週間

一、文法　一時　二、作文　二時　三、地学　一時　四、史学　一時　五、幾何　二時　六、代数　二時

七、測量　二時　八、重学　二時　九、図画　二時　十、修身学　二時　十一、博物学　二時
十二、窮理学　二時　十三、化学　二時　十四、経済学　二時　十五、理論学　一時　十六、性理学　一時
十七、羅甸語　三時

第一級　一週間

一、文法　一時　二、作文　一時　三、地学　一時　四、史学　一時　五、幾何　二時　六、代数　二時
七、測量　二時　八、重学　二時　九、図画　一時　十、修身学　二時　十一、博物学　二時
十二、窮理学　二時　十三、化学　二時　十四、星学　二時　十五、経済学　二時　十六、理論学　一時
十七、性理学　一時　十八、羅甸語　三時

塾生は各学科において必ずその等級をふみ毎級試験をして進退の可否がきめられたが、定期試験は春秋の二回であつた。

逢坂学社のような正則英学に対し、大部分の私塾は正則変則の混合型であり、また変則本位のものであつた。

混合型のものの一つに精子勤舎（片平成章）がある。

「教授ハ英学正則ヲ基本トナシ傍ラ其変則ヲ設立シ勉メテ生徒ヲシテ解意談訳共ニ捷疾ナラン事ヲ要ス」というのであり、しかもこの種のものは毎月小試験を、四季に大試験をおこない、「以テ生徒進歩ノ甲乙ヲ判シ大ニ点陟ヲ行フ事」を建前にしていた。その学科は次のようであつた。

正則学課

綴字、会話、文法、読文

変則学課

下級　英語階梯　地学初歩

上級　理学初歩　ピネヲ氏文典

第十等　コルネル氏地理書講義　ピネヲ氏文典輪講

第九等　ペートルパーレー氏万国史講義　ミッチル氏地理書輪講

第八等　ニウセリー英国史講義

第七等　クワッケンボス氏合衆国史講義　同氏究理書輪講

第六等　マルカン氏英国史講義　ガノー氏究理書輪講

第五等　ピンノック氏仏国史講義

第四等　ウエルソン氏万国史輪講

第三等　課書未定

以上のように、上級を各等にわけ、学業の優劣に応じて編入した。

伊藤保義塾も混合型であつた。その教則は次のようである。

正　則

一等　重学　点算　スチューデント仏国史　化学　作文　読方　修身　翻訳

二等　重学　点算　英国史《グードリッチ》　作文　究理《格氏》　読方　修身　翻訳

三等　点算　亜国史　作文公和文　究理《格氏》　読方　重学　翻訳

四等　算術　作文　万国史《パーレー》　読方　地理書　翻訳

五等　スペリング　習字　第四リードル《ユニオン》　算術　書取　地理書《ゴルドスミス》　万国史《パーレイ》

六等　スペリング　習字　第三リードル《ユニオン》　算術　書取　地理書《ゴルドスミス》　文典《格氏》

七等　スペリング　習字　第三リードル《ユニオン》　算術　書取　会話　文典《格氏》

八等　スペリング　習字　第二リードル《ユニオン》　算術　書取　会話

九等　スペリング　習字　第一リードル《ユニオン》　算術　会話

初等　スペリング　習字　第一リードル《ユニオン》

等外　スペリングプリマレー

変　則

四等　仏国史《スチユーデント》　究理書《格氏》

五等　英国史《グードリッチ》　究理書《格氏》

六等　大亜国史《グードリッチ》

七等　小聯邦史、万国史

八等　万国史素読　地理学輪講
九等　文典輪講　地理学素読
初等　文典素読

貧生のため無月謝で教授した明文学校（大谷教曹）の正変則教則は次のとおりであつた。

文明史《ギゾー》　民撰議院《ミール》　万国史《テーロル》　大修身論《ウヰランド》
英国史《ステユデント》　大経済書《ウヰランド》　近世史《チャンブル》　小修身論《チャンブル》
米国史《ケツケンボス》　窮理書《ケツケンボス》　英国史《グードリッチ》　第四リードル《ウヰルソン》
万国史《パーレー》　小米国史《ケツケンボス》　地理書《ミッチル》　小文典《ピネラー》
作文　書取　第二リードル《ウヰルソン》　第一リードル《ウヰルソン》

このほか、記簿法（簿記）や測量学を加えて正変則教課を編成したものもあつたが、このような塾は、普通学を履修させるというよりも「読み書きそろばん」という寺小屋式のものを少しく近代化し、それこ初歩の英語を加えた程度のものであつた。

変則教科だけのものは、正変混合型に匹敵するほど多かつた。開設の古い私塾はすべて変則から出発しており、慶応義塾のごときも正則教課をとりいれたのは、一八七二年（明治五）カロザーズを雇入れ、学科の編成をアメリカのカレッジ風に改めてからであつた。

この変則教科は、塾によりその程度はまちまちであつた。以下その例を示すものである。

○育英義塾

初級　文法書《レンニー》　地理学《ミッチェル》　二級　万国史《パーリー》　三級　窮理学《格氏》　四級　合衆国史《格氏》　五級　英国史《マルガン氏》
六級　仏国史《ピンノックシ》　七級　経済書《ウエーランド》　八級　修身論《ウエーランド》

○攻究社

第五等　（月謝二朱）
単語篇　ホルストリードル　地学初歩
第四等　（月謝一分）
セコントリードル　理学初歩　地理書《ミシチル》　小《ピネヲ》文典
第三等　（月謝二朱）
万国史《パーレー》　英国史《グードリッチ》　大文典《ピネヲ》
第二等　（月謝二分）
仏国史《グードリッチ》　英国史《ホワイト》
第一等　（月謝一円）
経済書《ウエーランド》　修身学《ウエーランド》

正則、変則別に月謝をきめたのはあるが、等級別に、こまかくわけたものは、あまり多くない。

○脇種態塾

第一級　英語楷梯　地学初歩　理学初歩　文典《ピネエヨウ》
第二級　地理書《ミイッチュル》　万国史《パプレイ》　小合衆国史《クワケンボス》　窮理学《クワケンボス》　小経済書《ウエーランド》
第三級　英国史《グウドリッチ》　羅馬史《同》　日耳曼史《マルカン》　希臘史《グウドリッチ》　仏国史《同》　合衆国史《クワッケンボス》

第四級　近世史《ウヤンブル》　英国史《ヒウーム》　万国史《ウヰルソン》　仏国史《スチユデント》
第五級　経済書《ウヤンブル》　経済書《ウエランド》　修身書《同》

以下に明治十一年の文書からのものを一、二あげよう。

○英学舎
第三等　綴字書《ウエブストル氏》　第一及ヒ第二リードル《ウイルソン氏》　地学初歩《コルネル氏》　理学初歩《スウヰフト氏》　右各素読
第二等　文法書《ピネオ氏》　地理学《ミッチエル氏或ハコルネル氏》　万国史《パーリー氏》　各国史《グードリッチ氏》　究理書《クエッケンボス氏》
右各輪講
第一等　経済学《ウエーラン氏大》　修身論《ウエーラン氏大》　万国史《テーロル氏》　文明史《ギゾー氏》　究理書《ガノット氏大》　記簿法《ホットン氏》

○愛敬舎
スペリングブック　第一、二読本　文典　英国史　仏国史　米国史　希臘史　羅馬史
格物書　化学　天文書　文明史　経済論　修身論　致知学　心理学　算術

愛敬舎は二十一才の植村正久が練塀町に開いた私塾であった。他の塾の教科目とは多少の相違がみられる。心理学をとりいれてあるのも他にはみられない。格物書、致知学というのもはじめてであるが、何の訳語かわからない。用語としては、朱子学、陽明学に由来するようだが（広辞苑）、「附音挿図　英和字彙」（明治六年刊）の Physics に「格物、性理、理学」という訳語があるにすぎない。

すでにあげたいくつかの教則例によって、当時の英学私塾の教育内容は、英語による普通学の教授を本体として、それに正則、変則の別とその混合型があり、中学校設立のすくない時期においては、予備校の役割をはたしたこと、中級のものとしては、直ちに実社会に役立つための実学に重点がおかれたこと、そ

の下級のものとしては、従来の寺小屋教育の内容に、「ＡＢＣ手ほどき」程度の英語を加えたものであつこと、などをうかがうことができる。

正則英語と変則英語　教科目の内容によつてその相違は理解できるけれども、改めて、制度的に、あきらかにしておかねばならない。

いくつかの名士談からはいろう。

「私は明治三年藩の貢進生として大学南校に入学、変則生と正則生とあつて、私は正則生の方で、洋学を学んだ。ウエブストルのスペルリングや会話から初めて普通学に入る順序であつたが、普通学は数学でも化学でも、総て洋書を教科書として用ゐた。其頃さつま字引があつて、之をたよりに、むづかしい原書を読んだものだ。併し生徒と言つても此頃の生徒は漢文が達者で思想も発達して居つたから、最初子供の読むやうな会話書などを読ませられるのを厭ふて、途中で逃げ出す者や、変則生に変はる者が多かつた。変則生といふのは、外国語を学ばずに、国語で教授を受ける者をいふ。私は年も若かつたので、正則生でやり通して、明治七年頃から化学を専攻する事となつた。」
（教育五十年史所載杉浦重剛（大一一・一〇）「大学予備門」）

「南校の校舎は現今の一ツ橋通り商科大学の地で、平家木造の広き建物でありました。
同校には初め正則と変則の二部であり、正則は外国教師の受持で正確な発音や読方を教へ、変則は邦人教師が発音には重きを置かず、外国文の意味を十分に説明する教へ方であつたが後には変則を廃めて正則のみ置くことになりました。」（明治文化の記念と其批判（大一四・三）所載高松豊吉「余が受けた明治時代の教育」）

二つとも大学南校の場合である。明治三年十月制定の「大学南校規則」には、

「一、諸生徒ヲ正則変則ノ二類ニ分ケ正則ハ教師ニ従ヒ韻学会話ヨリ始メ変則生ハ訓読解意ヲ主トシ教官ノ教授ヲ受クヘキ事（第七条）」

とあり、「日本教育史略」の附録「文部省沿革記」では

「正則トハ業ヲ授クルニ外国教師ヲ以テスル者ヲ云ヒ、変則トハ業ヲ授クルニ日本教師ヲ以テスル者ヲ云フ」

と説明し、明治四年九月の東南両校の教則の改正で、その区別を廃したことに一言している。

これらの談や規程から判断すると、外人教師について外国語を規則的に履修した上で、すべて普通学を洋書で修得するのが正則で、語学の基礎的なものはぬきにし、普通学を日本人教師から日本語で学ぶのが変則であつたらしい。しかし正則科と変則科、または正則生と変則生の区別はこれでわかるが、正則英語を変則英語の説明には不十分である。

学制では、小学と中学の場合、「右ノ（必習の諸科目が例示されている）教科ヲ踏マスシテ小学ノ科ヲ授ルモノ之ヲ変則小学ト云フ」とし、また「在来ノ書ニヨリ之ヲ教ルモノ或ハ学業ノ順序ヲ踏マスシテ洋語ヲ教ヘ又ハ医術ヲ教ルモノ通シテ変則中学ト称スヘシ」と規定しているが、この「学業ノ順序ヲ踏マスシテ洋語ヲ教ヘ」という一句に変則英語の説明になるものがかろうじて見出されるようである。

だから、この用語を制度的にはつきりさせたものは規程のなかには発見できない。規程にみられる正則、変則という用語が、いつの間にか、正則英語、変則英語というように慣用されるにいたつた、とみてよかろう。基礎的なステップをふんで教える英語に対し、変則流な教え方を変則英語というようになつたもの

らしい。

「よく正則英語とか変則英語とか云はれてゐますが、この正則と云ひ変則といふものが、最初に用ひられた時は、直接英語教授に関係したのでなしに、寧ろ制度そのものに用ひられた名称であつて、それが後に英語に用いられて、正則英語となり、変則英語と用ひられるやうになつたのではないかと推定されます」（定宗数松「日本英学物語」）。

「日本英学物語」の著者は、同書の別なところで、明治初年頃の英語教授は、今日とくらべ最も変則的なものであり、ウエブスターのスペリングブックを教え、ピネオかカッケンボスの簡単な文法書を無理やりにつめこむというよりはむしろお経を読むように暗誦記させ、その上で一足とびにパーレーの万国史などを読ませ、その内容を知ることばかりに腐心したから、発音や話し方、きき方、作文などの能力は考慮されなかつたと変則英語の実態を説明している。さきにあげた大和田建樹の「明治文学史」にも、

「謂はゆる正則変則といふ言葉の起りしも此時にて、官立の外国語学校等にて規則立つたる英語の教育を受けたるものを正則と称へ、慶応義塾の如き唯英字を知り英書を読むに止まりて、英語を話し、英文を綴るを意とせざる教授法を変則と呼ぶは今も同じ事なれど、此時の変則流の発言は実に抱腹に堪へざる事も甚しかりしなり。」

と、変則英語を批判しているが、いわゆる慶応流発音で代表される変則流では One day を「オネダイ」 Unique を「アニキ」、 Sometimes を「ソメチメ」などと読んだのは、「ウエストミンスター」を「おしめした」「ウイリアム」を「うりえもん」などと発音したといわれる三浦按針時代から、少くとも発音法ではそれほど前進していなかつたといえる。

教科書にみられるもの　教則のなかには、使用教科書を明示したものもあつて、大体の傾向はわかる。

当時の使用教科書として一般に知られているのは、大和田建樹の「明治文学史」によれば、

「其修むるは如何なる学科ぞ。恰も幕府時代の漢字の如く、是といふ専門をも定めずして、唯英吉利の文字を読み、英吉利の書籍を解し、英吉利の主義を注入するを以て目的とせんは疑ふべからず。謂はゆる実利的にして之を以て身を立て之を以て社会に交らんとするに出でたるは十の八九なりけらし、其読むところは如何なる書ぞ。其初歩よりして三つ四つ言はゞ

ユニオン読本　ウヰルソン読本　ピネオ文典　パーレー万国史　グードリッチ英国史

同　米国史　ギゾー文明史　バックル文明史　ウェーランド経済書

の如きなり。」

とあり、また、須田辰次郎の「明治初年の私立学校」（『教育五十年史』所載）には、

「私は明治二年九月十七才で慶応義塾へ入学した。（中略）教科書としては地学初歩、ピネオ文典、コロネル地理書、クエッケンボス米国史、同物理書、ギゾー文明史、ウエランド経済書、パーレー万国史といふ様な者が用ひられた。」

とあるとおり、各塾の教科目に出ているものと大差はなく、おそらく、これは全国的にみてもあまり違いはないのではなかろうかと思われる。

東京府へ提出された「開学願書」のある部分について、使用教科書を明示したものをひろつてみたら、次のような数字となつた。

○　読　本

ウイルソン　八　サーゼント　二　サンダー　一　ユニオン　一（ユニオンリーダの編者はチャールズW・サンダーズであるがサンダーズの「ニユーシリーズオブリーダーズ」と区別して例示する。）

○文　典

カツケンボス　七　ピネオ　六

○地　理　書

ミツチエル　一三　コーネル　四　ガノツト　四　ゴールドスミス　一　パーリ　一

○窮　理　書

カツケンボス　九　ガノツト　一

○万　国　史

パーレー　一〇　グツドリツチ　五（この二つは同一のものである。（Peter Farley は S.G.・Goodrich のペンネイムである）

○米　国　史

カツケンボス　六　ウイルソン　一

○その他の歴史書

英国史　マルカム　一　仏国史　ステユーデント　二　マークハム　一　ゼルマン史　マークハム　一　ローマ史　スーエル　一　ギリシヤ史　グツドリツチ　一

○経　済　書

ウエーランド　三　チエンバー　一

○　数　学（測量）

ロビンソン　三　デビス　二

その他チェンバー、ゼーンス、ペルキンスなど各一

いわば任意抽出によるものであつて、これで全体の傾向を判断することは危険であるが、参考までに載せた。

リーダーでは何といつてもウイルソンが多い。一八七三年（明治六）刊行の小学読本六巻の底本となつていることにもよるであろう。

文法書では、カッケンボスとピネオが相半ばしている。「格賢勃斯英文典直訳」は大学南校から、「ピネオ原版英文典直訳」は慶応義塾から、それぞれ刊行されているのでもわかるように、この二つの文法書は英学界を二分していた。

その他の教科書については説明するまでもないであろう。ただ、各塾の教則にみられるように、変則的英学は、人名についても、各種各様の発音を片仮名であらわしているので、わかる範囲で各科目の教科書名表をそえておく。

○　綴字書、読本

Webster　Spelling Book

Marcius Wilson　Readers

The Union　Readers

Sanders　New Series of Readers

○文法書

T・S・Finneo　English Grammar

G・F・Quackenbos　First Book in English Grammar

○地理書

Mitchell　A System of School Geography

Sarah S・Cornell　Primary Geography

○歴史書

Goodrich's School Histories

Fictorial History of the United States

Pictorial History of England

Pictorial History of France

Fictorial History of Rome

Fictorial History of Greece

Farley'sCommon School History of the World

Quackenbos　History of America

Wilson　Primary American History

〃　History of the United Stetes

Malcolm Historyof England

Malcolm History of Germany
Gizot History of Civilization
Buckle History of Cvilization

○経済書

Francis Wayland Elements of Political Economy

○数学

H・N・Robinson The Progressive Primary Arithmetic for Primary Class
C・Davies University Arithmetic
R・Perkins Elements of Geometry
C・Smith A Treatise on Algebra

○その他

Francis Wayland Elements of Moral Science
Hickok Moral Science
Gray Lessons in Botany
Bryant & Strattou's Book Keeping

英学私塾で教科書として広く使用されたものの多くは翻訳されていた。文法書については、すでに述べたとおりであるが、その他についても数種の翻訳書が刊行されている。これらが参考書として英学生の勉学に役立てられたであろうことは容易に推察できる。

付録の「東京英学年表」には、明治十二年までに翻訳刊行されたものは、数学や植物学のものをのぞきひととおりのせておいた。もちろん、もれているのも、すくなくないであろう。

5 女子・童児を主とする英学私塾

明治初期の女子教育　英学だけに限らず、永い封建的な殻にとじこめられていたわが国では、女子の教育は無視され、女子だけの教育機関はなかつた。上流階級の子女だけは、家庭教育によつて婦道を教えこまれ、女大学的教養を身につけたけれども、庶民に解放されていたのはわずかに寺小屋だけで、そこでもきわめて限られた少数の子女が、ごく卑近な読み書きや裁縫の手ほどきを受ける程度にすぎなかつた。

「学問のすゝめ」の刊行や学制の頒布は女子教育にとつても大きな転機となつたことはいうまでもなく、すでに述べた英学私塾の生徒のなかに一割程度の女子があつたこともそのあらわれとみることはできるが、女子だけのための教育機関の設置はあまり活発ではなかつた。

そのなかにあつて、女子教育の必要をとなえ、小規模ながら、官営にさきがけて創設されたのは私塾、とくに、ミッション関係の私塾であり、その萌芽は、風雪にたえかねて途中で廃止の憂目をみたものもあるが、八十余年を経過した今日、隆盛をみている大学や高校の母体となつたものもある。

それらの女子を主とする私塾のうちには、学制以前に創設されたものもあるが、「明治百話」（篠田鉱造六・一〇）には官私を通じて女子教育機関の沿革を知る上で、きわめて興味ある記事が載つているので引用する。

女学校の嚆矢

△明石町の異人屋敷に

「明治の初年に、女学校の出来たことは、雨後の筍のといひますか、明治の三年から同十年へかけて官立私立が諸方に創設されたものです。勿論欧米の例に倣ひ、女子教育の俄仕立、女大学から女子を解放して、欧米の如く、女権の拡張をやらうといふ、政府の洋酔主義が見え透いてゐますが、これが為めに日本の文化も、一躍して進展し、欧米の真似は出来たものといはなければなりますまい。女子を教育しなかつたら、文明開化は因循姑息で、どうなつてゐたものやら、女学校も耶蘇方面の誘導が多く、私立は大低宗教の女学校が多かつたものです。築地の居留地に、築地A六番女学校といふのがありました。明治三年です。明石町の異人屋敷に開校され、続て同六年には、築地B六番女学校といふのが開校されたものです。同年に万年橋のところへ、上田女学校が出来、神田佐柄木町に斎藤女学校が創立しました。同七年に駿河台に、ミス・キタ女学校、同八年に猿楽町に、跡見女学校が跡見花溪女史に依て開校されて、後ちには今の閑院宮妃殿下、其以前三条公のお姫さまで入校してゐられました。同年女子小学校といふのが麻布に出来ましたが、あれが今日の青山学院なんです。同九年に原胤昭氏の原女学校が、銀座の南裏三十間堀に開校されました。

八丁堀の与力から出て、宗教の感化を受け、かうした女学校を建設したことは、着眼も信仰から来てゐたもんでせう。

△女の尼をこしらへる

明治九年に麹町の番町へ、開校された桜井女学校は、丁度東郷坂のところで、最初さゝやかな家屋を借り、開校に及びましたが、其家賃が五円だつたさうです。幼稚園をも開きましたが、多分幼稚園の元祖はこれでせう。

明治十三年に本統の女学校の体面を維持する準備が整つたので、ソレまでは女学校とは名のみで、実のところ女塾といつた有様。米国へ運動して、同国長老教会のヒラデルヒヤ婦人伝導の配下に属して、学校費を貰ひ受けたもので、早速中六番町二十八番地へ、校舎を建設することゝなりました。四千円で敷地を購ひ、木造の校舎を築いたものです。校長は矢島楫子女史で外国婦人はツルーエ（マヽ）夫人、ミス・デビス女史が大役を引受けて、開校しましたが、まだ一般人民からは、耶蘇臭いものとのみ思はれて、「アノ学校は、女の尼をこしらへるところだ」と言はれてゐたものです。入校生徒は案外に多く、盛況を極めて、現在の学校の狭隘を感じ、明治二十二年の九月に、上二番町へ二千坪の敷地を購ひ、大校舎を建築しました。カテーヂ、システムを採用し、桜井ホームを作り、着々女子教育の大目的に達し、言はば当時の、女子教育の一大揺籃所といふ光景を呈して、卒業生がまたいづれも教養ある好紳士に配偶し、母校を助けてくれる。さうした世にも時めく婦人達がだんだん数を加へ、盛立つてくれたやうなものです。歳月がこの女学校を、メキメキみがきあげてしまつたものです。

△これが女学校鋤卸し

前へ戻つて申しますと、桜井女学校の次に、明治十年に、新栄女学校といふのが、築地新栄町へ出来ました。明治三年から同十年までに、女学校が十軒開設されました。官立は僅かに竹橋女学校が明治五年竹橋へ、開拓使女学校が同年芝山内へ、女子師範学校が同八年お茶の水に開かれました。横浜にはフエリス女学校が最古で、明治三年でした。共立女学校が同四年でした。神戸には神戸女学校（マヽ）が同七年、大阪には照崎女学校（注のち京都へ移る平安女学院の前身）が同年に、同志社女学校が京都に同九年、京都にはこれより先、明治五年に京都府立女学校が開設されてゐました。

明治三年に、米国長老教会の婦人伝導局（マヽ）は逸早くカルブルマ夫人（注カロザーズ夫人）を、東京へ派遣して、伝導に従はさせ、傍ら女学校を築地明石町へ開かした。これが女学校の経営の勦卸しでせう。A六番のところで、A六番女学校といつたものです。これは九年に廃校になつて、ツルー女史（パーク女史の間違）といふのが、B六番女学校を開いて、明治十三年まで継続してゐました。何といつても女学校は、実のところ方便であつて本業は耶蘇教伝導にあつたのです。即ち耶蘇教の開拓使命を佩びた西洋婦人で、女子教育から手をつけて、耶蘇の信仰を植えつけた。日本の俄仕立の女子教育へつけ込んで、宗教弘めをしたのが文化の手ほどきで、日本婦人の胎内へよい種を卸したには違ひありませんが、今日の耶蘇教全盛も、この時一所に其種を植付けてしまつた訳です。この六番女学校から分岐して、原女学校が生れ、最初クラハム（グラハム）女学校といつた新栄女学校からは、桜井女学校が生れたのであります。明治初年にかうして女学校の沢山開校されたことをお話した訳です。」

考え方に偏見があり、多少の間違もあるが以上の記述を土台にして、東京の女学校一覧をつくれば次のようになる。（自明治三年至十二年）

校名	創設者	創設地	創設年
A六番女学校	カロザーズ夫人	築地A六番館	明治三年
芳英女塾（斎藤女学校）	斎藤実堯	神田佐柄木町	〃四年
水交女塾	星野康斉	桜田本郷町	〃五年
東京女学校	文部省	竹橋	〃〃

開拓使女学校	開拓使庁	芝山内	明治五年
上田女学校	上田畯	築地万年橋	〃〃
B六番女学校	ミス・パーク（トムソン夫人）	築地B六番館	明治六年
女子小学校	津田仙	麻布	〃七年
女子師範学校	ミススクーンメイカー 文部省	御茶ノ水	〃〃
喜多英和女学校	ミス・キダー	駿河台	〃八年
原女学校	原胤昭	銀座三十間堀	〃九年
新栄女学校	トルー夫人	築地新栄町	〃〃
桜井女学校	桜井ちか	麹町番町	〃〃
立教女学校	ミス・ブランシエー	本郷湯島	〃十年
同人社女学校	中村正直	麹町平河町	〃十二年

以上は英学を主としたものである。

官設の女子学校

東京女学校　一八七一年（明治四・一二）に設置、五年二月開校、のち竹平町にうつつて、官立女学校を東京女学校と改名したが、一般には竹橋女学校として知られた。文部省の布達文に

「人々其家業ヲ昌ンニシ是ヲ能ク保ツ所以ノ者ハ男女ヲ論セス各職分ヲ知ルニヨレリ今男子ノ学校ハ設アレトモ女子ノ教ハ未タ備ハラス故ニ今般西洋ノ女教師ヲ雇ヒ共立ノ女学校相開キ華族ヨリ平民ニ至ル迄受業料ヲ出シ候ハハ入校差許候間志願ノ者ハ向申正月十五日迄当省ヘ可願出事」

とあり、また

「女学校入門ノ心得（但当分英学ノコト）」には

一、授業料毎月二両納ム可キ事

一、書籍ハ銘々持参イタス可キ事

一、稽古時間ハ毎日五時間ノ事

一、生徒ハ女子八才ヨリ十五才マデノ事

但凡テ通ヒ稽古ノ事」

とあり、学科の程度は尋常小学科に英学を加えたもので、英学教師には、さきにもあげたが、

クラ、エライス（明治九・一二—一〇・三　月百円）

エエムエスワシントン（明治九・一〇—一〇・一　月八十円）

エンマフオースチナスコット（明治一〇・一・—一〇・四　月八十円）

の三人の米婦人の名が出ている。

東京女学校について、中川謙二郎の「明治初年の女子教育」（教育五十年史所載）に次のような記事が

ある。

「明治五年竹橋内の今の文部省の在る処に、校舎を新築して、初めて政府の女学校が設けられた。当時私はあの辺を通る毎に、男の着ける縞の袴をはいた、不思議な格好をした女子を見受けたが、それが其学校の生徒であつた。東京女学校と称し、国書、英学、手芸等を授け、殊に英学には余程力を入れたと云ふことである。」

この官設唯一の女学校も、一八七七年（明治一〇）二月、経費節減のため廃止された。

開拓使女学校　北海道開拓について、札幌に公署と学校建設を決定した当局は、ついで開拓使の費用で、年少の女子をアメリカに留学させるとともに、芝増上寺山内の開拓使仮学校に女学校を併置することにした。

開拓使が、この挙に出たのは、女学校卒業後、開拓事業に従事する男子部出身者の配偶者として、相携えて北海道へ赴かせ、開拓に専心させようという考えからであつた。十二才から十六才までを原則とし、おもに北海道居住者から適格者をあつめ、オランダの女教師イ・ツウワアテルとイ・デロイドルを招いて、語学、算術、地理、歴史、手芸などを授けた。

しかし、この女学校も長つづきはせず、一八七六年（明治九）五月には廃校となつた。

このほか官設の女子教育機関としては、文部省学監米人デビッド・マレーの意見にもとづいて、明治七年一月、女子師範学校設置に関する建白書を提出した結果翌年新設をみた女子師範学校があるのが、中村正直が請われて初代摂理となつたことを一言するにとどめる。

以下私塾については、できるだけ委しく記さなければならない。

ミッシン関係女子学校

普通教育において、当時もつとも大きな教育的効果をあげたものはミッションスクールであろう。その規模は決して大きなものではなく、家塾的なものが多かつたが、それらが私立女学校の起源となり、今日に及んでいるものも少くはない。だが残念ながら府史料には何もない。

A六番女学校　一八七〇年（明治三）の創設であるから、同じプレスビテリアンミッションに属する横浜のキダー女塾（フエリス女学院の起源）とともに、わが国の女学校ではもつとも古いものの一つである。A六番という呼称は、築地居留地の地割番号からきたもので、当時の明細図によると、六番は米人カロザーズとトムソンが借受けていた。この学校は、その借受人の一人であるカロザーズ夫妻、とくにその夫人によつてはじめられたようである。

「女子学院八十年史」（二六・四）から、この学校についての渡瀬かめ子夫人の回想記の一部を引用しよう。

「明治三年築地明石町にカロザース夫妻によつて創められた私塾があつた。A六番女学校である。このカロザース女学校創立に就ては面白い話がある。明治二年ミスタ・カロザースの下に学ぶ男性徒の中に一人の娘がいた。女子とあつて拒絶されるであろう事を恐れて日々男装して通学していたが、女子にも教するという噂を耳にしたので、彼女は大胆に教師の前で　I am a girl　と黒板に書いて見せた。教師は大いに驚いてそれ程迄に女子の好学心が盛んであるならばとて、数名の娘を集めて、ミセス・カルゾルスが女学校を開始したのだそうだ。」

カロザーズ夫妻が東京へきたのは一八六九年（明治二）である。そして築地に私塾を開いた。女子が男装して入学したというのはこの学校のことであろう。この私塾とのちカロザースによって創立された築地大学校とはどういう関係にあつたかはわからない。この東京最初の女塾は一八七六年（明治九）廃校となつたが、カロザーズ夫人は生徒の一部を率いて原女学校に移つた。

B六番女学校　カロザーズ夫人と同じプレスビテリアンミッションのミスパーク（のちトムソン夫人）とミスヤングマンによつて一八七三年（明治六）に同じ六番館に創設された。同種のものが同じミッションのもとにつくられた理由はわからない。A六番女学校の廃止のあと、一部の生徒は原女学校へ移つたが大多数はB六番女学校に転じたのは自然のことであつた。ミスパークがトムソン夫人になつてから学校の経営にはミスヤングマンがあたり、のち築地新栄町へ独立校舎を建てて移り、校名をはじめグラハム女学校のち町名にちなみ、新栄女学校と改めた。

原女学校　A六番女学校が廃止になつたのを残念に思い、カロザーズの門下生であつた原胤昭が一八七六年（明治九）に銀座三十間堀にレンガ造りの校舎をたて、カロザーズ夫人をまねき、A六番女学校の一部の生徒を収容して開校したといわれている。

ミッションの資金によらない、日本人によるキリスト教主義の最初の女学校であり、原女学校は俗称であつて、正しくは成樹学校とよばれたようである。成樹学校（英学）からは「家塾開業願」が出ている。

この願書によると、願出人は教師の渡辺信で、設置個所は銀座三丁目河岸通十二、九年五月に願出て、その月のうちに開業聞届になつている。

教師の渡辺信は横浜でバラにつき、のちカロザーズに従学し、願出の前まで新湊町と築地海岸六番英語学校に教えているから、カロザーズの門下である。新湊町というのは、C・カロザーズの築地大学校をさすのではないかと思われる。

巻末にのせた「英学私塾関係外人教師各一覧」のもととなつた「府下居住各国人明細表」の成樹学校のところには原胤昭の名が出ているので原女学校と成樹学校とは同じものであると推定できる。

最初、A六番女学校から招かれて教師となつたカロザーズ夫人は、夫君が広島英語学校教師に赴任することになつて同行したので、その後任には、当時中国をひきあげ横浜にあつたトルー夫人(Maria T. True)が招かれた。

その雇備者は原胤昭である。

願出にある教則には次のような科目がみられる。

下級生徒

綴書、リードル、会話、地理書初歩、窮理学初歩、文典、算術。

上級生徒

地理書、窮理書、修身学、歴史、経済書、算術、点竄

「原胤昭翁略歴」(厚生問題一七・五所載)によると、原胤昭は次のように、数次にわたり学校および各種の施設を開いているので、原女学校や成樹学校の成立年月についてもいろいろ疑問がもたれる。

一、明治四年米人教師を傭ひ家庭を開放して英学所を開設す

一、明治七年米人宣教師経営の英学校築地大学に学ぶ

一、同年基督教の洗礼を受け築地に基督教会を創立す
一、同年銀座に英書販売店十字屋を開く
一、明治九年より同十二年頃、銀座に英学校、木挽町に幼稚園及び女学校、次いで共済会（組合相互扶助
　並に貧民救済）を設立す。

その解明にはなお資料の検討をつづけたい。

原女学校は財政上の困難から一八八〇年（明治一三）に廃校になつた。多数の生徒はトルー夫人とともにB六番女学校の後身である新栄女学校に移つた。こうしてA六番女学校とB六番女学校は、直接か間接かのちがいはあるが新栄女学校において合流した訳である。

新栄女学校　B六番女学校が新栄町へ移つて改名したものである。四十二番館女学校ともいわれた。A六番女学校もB六番女学校も遂に卒業生を出すまでにはいたらなかつたが、この時代になつてはじめて第一回の卒業生を世に送つた。一八七四年（明治七）にA六番女学校に入学してのち新栄女学校に転じてその最初の卒業生となつた渡瀬かめ子夫人のA六番女学校時代の手記はさきに引用したが、新栄女学校時代については次のように記している。なお、渡瀬夫人はのち慰廃園の救癩事業に貢献した人である。

「明治九年十一月晩秋の薄日が新栄女学校の洋館の窓を和やかに照らしている。若き西洋婦人が少女等を前にしてゆつくりゆつくり英語を話している教壇の上には直径一尺位の地球儀が置いてある。生徒はいずれも十五六才、銀杏返シ、桃割、唐人髷、長袖の着物に小倉の袴を穿いている者もあつて、熱心に謹聴している。

その頃の宣教師達は伝導六分教育四分の方針であつた。入学した年の暮にはカロザース教師から洗礼

をうけた、自分は真理を学び喜び、神を信ずる心強さ、何ものにもかへ難く嬉しかつた。教師は全部英米人であつた。聖書、植物学、天文学、万国史、万国地理、ウキルソンリーダー・ナショナルリーダー、凡て英語を用いた。教授法は実に進歩的で、例へば植物学では、生徒各自に木箱を与へ、土を盛り、草花の種を播き、発芽、成育、開花の順序を観察する。天文学では、望遠鏡を備へ、天体を観察する事を教へた。

師事した教師のうちにはミセス・カロザース、ミス・ヤングマン、ミス・ギューリックなどがいた。彼等は宗教的熱情に燃え、奉仕の念厚く育英事業に社会事業に献身した。

特に、明治十一年原女学校から新栄女学校に移つたミセス・ツルーは（Mrs True）人格、才能共に優れ、教へ子らに大いなる感化を与へた。」

新栄女学校は一八八九年（明治二二）までつづいた。

桜井女学校　原女学校と同じ年に、また、同じようにミッションの資金によらぬキリスト教主義の女学校として番町に開設された。設立者は当時まだ二十三才で横浜共立女学校出身の桜井ちか子夫人。東郷坂に五円を投じて一軒の家を借受け、女子教育だけでなく、幼稚園や貧困者のための学校をも併設したが、一八八〇年（明治一三）夫君の北海道伝道に協力することになり、後事を新栄女学校のトルー夫人に託した。その年米国のプレスビテリアンミッションの援助を受けることになり、中六番町に校舎を新築した。

矢島楫子が校長となつたのもこの時代である。

桜井女学校は、その後隆盛をきわめ、高田と宇都宮に分校を開いたり、貧困な女生徒のために角筈に女子独立学校を設けたり、また看護婦養成所や貧民施療の機関を設けたりした。

この学校は名前のとおり女学校であつたが程度はひくかつた。卒業生であるガントレット恒夫人の回想録「七十七年の想ひ出」(二四・九)をみると、六才で入学したと書いている。また男の子が数人在学していたという。本人も「盲縞の上つぱりを着て紫の兵児帯をしめてゐた」というから、竹橋女学校の場合同様、これが明治初期の女学生風俗であつたようだ。生徒は六十名ぐらいだつたという。

さきに出しておいた一覧表によつてキリスト教関係の女学校の一部を一つ一つとりあげてきたが、その説明でもわかるように、A六番女学校、B六番女学校という二つの流れから出たものの、新栄女学校に合流した。しかし桜井女学校の新設で、ふたたび同種同系のものの併立時代がつづいたが、この二つは一八八九年(明治二二)合併して女子学院と改称し、専門学部をもつ最初の女子教育機関となつた。

女子小学校　一八七四年(明治七)十一月、麻布新堀町の一民家に開校された。創立者は、北米メソディスト・エピスコパル・ミッションの婦人部から派遣されて、その年十月に来京したミススクーンメイカー(Dora E. Schoonmaker)であるが、その創立を側面から援助したのは旧佐倉の藩士、津田仙であつた。英学私塾関係外人教師名一覧では、津田仙がスクンメイカーの雇傭主になつている。

「私立青山女学院沿革略記」(青山女学院校友会会報創立第六十周年記念号所載)によると、津田仙が協力したのには次のような奇縁によるものであつた。説明するまでもなく、一八七一年(明治四)アメリカへ留学した五人の女児の一人、津田梅子は仙の次女であつたが、その宿止先は、スクーンメイカより一年前に来朝した同派の宣教師ソーパー(Julius Soper)の友人宅であつた。そこでソーパーは来日早々津田仙をたずね交誼を結んでいたので女子小学校の開設には日本人として唯一人の協力者となつた訳である。

その後、この学校は津田仙の私宅や廃寺となつた薬師堂時代を経て三田北寺町の聖祥寺に移り、救世学校と改め、さらに一八七六年（明治九）に築地明石町に校舎を新築して海岸女学校と改めた。これがのちの青山女学院である。、

海岸女学校は一八七九年（明治一二）十月火災にあい、新築落成まで、その年廃校となつた原女学校跡を仮校舎にあてた。

女子小学校創立の際は、ミス・スクーンメイカー一人が教師であつたが、生徒の年令は不揃で、津田夫人とその息二人、近所の夫人三名、小児二名という風で、女学生らしいのは二人だけであつた。授業も午後二時間に限られていた。

救世学校になつてからは、英語のほかに、国語、漢文、数学、歴史、地理、裁縫、割烹、体操なども加わつた。試験には生徒の父兄を招待し、その立合のもとに試問を行うという家庭的な風景がみられ、福沢諭吉も参観したといわれる。

海岸女学校になつてからは、学科を日本学と英学の二部にわけ、午前は日本学科、午後は英学科とした。一八八〇年（明治一三）に第一回の卒業生を出したが、火災のあと新築校舎が落成した頃には在学生七〇名にも達した。青山女学院になつてからは、高等女学校に相当する普通科の上に専門科を設けた。

卒業生の一人、小崎千代夫人は「六十年前の想ひ出」で麻布時代について次のように述べている。

「………学校と云つても今の学校の形式では全然なく、先づ寺小屋を少し改良した塾の様なものだと思へば間違ひありません。椅子はなく机と云つても経机の様な机を並べて勉強したので着物も制服などゝ云ふものはなし、娘は銀杏返し、男生は筒袖、教科書もなく、ノートブツクなど云ふ気の利いたものはな

くペンはなくインキもない。僅かに先生だけが大切さうに鉛筆を削つてお出になるのが目について自分達も使つて見たくて仕方ないといふ有様でした。然し其当時としては実に尖端を行く男女共学の中等学校であつたのです。然し異端視された学校で理解の無い周囲に対して生徒募集と云ふ事も出来ないので津田は関係者の親戚、知已を説き廻り、男女の区別無しに狩り集めたのが十五六人、救世学校と銘を打つて成立したのでした。」

津田仙は小崎千代の叔父に当つていた。叔母の津田夫人が、十二の小娘と一しよに救世学校の生徒になつたのは、娘の梅子がアメリカに留学しているから、母親としても文明に遅れたくないと考えたからだつたという。お寺と同居だから、法事などあるときは、学校の方で遠慮して、お経がすむまで授業を待つという有様であつた。

喜多英和女学校　アメリカン・バプティスト・ミッションが東京で伝道をはじめたのは、他のミッションよりおそく一八七三年（明治六）であつた。最初の宣教師はアーサー（J・Hope Arthur）とドオーエン（James T・Doyen）であつた。アーサーは森有礼の邸内に住み、一八七五年以来、神田佐久間町の伊佐敷玺、上槙町の藤井三郎に雇傭されて英学を教えたが、塾名その他についてのはつきりした記録はみられない。

一八七五年（明治八）の春、アーサーは女学校を開き、同年十一月来朝の同派の婦人宣教師キダー（Anna H・Kidder）を森有礼の雇傭の形で学校の整備に当らせたといわれる。キダーと同時に来朝した同じく婦人宣教師のサンズ（Clara A・Sands）は横浜に女子小学校を開いた。のちの捜真女学校である。

「府下居住各国人明細表」によれば、アンナ・キダーは上記の藤井三郎、ついで神田仲町の渡辺信に雇傭されているが、アーサーは森有礼邸内に住んだとしても、雇傭主は森有礼ではなく、藤井三郎であったのではないかと思われる。アーサーもキダーとともにこの女学校で教えたことは、英学女教師の履歴書などによつてあきらかである。

この女学校は、生涯をその育英事業に捧げたアンナ・キダーの死去（一九一三—大正二—一一）ののち廃校となり、記録にもよるべきものが少なく、教科内容については一言もふれられないが、他のミッションの経営の女学校と同じく英学を中心としたものであつたことは想像に固くない。一八八九年（明治二二）以来校主であつた早乙女喜佐の履歴書には、同校普通科及英語科卒業とあることや、石井菊次郎、田付七太など外交官の夫人や髙田早苗、平岩恒保などの夫人はみなその卒業生にかぞえられていることでも理解できる。

この女学校は、はじめミス・キダーの名にちなんで喜多英和女学校とよばれたが、一八八五年（明治一八）駿河台西紅梅町から袋町へ転じた際、駿台英和女学校と改められた。

立教女学校　現存する学校であるが、府文書中にその記録はない。その創立年度についてはまちまちであり、たとえば、立教学院八十年史編纂委員会発行の「立教学院設立沿革誌」（二九・一二）の年表には、一八七八年（明治一一）四月とあるけれど、一八七七年が正しいようである。

アメリカン・エピスコパル・ミッションのブランシェ夫人（Annie M. Blanchet）により本郷湯島に創設されたが、のち築地居留地にうつり、新栄女学校、海岸女学校などと偉容をきそつたものである同派の女学校としては、一八七五年に大阪に創立された照暗女学校につぐものであつた。照暗女学校は、はじめ、エディ塾として同派の婦人宣教師ミス・エディ（Ellen Eddy）によつて創設されのち京都へ移り平安女学院となつたものである。立教女学校も創立当初は名前がなかつたがSaint Margaret's Schoolとして知られた。

立教女学校も、築地居留地外にあつた女子小学校や桜井女学校、喜多英和女学校の場合と同じく、外国人が名儀人となることができず、ブランシエー夫人は若山儀一雇傭の形式をとつていた。若山儀一は、蘭医の出、開成所教授、岩倉全権の随員などを歴任、はじめ緒方正といつたがのち改姓改名した。明治初年以来、「西洋開拓新説」「経済原論」「泰西農学」「西洋水利新説」「保護税説」などの訳著を残している。

立教女学校はのちに立教高等女学校とよんだ時代である。この点は、他のミッション系の女学校とちがつて中等程度で単独の前進をしたが、創立当初の英学女塾的性格は否定できない。外人教師ではブランシエー夫人のほかフロレンス・ピットマン（ガーデナ夫人）があつた。

その他の女子私塾

ミッション系の女学校は、長い期間のうちに、改名、統合はおこなわれたが、喜多英和女学校以外は、いまも隆盛をきわめているのに反し、その他の女子英学私塾で現存するものは一つもない。しかし、ある時期においては、花々しい業績を残したものもあるので、記録のあるものについては、できるだけくわしくかつての姿を素描したいと思う。

英芳女塾（斉藤女学校）　一八七一年（明治四）に神田雉子町に開設され、民間女塾ではもつとも古い。
明治五年の「開学願書」には次のような文書がある。

女児洋学取立方之儀奉願候書付

方今洋学御張皇之折柄児女洋学舎取開度志願ニ付両三年来婦人教官之者専ラ長養罷在未タ成業ニ八立至リ兼候得共初学之者訓厚可致学業ニハ相進居候間此度神田佐柄木町私拝借地ニ於婦人英学設立仕度此段御聞届被成下度奉懇願候以上

辛未十二月廿日　　　第一大区四ノ小区　斎　藤　三　助

東　京　府　御　庁

この願書は「願之通聴届候事」となつて聴許されている。

経費は、束修、月謝ともに一両二分、新則教料として三年に付三両、その他寒中に限り石炭料一分という、とりきめであつた。

学科は英学、数学で、正則、変則の二つのコースがあつた。教則の内容は次のようである。

○　正則科

一等　万国史　地理書　二等　書取　文典　三等　会話　第三リードル　四等　字綴書　第二リードル　五等　字綴書　第一リードル　等外　字綴書　プリメル

○　変則科

一等　小循心論　英文四書　二等　小経済書　仏国史　三等　英国史　究理書　四等　米国史　万国史　五等　中地理書　文典　等外　小地理書　リートル

以上は学制頒布以前の教科であるが、学制実施により、旧則を改め、中学教則によるようにしたいと「私学開業添願」を出している。経営者は斎藤実尭（三助）で、英学教師はその妻斎藤つね。つねは下斗米文彌、長沼然太郎に従学した二十一才の女姓、そのほか、大学南校英学教師米人ホレース・ウイルソンの妻（二十四才）が教えた。

前にものべたように、五十七人の生徒中、男子は一名だけであつた。

明治五年五月発行の「新聞雑誌」第四十六号には「日ニ盛ナル女子ノ洋学」という見出しで次の記事がでている。

「神田佐柄木町ニ於テ昨冬建設セル女学校芳英社ニテモ五月十二日ヨリ南校御雇教師「ウキルソン」、妻「ハイレス」並に当府貫属斎藤三助妻常女ノ両人日々出張シ英学ヲ教授シ四方ノ佳人才媛追々雲集セル由」

所在地が届出書と新聞雑誌とちがつているが、同一の塾であることはいうまでもない。当時新聞種となつたこの私塾がいつの頃まで続いたかはわからない。ウイルソンの妻ハイレスとあるのはホレース・ウイルソンの妻とすべきであろう。

明治六年五月の「私立学校明細調」にある英芳社の日課表を次にのせる。午前中は変則科、午後一時から二時までが正則科、三時から四時までが数学というふうになつていることがわかる。

日課表

	自一時至二時				自九時至十時	自十時至十一時	自十一時至十二時	自三時至四時
月曜日	綴字	第一リートル読方	同書取	単語読方	英国史	米国史	文典	加減乗除 開平開主 分数比例
火曜日	語論	第二リートル読方	会話諳誦	文典諳誦	究理書	万国史	地理書	同
水曜日	綴字	第一リートル読方	同書取	単語読方	英国史	米国史	文典	同
木曜日	語論	第二リートル読方	会話諳誦	文典諳誦	究理書	万国史	地理書	同
金曜日	綴字	第一リートル読方	同書取	単語読方	英国史	米国史	文典	同
土曜日	語論	第二リートル読方	会話諳誦	文典諳誦	究理書	万国史	地理書	同

のべたが、その英学教師は、日洗舎の経営者の二女沼ロ登利（当時十三才）でその履歴書には、斎藤実堯妻常女と外人教師ウイルソン夫人に従学したことがあきらかにされている。

水交女塾　一八七二年（明治五）に創設、はじめ南佐柄木町にあつてのち桜田本郷町に移つたようである。

明治五年の「開学願書」には次のようにある。

乍恐以書付奉願上候

第一大区九ノ小区南佐柄木町三番借店星野康斉奉申上候私女儀是迄英学修行為致置候ニ付今般女学私塾相設度候得共未浅学ニ依而本意を不遂候折柄幸静岡県士族小林省三女ま佐事願済ニテ私方ニ寄留小女と同志ニ付幼童ニ英学教導為致度何卒開塾御免許ニ相成候様奉懇願候尤御試験之節ハ御沙汰次第何時成とも願出ツ可申依て別紙塾規則書相添則奉差上候以上

明治五年壬申三月

南佐柄木町三番借店

願人　星野康斉

町用掛　関根彦蔵

星野康斉女

教師　同姓　輝

当申十五才

小林省三女

教　師　　同　姓　正

当申十六才

文部省御役所

水交女塾は、英学だけでなく、皇学、洋算を教えた。塾規にみる教科目は

一、綴字　一、素読　一、習字　一、単語　一、会話　一、算術　一、作文　一、書取　一、地理学

一、万国史　一、点竄　一、測量　一、理学

という程度であつた。

水交女塾には幼女英学塾が併置されていた。

経費は

一金弐分　入門式　一金壱分　月謝　一金三両弐分　入塾総費

で、男子でも、十三才までなら入塾できた。

経営者星野康斉は医師で、その女てるは古川正雄に従学した。また、小林まさは開拓使出仕小林省三の女で、はじめ沼津の乙骨太郎乙に従学、のち星野方へ寄留して米人教師カロザーズ夫人方へ通学中であつた。幼女英学塾は主として星野輝が担当したようである。

水交女塾も長くは続かなかつた。のち二人は分離し、星野輝は芝増上寺山内に貞嫻女塾を開いた。水交女塾は芳英女塾よりも程度がひくかつたようである。

ものを見ることが出来ない。わずかに山川菊栄夫人の「女二代の記」(三一・五)のなかにその片鱗がうかがえるだけである。

上田女学校は、外務省中録上田畯がたてたものであつた。その女悌子は、開拓使留学生として津田梅子ら五名とともに、えらばれてアメリカに渡つたが、女学校創設の年、病気のため、吉益亮子とともに帰国のち上田敏の母となつた人である。

「女二代の記」は山川菊栄夫人とその母千世との二代にわたる記録であるが、明治初年の女子教育の実態を知る上で貴重な資料を提供してくれる。

一八七二年(明治五・二)に竹橋の官立女学校に入学しようとして出京した夫人の母は、満員で志を得ず、その年十月になつてようやく願いがかなつて、この上田女学校へ通学できるようになつた。唐人まげに仙台平の男袴というのが当時の女学生姿であつたという。

「椅子に腰をかけるのもはじめてでしたが、入学第一日、おそろしく日本語のうまいカローザル夫人というアメリカの先生に地球儀を見せられ日本の位置や、地球の自転の話をきいたときは、はじめて目のあいためくらのよう、一生忘れえぬ感激にうたれました。その日帰つて話すと父も母も家中のものが同じ感激をわかちあいました。」

A六番女学校のカロザーズ夫人は、ここでも教えていたことがわかる。もう少し引用をつづける。

「上田女学校には訳や洋算のためには日本人の先生もあり、カローザル夫人は簡単な会話を教えましたが、千世はABCも習わずに、いきなり先輩と一所にリーダーの中途から教えられて何も分りませんでした。生徒は十人ばかり、上流の子が多く、ときの外務大臣寺島宗則の娘、侍医岩佐純の娘、旧土佐藩士で、ときの司法少輔島本仲道の娘幾代さんという十七、八の人とその妹、山口県人陸軍少佐宮木という人の妻おのぶさんという二十二、三の人などでした。この人は南サヤ町の芸者だったといいますが、いかにも歯ぎれのいい江戸っ子でした。上田校長の奥さんは後妻で若く、ちょっときれいな人でした。が、どういう問題があったのか、年上の宮木さんがこんな学校にいてはいけない、よその学校へ変ろうといいだし、千世も島本姉妹もそのいうなりに、なにがなんだかわからずに上田女学校をやめて、報国学舎へ移ったのは明治六年二月のことでした。」

上田女学校についてはこれ以上記述するものがない。

同人社女学校　前にのせた一覧表では、一番新しい女学校である。明治十二年の「私学書類」によると、一八七九年（明治一二）の四月七日付で同人社社長中村正直から東京府知事楠本正隆あてに、同人社女学校開業願が提出されている。それまで麹町区平河町にあった同人社分校を小石川区江戸川町の本校に合併し、そのあとに同人社女学校を開設して五月一日から始業したいうのである。

同人社女学校規則によると、学科を級外と級内の二科にわけ、級外卒業ののち級内に入れるというたて前で、二科とも修業年限は三年であった。変則課業表は次のようである。

変則課業表

級外訳読
　ウイルソン　第一読本　ウイルソン　第二読本　ミッチエル　地理書　カッケンボス　小文典
級内第五等講義
　パーレー　万国史　マルカム　英国史
級内第四等講義
　カッケンボス　窮理書　カッケンボス　米国史
級内第三等講義
　ウエーランド　修身書　ミル　経済書

級内第一等輪講　ミル　男女同権論　ミル　代議政体

この教科目をみて、他に例をみないのは、級内第一等輪講の二つである。とくに女子専門の学校でミルの「男女同権論」(The Subjection of Women を指すもののようである) をとりあげたことは「代議政体論 (Considerations on Representative Government) とともに、当時としては、まことに先駆的であつたといえよう。

上田女学校のところで引用した山川菊栄夫人の母千世は、のち報国学舎へ移つたが、それがつぶれたのち、同人社女学校へ入学した。その時の模様を、「女二代の記」からふたたび引用する。

報国学舎がつぶれた際、その父が旧友の中村正直に千世の教育について助言を求めたのであつた。

「博士(中村正直)は幕府時代、イギリス留学中女子教育の重要さを切に感じ、維新後、帰国以来女学校開設を熱心に政府に進言し、大臣の無理解でおくれているが、あと一、二年のうちにはできよう。自分のところでも小さな女学校を開くから、それまでの間、そこへきていてはどうかという話でした。明治七年の秋、そのささやかな同人社女学校が開かれたので千世はそこに通いはじめました　所は小石川の江戸川ばた、白鳥橋と中の橋にあつた中村邸の二階で、生徒といつても十人たらず、庭先から案内も乞わずにすぐ二階の教室に上るようになつていました。邸の敷地は学校を開くために求めたたけに相当広かつたものの、当時のことで坪何銭という値で買い入れたもの。博士の住居はいたつて粗末な安ぶしんで形式ばらぬ手軽なものでした。同人社の教師として雇つたカナダ人カクランという牧師のためには、それよりずつと上等な別棟の木造洋館がたてられていました。カクラン氏の家族は夫人と子供三人女学校の方はこの夫人の受持で授業は英語で行われ、千世はウイルソン・リーダーの巻の三と四とを習いました。同人社の男学生のなかにはまだ十才あまりの少年徳川家達公もいましたか　いつも二人の家来をお供に、往復とも徒歩で千駄ヶ谷の自邸から通学していました。
これは、交通が不便で遠い路を歩くのは珍らしくなかつたそのころとしても、相当感心なことだつたそうです。」

これをみをと同人社女学校は、麹町に開設される前に、江戸川の同人社内に併設されていたようであるが、それを裏付ける資料は、見当らない。

児童幼児中心の私塾

当時の英学私塾は共学のものが多く、女塾あるいは女学校と銘をうつても、年令の条件などをつけて男子をも受入れていたことは、すでに述べたいくつかの例をみてもあきらかであるが、以下には、とくに児童、幼児とうたつていたものについて付加したい。

培根舎　四谷仲町にあつた。その学則には、

「凡ソ学堂ヲ闢懇スルハ士農商男女ノ区別ヲ不論平等シ以テ六才ヨリ十三才マテノ幼稚ラ哀輯シ培根達枝衰延セシメ互ニ琢磨シ以テ報国尽忠可致事」

とあり、教則には、午前中に女児、午後は童子という区別をしていたが、巻末の一覧表によれば生徒はみな男子で学則該当の年令は、十二名中半数にもみたなかつた。

教授書籍概略としては次の書名があがつている。

エレクテイクプライメル　プライメル　スモールスペラー　ラアジスペラー　ベランチヤカンベルセーション　ウイルソンリードル　サアゼントリードル　ピネヲグランマル　同エレクテイク　コルネル　ゼヲグラフイ　グワヨツト　ゼヲグラフイ　パーラ　フイストラリー　クイツケンボス　フイロソフイー　ラビソンス　アリセメテイク

培根舎は一八七二年（明治五・七）開業された私塾で、設立者で教師の村上要信はアルフレッドマンテルおよびカロザーズに従学、前には日新義塾を開いた。

共学舎童子塾　共学舎は佐原純一らにより神田美土代町文部省用地に開かれた英仏その他の学科を教える私塾であつたが、のちに童子塾が併設された。併設の理由に、

「特ニ慈母ノ家訓ニ代リ幼少ノ徒ヲシテ志ヲ励シ身ヲ善シ読書算筆ヲ学バシメ傍ラ通常ノ英学ヲ授ケ漸々物理ヲ知リ世事ニ通ゼシメンヲ欲スルノミ」

とあり、年令は七才から十才までと限つた。

この他に入門料二円五十銭、月諸金二円、などのとりきめがあつた。

錦斎塾　神田錦町に古川正雄が開設した英学その他読書、習字、算術を教える私塾であるか青年塾のほかに幼年塾をおき、

綴字　単語　会話　読本　修身学　書読　算術　地学

などを教えた。

古川正雄は大阪の緒方塾で蘭学を、のち福沢諭吉に英学を修め、英国海軍教師からは測量術を伝習し、博覧会事務の御用掛としてオーストリーに派遣された新人である。ここで教えた生島閑は、のち青山学院の起原となつた築地一丁目の英漢塾耕教学舎で漢学の教師となつた人。錦裔塾にはジュリアス・ソーパーも教えた。

稲成学舎　童蒙教導のための英学数学兼修の私塾で、深川御船蔵前町にあつた。教師の加藤光儀は山東一郎の明治新塾で英学を修め開拓使出仕の英学教官をつとめたことがある。

幼学舎　練塀町にあつた英学を主とする塾である。塾生のうちには年輩のものもいた。変則の普通科で、

綴字　リードル　文典　地利書《マヽ》　各国歴史　窮利書《マヽ》

などを教えた。教師の県新一は大学南校、福地源一郎、尺振八などについたほか、カロザーズにも従学している。

総じて、とくに幼童教導のために開かれた英学私塾はふるわなかつたようである。

6 英学による商業教育と農業教育

明治初期の東京の英学私塾で逸してはならないのは商業教育と農業教育とである。この二つは女子教育ほど花々しくはなく、最初の学制では、わずかに中学のうちに、農業学校、商業学校のことが記されているにすぎなかつたが、明治六年の二編追加により、ようやく、専門学校として脚光を浴びるようになつた。

しかしながら、学制に規定をみるに至つても、実業教育の重要性は当局からも一般民間からも認識されなかつたので、その設立は、官私ともに、きわめて低調であつた。その間にあつて、私塾として出発をみた、商法講習所の私塾時代と学農社農学校についてのべなければならない。

商業教育の必要については、明治五年十月堀江町四丁目住の商人、本吉太兵衛から提出された「洋人雇入私学開業願書」に、

「方今奎運隆盛之際府下公私之学校碁布之勢に至り候得共未商法産業学校之儀不及承候抑開市以来商業ハ別而国之利害に関渉最大にて……御国内富強を希望するハ人民一般之志心ニ御座候彼欧州各国商業学校盛に行われ幼童より入学語学数学より遂に許多の学科ヲ学ひ得爾後各学業を奥起仕候哉ニ伝聞仕候処……」

という長々とした意見の開陳がみられるが、スイス人アンゼスブルゲルメステルを雇用した協営学舎が、商業教育にどの程度の先駆的役割を果したかはあきらかでない。

商法講習所　わが国における商業教育の早くからの提唱者であり、最初の学校設立者は森有礼であつた。そのいきさつについて、「青淵回顧録」上巻に次のような一節がある。

「……丁度明治七年頃、当時米国にあつた森有礼氏から、時の東京府知事大久保一翁氏に宛てゝ、米国に

於ける実業教育の盛んである事は実に想像以上であるが、日本にも是非同様のビズネス・スクールを建てたいと思ふから、何分の助力をお願ひしたいと頼んで来た。処で大久保知事も大分進んだ考へを有つて居つて、森氏の企ては至極結構な事であるから是非実現させたいものであると思ふが、何分にも東京府には資金が無いので府として援助する道が見出せない。そこで大久保知事は一日私を訪問して相談されるには、旧幕時代に白河楽翁が江戸の人達に節倹を勧めて蓄積した金が共有金といふ名義で残つて居り、貴方が其の共有金を保管して居られるが、之れを利用してビズネス・スクールを設立するのを援助しては何うかと話し込まれた。其の共有金といふのは江戸町会所の時代に積立てたもので、それを東京会議所に於いて引継ぎ保管して居り、私が其の会頭として保管の任にあつたので斯ういふ相談に与つたのである。私は予て実業教育の必要を感じて居り、何うかして秩序ある実業教育を施したいと考へて居つた際なので、直ちに同意して関係者の会議を開き、其の計画に賛成する必要ある理由を陳べた処が、幸ひ他の役員も同意されたので、学校の費用は一万円位入用であるといふ事であつたから、取敢ず共有金の中から八千円ばかりを出して助力する事とした。そこで大久保氏も非常に喜んだが、殊にビズネス・スクールを設立する事を提議した森有礼氏は、意外にスルスルと補助費が出たので、自身でも一万円ばかり工面して、翌年の夏頃に京橋の尾張町に商法講習所といふ小さい学校を開き、商業教育に経験あるホイットニーといふ米国人の教師を雇うて授業を開始し、約一年ばかり経営したのである。此の商法講習所は学校といふよりも寧ろ家塾といつた方が適切である様な小規模の物で、生徒も三十人足らずの小人数であつたが、之れが兎も角も我国に於ける商業教育専修の学校が出来る最初であつたのである。」

商法講習所設立にいたるまでのいきさつはこのように、森有礼が在米時代からの悲願がみのつたことによるけれど、その道は、それほど坦々としたものでなかつた。

森有礼が一八七〇年(明治三)、初代駐米公使として任地にいた時、米国が強大であることは富がある からだ、富の源は有為有識の人材が実業界に活躍しているからであると深く感じ、日本の教育が政治、法律、軍事、文学を偏重し、農工の教育を軽視し、とくに商業をまつたく教育のワク外においているのは時代の要求にそわぬことだと感じた。そして、教師招へいのことまでとりきめて賜暇帰国し、政府に意見をのべたが空論だとして相手にされなかつた。

当時アメリカには富田鉄之助が留学していたが、この人は、かねて師事していたニュージャージイ州ニューアークのブライアント・ストラトン・アンド・ホイットニー(Bryant, Stratton and Whitney)という三人の名前のついた商業学校の校長、ホイットニー(William C. Whitney)一家を伴つて、一八七五年(明治八)の八月帰国した。

自分の意見がまだきかれないので、返事もできないでいた矢先だつたので、ホイットニーの来日におどろいた森有礼は、公人としての立場もあるので、急いで、尾張町のタイミソ屋の二階をかりて私塾を開いた。これが明治八年八月創立の商法講習所の最初の姿であつた。「青淵回顧録」にみられる経費はその後決定したものである。

商法講習所の設立計画はその前年からつづけられていた。このことは、森有礼、富田鉄之助両人の需めに応じて福沢諭吉が同年七月起草した創立趣意書をみればはつきりする。

日本の商業の現状を批判し、全国に一ヵ所の商業学校のないのをなげき
「……凡そ西洋各国商人あれば、必亦商学校あり、尚我武家の世に、武士あれば必亦剣術の道場あるか如

し。剣を以て戦ふの時代には、剣術を学ばざれば、戦場に向ふべからず、商売を以て戦ふの時代には、商法を研究せざれば、外国人に敵対すべからず。苟も商人として内外の別を知り、全国の商戦に眼を着くるものは、勉むる所なかるべからじ。米国の商法学士ホウキッニー氏、積年日本に来りて商法を教へんとするの志あり、森有礼、富田鉄之助両氏の知る人なり。東京其他の富商大賈各其分を尽して資金を出すの志あらば、両氏も亦周旋して其志を助け成すべし。」

とむすび、大いに宣伝これつとめた。

ホイットニーの来朝におどろいた森有礼は、とりあえず、アメリカから持ちかえつた洋書を処分して私塾開業の資金をえたが、ホイットニーの給料その他の経費については、「青淵回顧録」にあるように、旧幕時代から受継がれてきた、松平定信（白河楽翁）の創設になる七分積金といわれた共有金にあおぐことになり、江戸町会所《まちかいしょ》の後身である東京会議所の代表、渋沢栄一、大倉喜八郎の両人と森有礼との間に約定書が交わされた。

このように、共有金の資金援助により、森有礼の私塾として出発した商法講習所も、その後、森有礼が清国公使として転出したため東京会議所の管理に移し、さらに東京府営となり、幾変遷ののち、いまの一橋大学と発展したことは、だれもが知るところである。

開設当初は、商業教育に対する一般の無関心を反映して生徒数はすくなく、明治十六年の東京府文書によると、開設時の生徒数は二六名、教師は二名にすぎなかつた。ホイットニーは助教高木貞作を補助者として、簿記、商業算術、商業文、経済大意など、すべて英語で教授した。系統的な商業教育のはじまつたのはこの時からである。

簿記、商業算術には、ホイットニーが校長であつた商業学校の教師、ブライアント、ストラトンの著書が使用された。この簿記書は、当時すでに慶応義塾で、ウエーランドの経済書とともに用いられていたもので、わが国における簿記学最初の訳本である福沢諭吉の「帳合之法」（四冊明治六年二月刊行）の原本となつたものである。この簿記書は長らく商法講習所の定本となつていたことは、明治十六年の東京府から農商務省へ移管された時の引継目録をみてもあきらかである。

商法講習所における外人教師による簿記教授や私塾以後における商業教育については、別に「都政史料館論集」のための論稿「商業教育・教療事業におけるホイットニー父子の業績」で紹介したので、ここでは省略するが、ホイットニーの門下からは、森島修太郎、田鎖綱記、上野栄三郎、井田忠信、三輪振次郎などの簿記学の先駆者が出ていることだけは付言しなければならない。

学農社　わが国における近代的な農業教育は一八七二年（明治五・四）の開拓使仮学校の開設を出発点としてはじまつた。国がこの挙に出たのには理由がある。それは農業教育の必要性からというよりも、辺疆防備の上から北海道の開拓がとりあげられた結果であつた。したがつて、この官学は、一般教育のように、文部省が経営の任に当つたのではなく、開拓使庁の所管であつた。

東久世通禧開拓長官のもとで次官をつとめた黒田清隆がアメリカに渡つて農務局長ケプロン将軍（Horace Capron）その他を招くことにしたのも、開拓使顧問ケプロンの献策によつて札幌に農学校を創設してクラーク（William Smith Clark）をその教頭としたのも、また、女子留学生や山川健次郎などの男子留学生を派遣し、開拓使仮学校に女学校を付設して開拓要員に配しようとしたことなど、すべて、一貫した当時の拓殖行政の施策によるものであつた。

一八七五年（明治八）、津田仙によつて唱導され翌年麻布に開設された学農社は、開拓仮学校よりは遅く着手されたが、それが札幌に移され、農学校と改称されたのとは相前後しており、またその意図するところもちがつていた。

津田仙については、女子小学校設立の協力者として一言しておいたが、明治初年の教育功労者としては森有礼、中村正直などとともに高く評価される人である。

明治初年、築地居留地にたてられた築地ホテルの理事であつた津田仙は、外人の必要をみたすため、外国から種子を購入して西洋野菜の試植をした結果、農園の経営をした。たまたま、一八七三年（明治六）、オーストリーのウイーンに万国博覧会が開かれたとき、副総裁佐野常民の随員として派遣されたが、公務をおえてから、当時同市に滞留していたオランダの園芸家、ホイブレンク（ Daniel Hooibrenk ）について農業に関する学術を学び、農園について実地指導をうけた。ホイブレンクは植物栽培新法の発明でナポレオン三世からレギヨン・ド・ノール勲章を受けた人であるが、日本文化の恩人であるシーボルトの友人で、シーボルトが日本からもちかえつた草木の培養繁殖を依頼された人だけに日本の植物についてはあかるかつた。明治七年出版された津田仙の「農業三事」は、ホイブレンクの口授した〝Method of Cultivation, Explained by Three Different Processes〟の邦訳であつたが、西洋の農学書としては、立教女学校のところで一言した若山（緒方）儀一訳の「泰西農学」ぐらいのものであつたので、関係者には広くよまれた。「津田仙翁略伝」にも

「当時西洋農学書として我国に行はれたものは、僅かに英国農学書の翻訳「泰西農学」許りであつたから、翁の「農業三事」は大に世上に歓迎せられ、忽ち数万部を発行した。或る町村の如きは多数取纏め

て購入し、之を農民の間に頒ち、或は小学校の教科書に採用したところもあつた。当時福沢諭吉の「学問のすゝめ」「世界国尽」が、一般の人民に新文明の知識を鼓吹するに与つて大に力あつたと共に、翁の「農業三事」は、わが国農業者間に、泰西農学の新知識を普及せしむる上に、貢献するところ甚だ多かつたと謂はねばならぬ。」

とある。津田仙は、農業の三大法を推奨してその実施をすすめただけでなく、これを稲麦におこなうための媒助器として「津田縄」を考案して全国に普及した。

このような実践の上にたつて設立されたのが学農社農学校であつた。伝によれば、学農社は福沢諭吉の慶応義塾、中村敬宇の同人社、尺振八の英学塾と共に、当時府下における四大私立学校の名を博したとある。それはともかくとして、学農社はただ農業の教授実習だけでなく、津田仙のキリスト教的理想をいかし、農業によつて質実有徳の人物を養成しようとその精神教育にも重きをおいた。

一八七六年（明治九）には「農業雑誌」を創刊して農事思想の普及をはかつたが、ジョージ。ワシントンの語といわれる「農者、人民職業中、最健全、最尊貴、而最有益者也」〝Agriculture is the most healthful, most useful, and most noble employment of man〟を標語として、農学雑誌の先駆となつた。

開学願書にある教則には、次のような教科目があげられている。

稼穡学、耕圃学、牧畜学、植物学、動植性理学、地質学、化学、翻訳書、本邦農書、実験

その余科の教科としては、

スペルリング、リートル　文法書、理学初歩、万国史、窮理学、経済学、算術

などがあり、英学による農業教育であったことは、クラークが学長であったマサチューセッツ州農科大学の組織にならって教則を編成した札幌農学校と同様であった。

英学の基礎的学科におもきをおいたであろうことは、その教師陣をみればわかる。一八七五年（明治八）十一月、創設をみた同志社英学校から中島力造、元良勇次郎、岡田松生らがいずれも学農社に教師として迎えられた。のち普連土女学校長となった英学出の海部忠蔵も教師のなかに名をつらねている。

生徒には、玉利喜造、田中宏、豊永真理、福羽逸人（子爵）、池田作次郎、巖本善治、立花寛治（伯爵）高千穂宣麿（男爵）、十文字信介などの名がみられる。

外人教師としては、「外人教師名一覧」に、W・C・ホイットニーの名がみえ、英学、算術、簿記法を担当しているが、商法講習所を辞してから、病気静養のため帰米するまでの期間教えたものであろう。なお、一覧の拠典となった「府下居住各国人明細表」には出ていないが、その長子で、のちに赤坂病院を開いて、眼科を主とする医療社会事業に献身したウイリス・ノルトン・ホイットニーも、アメリカ公使館通訳官就任前に学農社に教えた。

不幸、この学農社は、経営不振のため、一八八四年（明治一七）、廃校のやむなきにいたったが、この短かい間に、農業教育に残した功績は高く評価されている。

参　考

創基五十年記念　北海道帝国大学沿革史（大正一五・三）

吉川利一　津田梅子（五・二）

津田仙翁略伝（パンフレット刊行日不明）

7　英学教師の系譜

東京の英学にはそれぞれ源流があることをさきに一言したが、その系譜をたどる前に、開学願書にみられるおもな英学者たちの履歴書を記載のまま紹介しておく必要があろう。そこから出発して源流をたずね、それから派生してゆく枝葉のうごきをみる方が、ただ系統を列記するよりは、のぞましいと思われるからである。

開学願書にみられる英学指導者たち

福沢諭吉（慶応義塾）

東京府管下商　明治六年四月現在　三十八才四ヶ月

安政元年ヨリ大阪緒方洪菴塾ニテ蘭書ヲ学ヒ同五午年東京ニ来リ辞書ニ拠テ自ラ英書ヲ読ミ文久二酉年ノ頃ヨリ少年ニ英書ヲ教ヘ其後明治元年戊辰三月社ヲ結テ今ノ慶応義塾ノ社中ト為ル

尺　振八（共立学舎）

浜松県貫属士族　明治七年十月現在　三十五年三ヶ月

万延元年中浜万次郎ニ従ヒ凡壱ヶ年之間英語学校教授相受其後西吉十郎ニ就キ壱ヶ年程修業文久二年中米人キープ並ロベルトクライン之両氏ヨリ伝習相受同三年旧幕府使節ヘ附属致シ欧行仕候節猶修業仕候帰国後慶応二年中米人ロムシヨリ伝習相受同三年旧幕府使節江附属致シ米国ヘ相越シ同年帰国仕明治三年私塾相開同五年文部省ヨリ私塾開業免許状御渡相成然ル処同年中学制御政正之節右免許状返納可申旨

達ニ付則返納其後引続英学教授罷在候

鳴門義民

大蔵省租税権中属　壬申三十六才

万延元庚申年中ヨリ明治二己巳年中迄都合拾ケ年間英人「ブシ」ニ教授受引続英人数名並米国人「ブローン」「ヘブン」「バラー」「トムソン」等ヨリ伝習明治二己巳年七月中願済開業

簑作秋坪（三叉学舎）

北条県貫属士族　簑作佳吉父隠居　明治六年現在　四十七才

十二三年前ヨリ英学相心掛他人ニ就修業致候義無之候

近藤真琴（有隣）（攻玉塾）度会県貫属士族従六位海軍中佐兼兵学中教授　壬申四十二才

天保九年戊戌ヨリ安政二年乙卯迄皇漢学小浜撲介江従学

嘉永二年己酉ヨリ仝四年辛亥迄漢学堀池柳外江従学

仝六年癸丑ヨリ安政四年丁巳迄蘭学高松譲庵江従学

安政四年丁巳ヨリ文久三年癸亥迄兵学大村兵部大輔江従学

文久三年癸亥ヨリ算術ニ志ス

仝年癸亥後半ニシテ幕府軍艦操練所翻訳方被申付翌年測量算術教授方トナル

慶応元年ヨリ英学ニ志ス　仝三年丁卯冬ヨリ明治元年戊辰二月迄英国測量士官グラント江従学其他算術測量ハ多ク原書ニ就テ相学ビ英学亦対辞書等ニヨリ相学ヒ候故是ト申ス教師姓名難書記幼年入学ヨリ凡三十一年修業　明治二年己巳十一月ヨリ開業

津田仙（学農社）　東京府士族　明治八年七月現在　三十七年九ヶ月

幼年ノ時旧佐倉藩小倉彌学ニ就テ漢学ヲ修メ其後二拾歳ニ至リテ手塚律蔵ニ随テ蘭学ヲ学ビ又森山多吉郎ニ随テ英語学ヲ学ヒ旧幕府外国方相勤メ慶応二年米国江航シ明治三年東伏見宮英学修業中侍読相勤メ明治六年博覧会御用ニ付澳国江被遣彼地ニ於テホーイブリンク氏ニ従テ農学ヲ学ブ

西村茂樹（自修学舎）

印幡県貫属士族　明治六年五月　四十五才二ヶ月

若年ノ頃ヨリ漢学蘭学英学日耳曼学研究仕候得共定師無之年月モ亦聢ト覚不申

明治二巳己九月任佐倉藩大参事同四辛未十一月任印幡県権参事同五壬申三月依願免

成島柳北（真宗東派学塾皇支那英学長）　壬申三十六才

右当時随東本願寺光瑩而洋行中従学順序不詳故不記載自明治四年辛未十月在塾教授

田中録之助（明倫社・螟蛉社）　東京府貫属士族　明治六年現在二十九才

文久元年六月ヨリ慶応三年十一月迄番書調所教授方堀辰之助江従学其後外国翻訳方箕作秋坪並通弁頭取森山多吉良　米国公使ワルケンボルフ附属一等書記官米人ロムシー氏江転学普通科卒業
明治元年七月下谷長者町ニ而開業　二年己年五月大学南校三等教授試補拝命　明治三年十二月浅草黒船町正覚寺ニテ明倫社開塾明治五年七月浅草新旅籠町十七ニ新々学舎ト改号
五年十一月永住町三十長遠寺へ転塾

田中冬蔵　東京府士族田中秀平悴　東京府四等訳官
私儀旧幕府之節長崎表ニ罷在阿礼之門人ニテ英学修業仕慶応元乙丑年正月中帰府之上開成所江入学仕同年五月同所生徒世話心得被申付同年九月十二日外国奉行支配通弁出役被申付明治元戊辰年六月廿六日出役被差免同二已己年十二月廿九日東京府出仕被仰付同三庚午年十二月七日東京府権少属被　仰付同四辛未十一月十五日東京府五等訳官被　仰付同五壬申年二月十九日東京府四等訳官被　仰付奉職罷在候処右東京府出仕勤中明治三庚午年三月　御許容之上家塾相開追々生徒相増私宅手狭且御用向差添多人数教育難行届候ニ付同四辛未年五月中同志之者申談教師として米国人アルフレットエムマンテル氏雇入度旨奉願　御許容之上外務省より雇入免状御下ケ渡相成芝愛宕下貝塚青松寺江私塾相移候然る処其後同社相廃止同五壬申年六月裏四番町田中秀平方江引移申候依之右塾則相添此段申上候也
壬申六月

伊東保義　東京府貫属士族大侍医伊東方成弟　明治六年現在廿七才

文久三癸亥年ヨリ慶応二丙寅年マテ四ケ年横浜ニ於テ亜人ヘボンブラウンタムソン氏ニ従ヘ研究同年十月英国ニ遊学明治元年戊辰マテ三歳間倫敦府大学校ニ於テ研究ス同年七月帰朝明治二己巳ノ歳三月開成学校教授補拝命私塾ヲ開キ同四月開成学校三等教授拝命同七月大学少助教拝命同三庚午七月大学中助教授拝命同十二月大助教准席拝命同四辛未六月大学大助教拝命被叙従七位同年七月文部大助教拝命同九月被免本官同月更ニ文部大助教拝命同十二月文部少教授拝命同五壬申四月被叙正七位同九月文部七等出仕拝命同十月依願被免出仕同十一月鉱山寮七等出仕拝命仕候

高松凌雲

安政六未年八月石川桜所へ入塾　万延二酉年四月大阪緒方洪庵へ入塾
同三戌年十一月石川桜所へ再入塾
元治元子年十一月横浜英学校ニテアメリカ教師ヘボン・ブロウン・トムソン及バラ等ニ伝習
慶応三卯年三月フランス都府ニおいてソワール・ビレイン・チュムラン等ニ伝習側ラ同府一箇之大病院ホテルヂユーへ通勤タルチユー・ツルスリー・メーゾンヌフ等之諸術を研窮シ明治元辰年七月帰国同三午年浅草新片町へ開業
右之通御座候以上　壬申三月

粟津高明　滋賀県士族　海軍少佐兼兵学少教授

文久二壬戌年横浜合衆国教師バラ氏ブラオン氏タムソン氏ヘボン氏等ニ相従ひ英学修業

明治三庚午年兵部省より海軍操練所出仕ノ命ニ付出京増上寺内天光院ニ仮寓罷在
同四辛未年四月東京府江願之上開塾　御免許相成其以来別紙塾則之通英学生徒江授業仕候以上　壬申四月

島田弟丸　静岡県士族勧業寮十等出仕　明治八年六月現在　二十年九ヵ月
明治三年五月静岡県学校御雇教師米人クラークにつき修業
同年十二月同学校教授役三ヶ年相勤

行川一男（報国学舎）　静岡県士族　癸酉二十七才
慶応戊辰中より静岡表学校において修業明治四年九月より米人イトハルド・ヲルレン・クラーク氏に就て同処に於て修業　同月静岡学校教員明治五年五月辞職

小林雄七郎　新潟県士族紙幣権助
明治元年四月より三年二月まで亜国教師に従学英学研究　同三年二月　慶応義塾入学
同四年　一四〇円月給を以て旧高知藩に被雇　同五年六月　工学寮八等出仕　同九月依願免職
同五年十月　紙幣寮御雇月給百円下　同六年四月　同寮七等出仕　同年十一月　紙幣権助ニ任ズ

河野盛之進　入間県貫属士族文部省十一等出仕　癸酉二十二才

慶応三年八月より明治元年十二月迄文部省七等出仕永田健之助に従学
明治二年一月より同三年六月迄福沢諭吉江従学
明治三年六月より旧年十二月迄文部省御雇教師米人タムソン江従学
明治四年三月より同五年五月迄文部省御雇教師米人フルベッキ・ウードル英人ホワーマーク江従学
同五年九月より六年一月迄米人グレー・マッカーテ従学

司馬盈之（ドイツ学及英学）

相川県民籍当時文部省五等出仕　明治六年三月現在　三十三才四ケ月

独乙学ハ独乙人ギルデマイストル典抹人サンドル及瑞西人カドリー和蘭学化学理学金石学及医学ハ和蘭人ポンペパンメーデルフヲールト和蘭人ボードウイン及和蘭人マイエル
英学ハ英人ベーリー及独乙人カラームル
羅甸学ハ独乙人ホフマン及和蘭人マッチース
仏学ハ仏国人コルンウイエ及瑞西人カドリー　伊太利学は伊太利人ガリーヨに付て修業

以上二十に近い履歴書を、記載どおりに、転記したが、はじめにあげた福沢諭吉、尺振八、鳴門義民、箕作秋坪、近藤真琴（有隣）、津田仙、西村茂樹らは、いずれも明治初期の代表的英学私塾の経営者としてまた英学者として記憶されている人びとである。ただ、中村正直（敬宇）のものが見当らなかつたのは残念である。

その他は、必ずしも著名人ばかりではないが、英学の系統を知るのに便利であるものをいろいろな角度からみてえらんだ。いわゆる英学の指導者とみられる人びとの履歴書は形式にとらわれず、個性味豊かで風格さえ感じられる。これに反し、他の人たちのは、開学願書へ添付するのにふさわしいような様式ものであるが、その系統だけはよく示されている。医学や兵学が英学をたどつて研究されていることや、役人づとめのかたわらの私塾の経営なども時代色を反映している。このほか司馬盈之のごときは語学万能を示す一例となるであろう。記載中にある外人名の書きあらわし方も不統一であるが、あえてそのままにした。

以上の履歴書を資料として、英学教師の系譜をたどつてみようと思うのであるが、開学願書に見当たらなかつた中村敬宇について、とくにその英学関係の履歴を知つておく必要上、下出隼吉「自由之理解題」(明治文化全集)から小伝の一部を摘記する。

「之れより先文久二年前後より先生英学に入られ、箕作奎五、箕作大六(後の男爵菊池大麓氏)等と交り、共に研鑽、英学を学ぶに書物の乏しきと辞書の不完備とに大に困却せられ、先生開成所の英和対訳辞書を一本有せられしも、之にて充分ならず、英漢対訳の書によつて訳語を余白なき程に塡写し、或は漢英辞書を全部筆写する迄して其研究に苦心せられしと云ふ。時に慶応元年先生年三十四歳の時にして天下騒然たるの年なりき。」

なお、この小伝によれば、中村敬宇は、嘉永元年に昌平坂学問所寄宿寮に入つて漢学を修める以前から桂川国興について ひそかに蘭書を習つていたので、異端の学を習ぶものとして浪士から注目されていたといわれる。

明治初期の英学指導者たちの多くは、蘭学から転向した人びとである。福沢諭吉についてはすでに述べたが、近藤真琴、津田仙、西村茂樹、中村敬宇などいずれも蘭学から入つており、箕作秋坪といえどもその例外ではなかつた。

東京英学の源流　明治初期の英学指導者の多くが蘭学からの転向者であることはそれぞれの履歴書が示しているが、英学については従学したといつても福沢諭吉、箕作秋坪、西村茂樹、中村敬宇のように定つた教師はなく、もつぱら独学によるものであつた。しかし、一応の筋を示すと、福沢諭吉は津田仙とともに森山多吉郎の系列に属し、尺振八は中浜万次郎、鳴門義民は初期来朝の長老派宣教師たち、近藤真琴は唯一の兵学系の人で英人グラントに従学した。このほか、福沢諭吉、尺振八、箕作秋坪、津田仙、中村敬宇などに共通していることは、幕末、明治初年にかけて、幕命または官命によつて外遊の経験をもつていることで、成島柳北の英学もまたこの系列に入るものといえる。

それ以外で、さきに履歴書を示した人びとについては、高松凌雲をのぞくほか、蘭学からの転向であるかどうかはわからないが、これらの層は、いわゆる初期の指導者たちと年令的なひらきがみられ、大部分が、最初から英学に入つた人たちとみて差支えないであろう。

この人たちになると、従学した教師の数も多くなり、系列にも明治以後の新しいものがみられるが、やはり、堀達之助や森山多吉郎それに阿礼之（助）などの長崎系のもの、ヘバン、ブラウンを中心とする横浜系のものが多い。新しいものとしては、静岡県学校のE・W・クラークの流れをくむもの、学校系列としては慶応義塾が登場してきている。

これらを通観すると、東京英学の源流は次のようにわけられるのではなかろうか。

1.ブロンホフ、マクドナルドなどによつて開眼された長崎英学
2.ヘバン、ブラウンなど初期来朝宣教師グループによる正則英学
3.その他、中浜万次郎らによつてもたらされたアメリカ本場の英学

堀田達之助、森山多吉郎らを経由した蘭学から転向した英学も系譜としては特筆されるけれども、初期来朝宣教師の、主として横浜においてなされた教育活動は、その後、新潟、福井、弘前、熊本など全国的規模において展開され、英学系譜に一つの大きな基盤となつた。そしてそれから派生したものが東京の英学にもつとも大きな影響を与えたことは見のがしにできない。

開学願書にみられる内外人教師　多くの私塾経営者や教師が従学した内外人英学教師名を集計してみた。ある範囲の願書から抽出したもので、これで全体をおしはかることは危険ではあるが、大体の傾向を知る上での手がかりにはなるであろう。

○日本人教師

福地源一郎八　山東一郎六　伊東保義五　中村正直四　田中録之助四　成島柳北四　河津彌四郎四　何礼之三

その他大島圭介、神田孝平、箕作麟祥　乙骨太郎乙、田中健助、古川正雄がそれぞれ二、以下略

○外人教師

バラー六　トムソン六　A・M・マントル六　E・W・クラーク六　ヘバン五　ブラウン五　カロザーズ五　全夫人一　ロムシー三

その他J・クロスビー、シモンズ、グッドマン（米人在彦根）　ボードウイン（英人在京都）など

無数

出身学校別にみた日本人教師　東京と地方にわけ、出身学校名とその教師数をしらべたが、次の結果をえた。東京だけは官私別にみたが、南校が慶応義塾をしのぐ勢力をもつていたことは一驚にあたいする。

南校　開成学校、才一番中学をふくむ四〇　東校　医学校をふくむ五　開成所八　計五三

慶応義塾三四　鳴門塾一六　三又学舎一六　攻玉塾五　共立学舎五　有馬学校三

この他に一名ないし二名のものが無数にあつた。

地方の場合はつぎのようであつた。

静岡県学校一四　大阪開成所（理学所）一二　沼津兵学校五　神奈川県学校三　福井県学校三　鹿児島県学校三　修文館二

この他、長崎鍋島藩校、長崎広運館、高島藍謝塾、広島県学校、新潟県学校が各一名であるが、中村正直やE・W・クラークを教師にもつた静岡県学校（学問所）出身者の活躍ぶりが目だつている。神奈川県学校と修文館はS・R・ブラウン、福井県学校はW・E・グリフイス、M・N・ワイコフ、鹿児島県学校は英医ウイリアム・ウイリス、長崎鍋島藩校と長崎広運館（のち外国語学校）はG・F・ヴアーベック、高島藍謝塾はジョン・ベラ　広島県学校はC・カロザーズ、新潟県学校はS・R・ブラウン、M・N・ワイコフ、メアリ・キダーなどがそれぞれ教鞭をとつたところで、所在地は離れているけれども教師の系列からみれば横浜東京の延長とみられるものが多い。

8 外人教師の片影

英学教師についてはその系譜を前章で概観したが、英学教育をとりあげる以上、当時の外人教師についての一章を加えねばならない。外人教師が、英学教育においてどのような位置をしめ、どのような役割を果したかということについては、ただ初期時代の先駆者的業績をたたえるだけでは不十分である。数の多いことを誇示するのも無意味である。教師としての学殖資質の優劣についても十分な検討を加えなければ、明治初期英学の実態をあきらかにすることはできない。

外人教師についての一般的資料としては、「府下居住各国人明細表」から英学関係だけをぬきとつて作成した「明治初期東京在住英学私塾関係外人教師名一覧」を巻末に添えた。国籍、氏名、年令、給料額、契約期限、雇傭主などを知る手がかりにはなるが、それ以上には役立たない。「開学願書」や「私学明細調」には、さらに前歴について付加されているものもいくらかあるが、それは外貌の片鱗を示すにも足りない。

一覧表をみても、宣教師であるかレイマンであるかが、かろうじて区別できるだけで、有名人は別として、どのような経歴の人物であるかは判然としないものが多い。

御雇外国人についてはさきにものべたとおり、明治五年三月出版の「御雇外国人姓名給料期限職務一覧」が省別に二百十四人を載せているほか、同じ年の「府県御雇外国人姓名一覧」があり、府県雇のほか、民間雇五十人をふくむ百二十人の国籍、給料、期間、職務などがあきらかにされているが、純粋に民間雇関係の名簿はみられない。

そこで、いろいろな資料から、採取した外人教師についての記述を引用して、さらに批判を加えてみることにする。

外人教師についての評価の一断面　入沢達吉博士の随筆「楓荻集」（一一・八）から「本邦医育制度の創定者レエオポルド・ミユルレル」中の一節をひいてみよう。

「医学校の予科及本科の教師は前述の如く孰れも精選された人々であつたが、之に反し、当時の開成学校の教師には、随分雑駁の徒輩が尠からずあつたとミユルレルは書いてゐる。彼に従へば開成学校の中学部の教頭は米人の宣教師であり、元の職業は錠前屋であつたが、只管日本人の歓心を得ることをのみ力めた人であつたから、教育の方針も屢々変更し、其部下の教員にも何等素養の無いものが多くあつた云々。是はフルベッキのことと思はるゝが、恐らくはミユルレル等は米人とは始終相容れなかつたものと見える。而かも日本に独逸医学を輸入した発頭人はフルベッキ其人であつたのだ。

開成学校の教師中には実に種々の経歴の人があつた。例之ば商店員、ビール醸造人、薬剤師、百姓、マドロス等々。其他或る時雇入れた体操の教師は曲馬団の道化役者であつた。所が同じサーカスから、一団員が既に永い間開成学校の語学の教師であつたことなど甚滑稽であつた。位地の無い外国人には、何でも月給を与へて雇入れたから、当時在留外人間には開成学校のことを「無宿者の収容所」と悪口した。現に前に記したビール醸造者は経済学を教へて居た。又或る教員はエー・ビー・シーも教へ、倫理学も教へ、或る教員は四則と経済学とを同時に一級に教へてゐた。是もミユルレルの記述したものである。」

ミユルレルは、いうまでもなく、ヴアーベックからの献策にもとづき、英医学からドイツ医学に転じて最初に内科のホフマンとともに東校に招かれ、東大医学部の基礎をかためた恩人であり、その業績は高く評価されているが、ヴァーベックに関する批判はまとはずれであり、感情的なものがみられる。あらゆる場合において、英米人とドイツ人の間には相容れぬものがあつたようであるが、それが特定人の評価に露骨にあらわれたものとみるほかはない。しかし、当時の開成学校には素質の低劣な英米人教師のいたことは否定できない。文明開化時代には無批判に欧米人を崇拝するような風潮のあつたことは事実である。

一八六九年（明治二）、開成学校の英語教師才一号となつた英人パーリー（Parry）は、一年たらずで懶惰のため解任された。翌年、大学南校の英語学校教師となつたダラス（Charles H. Dallas）はのち神田鍋町で遭難負傷したので契約期限までの給料と養生料を与えて解任したが、在任中、芸者屋に押入り、かねて酒席で知つていた芸者を手込めにしようとしてさわがれ、新聞沙汰になつたことがある。

こういう例をかきあげたらきりがない。私塾教師の場合はそれ以上だつたともいえる。「外人教師名一覧」をみると、契約中に逃亡したものもある。鳴門義民塾に雇傭されていた英人で、履歴書によればダブリン師範からインドの兵学校をおえた男であつた。

以下に日本人の教え子がみた私塾の外人教師観をみよう。

高田早苗述「半峰昔ばなし」（二・一〇）の「神田の共立学校」のくだりにこう書いてある。

「私が外神田の通船屋敷で座敷借りをして居る間に時世が急速に変つて行つた。其際私の叔父で、母の弟に当る富田冬三といふ人が居た。此の人は後には農商務省の商工局長まで勤めた人で、旧幕時代から幕命を帯んで洋行もし、維新後になつてからも亦二三度西洋へ赴き、小笠原島なぞへもいつたし、岩倉大使の欧米巡視の時にもお伴をしたといふ経歴があつて、頗る時勢に通じて居た。従つて私に向つて何でもこれからは英学を学ばなくてはならぬと教へた。西洋に居る間も、わざわざ其事を手紙で私に言つて寄越してくれたりした。そこで私も其気になり、叔父が帰国してから、其家へ食客に置いてもらつて、叔父の家から神田の共立学校といふ英語学校へ通ふ事になつた。是れが私の英語を学んだ最初の場所であつた。

此の共立学校は加賀藩の佐野鼎といふ人の創立に係り、男女の両部に分れ、其の教師は大概西洋人であつて、其時代で言へば、頗る進歩したハイカラな学校であつた。併し其学校の西洋人教師は、今から考へると実にお粗末なもので、初めに私が教つた教師はフリームといふ外人で、英人か米人かの水夫上りであつた。従つて品性も随分卑しく、教へ方も可成り乱暴であつた。そして生徒に対して中々厳ましいが、御自分は教場の内でも水夫が使ふ大きなパイプで煙草を吹かして居るといふ妙な先生であつた。我々生徒に課業としては会話を暗誦させるのであるが、若し生徒の方で支《つか》へると、其の生徒の掌を石磐の縁の折れで皮膚の色が変る程打つといふ遣り方であつた。次に私が就いた教師は名は忘れたが、英人で而かもロンドンに生れた事を自慢にした。此人は大酒飲んで、朝からぐでんぐでんに酔つて居る事があつた。此人の教授としての特色はRといふ字を巻舌で大いに響かせる事であつた。私は成程江戸つ子も巻舌だが、ロンドン子も矢張り巻舌であると見えると考へて、面白く思つた。」

ここに出てくるフリーム（William Henry Fream）は英国人で、「明治事物起原」によれば、明治六年三月の「外国人と婚姻差許の条規」を適用された国際結婚第一号である。「府下居住外国人明細表」をみると、フリームは明治九年七月から一ヵ年にわたり相当の月給で愛知英語学校にと雇傭されてもいるので、その時代の評価も参考にしたいと考えたが見当らなかつた。しかし、共立学校の後身である東京開成中学校の同窓会（大正四年）での高田早苗の談でも、英国人とはいえ教育程度が低く、ただ英国人だというだけで教員になつていたといつてもよいくらいだと語り、ブリームについては、「毎時も手に石盤の破片を持て居て書取の時間などに生徒が間違へば点を引こうか手を撲ろうかと云ふ、生徒は撲られても点を引かれない方が宜いと思ひ手を挙げると自分の持つ石盤の破片にて一つ間違へば一つ、二つ間違へば二つ撲ると云ふ風で今日から見ると随分乱暴であつた」（「東京開成中学校々史資料二・二」）というから、相当の代物であつたといえる。こういう人物が英国人であるというだけで、国立の学校でも重用されたことは、文明開化謳歌時代の悲劇であつたといえる。共立学校のもう一人の外人教師がだれを指すのか、判断できない。

正木直彦の「回顧七十年」（一二・四）に次のような一節がある。

「私が、上京して最初に入つたのは、芝新堀の成章学舎というのであつた。これは、ドクトル・キーリングと云ふ、工部大学の教員をしてゐた英国の博士がやつてゐた学校で、一般からは工部大学の予備校と見られてゐた。

然るに、少し通つて見ると、此の学校の教師達は、ドクトル・キーリングを始め、実にだらしが無く、生徒に待ち呆けを喰はせて遂に出て来ない、と云ふやうな事が屢々であつた。殊にドクトル・キーリングは飲酒の癖が甚だしく、其の為に工部大学を罷められた、といふだけに、全く無茶であつた、しかも、工部大学を罷めてからは、それ迄呑み馴れたウイスキーやブランデーが値段が高いので呑めなくなり、日本の焼酎や泡盛のやうなものを飲用してゐたそうで、朝学校へ出掛けて来ては、途中で倒れてしまひ、その儘動けずにゐるのを生徒達が迎へに行つたといふやうな事がよくあつた。

すると或る雪の朝のことであるが、何時になつても先生が出て来ない。何うかされたのではないか見に行かう、と云ふので、二三人の生徒が先生の寓居を訪ねて行くと、案の定、その途中に倒れてをり、しかも既に凍死してしまつてゐたのであつた。」

このことで一層成章学舎に厭気がさし、間もなく同人社に移つたと書いているが、嫌悪のまととなつた外人教師の乱脈ぶりには眼をそむけたくなるものがある。

このキーリングは「外人教師名一覧」によれば W. E. Keeling のことらしい。工部大学にいたとあるけれども、「旧工部大学校史料」（六・七）の「傭外国人各務担当表」には見当らない。沼津兵学校の後身である沼津中学校の英語教師にキーリングという名が出ているけれど、「素養のある学者肌の人で生徒の尊敬も受けた」（米山梅吉「幕末西洋文化と沼津兵学校」とあるから別人であろう。明治五年十月以降を記録した「外国教師雇入通行免状領収簿」をみると英国人キーリングは明治六年十月有馬頼咸にはじめて雇傭されているが、九年三月以降は雇傭先を転々として変えているから、行く先々でこのましくない外人教師だつたであろうことが推察できる。しかし、外人教師のすべてが、ここにあげたような低劣無頼の徒ばかりでなかつたことはいうまでもない。

外人教師の閲歴　当時の外人教師の素質の程度をおしはかるには「開学願書」に記入されている履歴書も一応の手がかりになる。そのいくつかをとりあげてみよう。

○育英義塾の教師オランダ人チー・エッチ・ユー・ライヘー（明治五年二十五才）

一八六六年試験ヲ経テ英独仏蘭希羅学ノ教師免許収得ノ上教員ヲ勤ム　辛未（明治四年）十二月ヨリ月百五十円

○同じくゼルマン人アルベルト・ウエッセル（同二十五才）
一八六四年試験ヲ経テ英独仏伊学ノ教師免許収得　壬申（明治五年）五月ヨリ月七十五円
加納治五郎翁の回顧談によると、明治五年に箕作秋坪塾に通つて英書を学んでいたが、育英義塾が新設されたのでそこへ変つた。オランダ人のライへとドイツ人のワッセルが英語で普通学を教え、ドイツ語、フランス語なども教えていたというから、外人教師としては素質のよい方ではなかつたろうかと考えられる。
○隆慶義塾の教師英国人ジョセフ・ダヒソン（明治六年二十六才）
一八五四年英国リポルフールにおいてニンチュスタ及フアイヅと申す学校に入学普通学卒業、その後チヨルトンと申す大学校に入学理学器械学卒業
給料　一ケ月生徒一人ニ付一円五十銭　学科　英語学
○駿台学社のカアルト・ヘルマン（明治五年二十才）はドイツ系米国人でただ「ラテン学免許状所持」とあるだけであるが、独英語学を受持つていた。
○共和義塾の教師スイス人ボルゲルメステル（明治六年当二十七才）
「一八五六年瑞西国に於て普通学卒業」英学独学を担当した。
○育英舎の教師英人ラッフアルテ（明治六年当二十九才）
アイランド、ドブリンの師範学校に三年、その後印度の兵学校に二年
兵庫及大阪ヘラルド新聞会社より作文の免状を得」
とあるが、さきにのべた鳴門義民塾に雇傭中逃亡して解約されたのはこのラッフアルテであつた。このほ

か、南英学会の教師ライザは、

一八五六―一八七一　英国タレチ並ケンシントン学校転習研究

とあり、総じて専門教育を受けたほどの教師はきわめて稀であつたようである。なお、履歴書に学歴をはつきり記入した以上のような例はすくなく、ただ外国人であるという理由だけで採用されたものが多かつたことは、日本へ行きさえすれば仕事にありつけるという開国以後の日本の実状のあらわれで、このことも、開国の悲劇といえなくはない。

それをつぐなつて余りあるものは、すぐれた宣教師たちによる正則英語の伝習が活発に民間私塾に浸透していつたことで、このことは日本人教師の私塾における地位を一層かたいものにしていつた。

記録に残る外人教師　「英学私塾関係外人教師名一覧」には、ヴアーベック（学習院当時は私学）のような有名人もあるが、大多数はきわめてせまい範囲内だけで知られているほどの人たちか、全然知られていない人たちかである。したがつて記録に残るものはすくない。

戦後になつて、明治初年来朝の外国人の研究が関係学校や昭和女子大学の近代文学研究室のスタッフなどによつてつづけられ、その成果が公けにされてはいるけれど、全体からみれば未だしの感が深い。

慶応義塾関係では、その他の私塾にも先駆的役割をはたした人、たとえばC・カロザーズについての研究が「史学」に発表されている（会田倉吉氏「慶応義塾のカロザス雇入れについて」、「カロザスの経歴と人柄」など）。C。カロザーズは慶応義塾が雇入れた最初の外人教師であるが、それ以前の私塾関係にもふれているので、英学私塾関係の外人資料としては貴重なものである。

「近代文学研究叢書」には、東京関係だけでもよく知られているヴアーベックや明治中期以後のイーストレイクやマーレーなどのほか、同人社関係のG・コクラン、東大で教えたのち高島徳右衛門に雇傭された E・H・ハウスなどの業績が記録されており、予定のものには、ウイリアムズ、ワイコフ、C・S・イビーなど、明治初期の人々があげられていて、その成果に期待するものが多い。

ここでは重複をさけ、比較的紹介されることのすくない、数人のかくれた外人教師の業績を、簡単に伝えたいと思う。

商業教育関係では、W・C・ホイットニーがあるが、商法講習所のところで一言したように他に用意された論考があるので省略し、ホイットニーのあと商法講習所に教えたヘアのそれ以前の私塾関係時代を寸描し、あとは女子教育に専心した三人のアメリカ婦人宣教師について紹介したい。

A・J・ヘア　一八七九年(明治一二)三月にホイットニーのあとをうけ、商法講習所の教師となったヘア(Alexander Joseph Hare)の約定書に添付された履歴書には次のようにある。

履歴書　　アレキサンドルゼウセフヘーヤ　千八百四十七年龍動ニ於テ出生

自分儀東印度物産商会ノ柱主「スコット」「フエーリー」「ヘーヤ」三人の内「ヘーヤ」ノ倅ニシテ年令二十年ノ頃迄ニ逐次英仏孛国ノ大学校ニ入リ修業仕リ卒業ノ末和蘭国ニ於テ商家ニ雇ハレ船舶運漕ノ業ニ従事致シ其後御国ニ渡来ゼルマン公使館ノ訳官ニ雇ハル、事一年半余其後米国「オーチホール」商会ニ雇ハレ書記ヲ掌リ其後自己ノ資本ヲ以テ商業相始メ此際語学教師トシテ海軍省ニ雇ハレ右解約ノ後華族前田有馬両家ニ雇ハレ語学教授致シ即今石川県士族佐野鼎私塾ニ雇ハレ居申候也

この履歴書では母国での出身学校も来日の期日もあきらかでないが、雑司ケ谷霊園にある弔魂碑には「ロンドンに生れリッチモンドセミナーを卒え独仏へ遊学」とあり、また来日の期日については、「明治

文化関係欧米人名録」（重久篤太郎、天野敬太郎共編）によれば一八六八年（明治元年）であつたことがあきらかである。

日本へきてドイツ公使館の訳官になり、そのあとで勤めた「オーチホール」とある商会は、亜米一商会で知られた Walsh, Hall & Coをいうのであろう。この商会は維新前から長崎に来ていたウオルシユ兄弟（弟は初代長崎駐在領事をつとめた）によつて一八五九年（安政六）に創設され、イギリス資本のジャーデイン・マジソン商会、（Jardine, Matheson & Co.）に相対する外国貿易のしにせであつた。商業関係の語学教師としては、オランダと日本での実際の経験がどれほど役立つたか知れない。しかし、商業教育に従事するまでは一般の英学教育であつた。

日本海軍に雇われ、兵学校で教鞭をとつたのは一八七二年（明治五）七月から一八七三年（明治六）三月までであつたが、一八七九年（明治一二）に商法講習所の教師になるまでは私塾の教師を続けた。履歴書には華族前田有馬両家と佐野鼎の共立学校に雇用のことが記されているが、「外人教師雇入通行免状領収簿」によると、明治五年以来、明治義塾をはじめ、竹腰正旧（塾名不明）、有馬私学校などをへて、明治七年からは共立学校で教えており、私塾教師として七年にも及んでいた。雑司ケ谷の墓碑には“Professor of English for forty gears （1879-1918） とあるが、この「四十年」は商法講習所から東京高等商業学校に至るまでの期間だけであつて、海兵と私塾時代ははいつていない。だから、来朝から死去にいたるまでの滞日五十年の大部分は英語教師として終始したわけである。

ただ私塾時代のヘアについて記録に残るものは、雇傭関係についてだけであり、もつとも長かつた共立学校についても、その後身である「東京開成中学校校史資料」にその名を記しているにすぎないのは残念である。

ヘアが商法講習所の教師となつたのは、森有礼の私営時代から東京府の管理に移つてからのことである。したがつて公営学校時代におけるヘアの業績にふれることは本意ではないが、一言だけ加える。

当初の契約期限は明治十二年三月から四ヵ月、給料月三十円の取りきめであつたが、備継がくりかえされ、給料も月百円を給するようになつた。ホイットニーの後任となつたのは、むしろ同じ年迎えられた英人メーヤ（Fredrick Adrian Meyer）であり、ヘアの任務は、府下に正則英学塾が乏しいため入学試験に合格者のすくないのを救済するため新設した予備科で教えることであつた。だから初期におけるヘアの業績は商業教育というよりも、正則英語の移入という点で評価される。

ヘアは商法講習所以来約四十年を商業教育に捧げ、大学の成立を目前にして一九一八年（大正七）東京でなくなつた。享年七十一才。生前の業績に対し勲三等旭日章がおくられ、また東京高商同窓有志の手により、雑司ヶ谷霊園の外人墓地に墓碑と弔魂碑がたてられた。その蔵書はのち商大図書館へおくられたという。ヘアについては、「一橋五十年史」（大正一四・九）にも「一橋専門部教員養成所史」（二六・一二）にもふれるところがないのは残念である。

ドラ・スクーンメイカー　婦人教師としては入京第一号とはいえないが、この人からはじめる。女子小学校のところで一言したように、スクンメイカー（Dora E. Schoonmaker）はメソディスト・エピスコパル・ミッションから派遣された最初の婦人宣教師であつた。一八七四年（明治七）十月東京へきて先着の同派宣教師、ジュリアス・ソーパーとその最初の受洗者である津田仙との協力のもとにその年十一月、麻布新堀町に女子小学校を創設したことも前述した。彼女の雇傭主が津田仙になつているのもそのためである。

スクーンメイカーが日本へきたのは二十一才の時である。日本へきていきなり英語のわからぬ生徒に、日本語をまだ解していない若い婦人が英語で教えるのだから、苦心のほどは想像に難くない。彼女は最初女子生徒だけに限ろうとしたが、それではたちゆかないことがわかつた。はじめ七、八人であつた生徒は三田の寺院に移り救世学校と改められた頃には通学生十八名、寄宿生七名になつた。彼女は校長と舎監と教師とを兼ねたが、日本の教化に当るものは、その国の言語を知らねばならぬという考えから、国語の授業には自分も出て生徒と一緒に日本語を勉強し、間もなく毎週二回の説教も日本語でできるほどの上達ぶりであつた。

宣教師であつたから当然のこととしても、若い身空で三役を兼ねたばかりでなく、つねに疎服をまとい、みずからコックをつとめて費用をはぶき、それを学資の乏しい生徒に与えた。この貧しい人たちへの温かい思いやりはのちのちまでも大きな感化を与えたようである。

一八七六年（明治九）救世学校は築地へ移つて海岸女学校と改名された。その頃には生徒数も四十人余りになり、教師も外人婦人のほか二人の日本婦人と四人の男の日本人教師とになり、スクンメイカーは、あとからきたミス・ホワイテイング（Olive Whiting）と英学だけを担当するようになつた。国漢以外は裁縫、料理までも教えなければならなかつた創設時代にくらべると、最初にスクーンメイカーによつて播かれた種ははやくも大きく芽生えたのであつた。その献身と奉仕は高く評価されねばならぬ。

スクーンメイカーは一八七九年（明治一二）に帰米し、そのあとを、のちビショップ夫人（Mrs. Bishop）となつたホワイテイングがついで校長となつた。そこで三十八年間女子教育に専心して東京で永眠したが、これがのちの青山女学院となつたことはさきに述べたとおりである。

参考 「青山女学院校友会会報創立才六十周年記念号」(九・一二)

マリアT・トルー 一八七六年(明治九)中国をひきあげて来朝したアメリカン・プレスビテリアン・ミッションの婦人宣教師である。夫君とともに広島へ赴任したカロザーズ夫人の後任として原女学校で教え、廃校後は新栄女学校、さらに桜井女学校というふうに、こんにちの女学学院の源流となつた諸学校の経営と教育に献身した。

ニユウヨーク州の小さな村の農家に生れたトルーは、大した学歴はなかつたが十六才で小学校の教師となりのち小教会の牧師アルバート・トルーと結婚した。アルバートは日本伝道を志しながら果さないで若くして亡つたので、夫人が身代りになつて東洋へ渡り、中国をへて日本へ来た。それから日本の土となるまでの二十余年を日本のため献げたが、普通の女子教育だけではなく、貧困女生徒のための施設、幼稚園、看護婦学校、こんにちでいうアフタケアの施設の経営にも及んでいた。

プレスビテリアン派の女子教育は、はじめから二つの流れから出発し、幾変遷をみたが、トルー夫人はその間経営不振の学校をひきうけ、日本人校長をたすけて影の努力をかたむけたので、遂にいくつかの分流をあわせて統一ある学園をつくりだすことに成功した。それは実際教育に示された業績以上に評価されてよい。

さきにあげた諸施設は明治中期以後に属するものもあるが、新潟県高田、前橋、宇都宮に分校をたてて卒業生をおくり地方の女子教育の振興をはかり、また淀橋に女子独立学校をたて資力の乏しい女生徒に就学の機会を与えたことなどは、トルー夫人のもつとも大きな教育的業績といえる。

看護婦学校の創設も異色あるものであつた。その動機となつたのは、ある宣教師夫人が病気になつたとき、だれも「ナーシング」を知らなかつたからであつた。その頃、京都にはすでに看護婦学校があつたが、東京にはなく、創設当時、トルー夫人は「看護婦心得」という英書を翻訳させて皆に話しアメリカからミスベッチ（Miss Betch）という女医が赴任するまでのつなぎにした。

これも看護婦学校と同じく、英学には直接関係はないが、角筈に衛生園を創設した。日本婦人の生活が繁忙をきわめ、気持よく養生もできないのを気の毒に思い、教育事業の方は若い人たちに委せて、自分は衛生園の仕事に専念した。前にのべたように、衛生園は病院ではなく、なおりかけの人たちのための静養の場所であつたが、ここでの仕事にたずさわつている間に、この衛生園でその一生をおえた。青山外人墓地の墓名には

Maria T. Pitcher
Widow of
the Rev. Albert True
and
for 22 years a missionay
of our Lord Jesus Christ
in Japan
At rest April 18 1896
Aged 55

Blessed are the dead which die in the Lord for they
rest from their labours and their works do follow them.

ときさまれてある。

トルー夫人の教え子からは、ガントレット恒、久布白落実女史らの社会運動家が出ているのもふしぎではないようである。

参考　女子学院八十年史（二六・四）

田村えい夫人口述「ミセスツルーの思い出」（道会機関誌「道」三二・五所載）

アンナH・キダー　一八七五年（明治八）十一月来日したアメリカン・バプテイスト・ミッションの婦人宣教師である。一八四〇年ニューハンプシア州アマースト（New Hampshire, Amhurst）に生れ、カレドニアアカデミー（Caledonia Academy）で教育を受けた。来朝してからは一貫して喜多英和女学校（のちの駿台英和女学校）の教育事業にうちこみ、滞日三十八年間に帰米したのはわずかに一回だけであった。多くの知名の婦人を世に出したことはさきに一言したが、教育事業だけでなく、社会事業にも貢献するところがあったと伝えられる。ただその業績をたどるべき資料の見当らないのは残念で、本稿は富山房発行「国史辞典」の野々村戒三記述のものを唯一のよりどころとした。

一九一三年（大正二）十一月東京で死去、染井霊園の外人墓地に葬られたが、ここには同じく駿台英和女学校に一八八三年（明治一六）以来三十余年教えたホイットマン（M. Antomelle Whitman　）も眠っている。

9　英学私塾の衰退と前進（大学への萌芽）

巻末に収めた「私塾開設年月等調」でもあきらかなように、明治五年を頂点として、東京の私塾は減少していつた。その理由はいろいろあるであろうが、「福沢諭吉雑攷」（富田正文）の「英学の発達と福沢先生」では次のようにいつている。

「併しながら斯様に全盛を極め、沢山あつた英学塾で現在まで残つて居るものは殆どないのであります。それは何故なくなつたかと申しますと、其の当時の私塾と云ふものは、多くは一個人の家塾でありまして、多数の力を協せて学校を維持して行くと云ふ近代的な仕組になつて居らなかつた。其の為に其の塾の先生に一身上の変化があれば、何時でも其の塾は廃めになつてしまう。又さう云ふ風でありますから、世の中の遷り変りと云ふものにも堪へることが出来なかつたのであります。それからもう一つの理由は、当時の学生は、多く士族の子弟であつて、藩もしくは府県の公費生、即ち藩府県の留学費を貰つて修業に出て来て居る者が可なり多かつたのでありますが、此の公費生と云ふものを、政府は後に官立の学校に限つてしまつたのであります。私立学校へ行く者には一切公費を与へないと云ふことになりました。又其の頃家祿奉還などの事もあつて、士族の生計の上に非常な激変を生じたのであります。さうして明治十年の西南戦争の頃から士族の社会的な地位勢力が旧のやうでなくなつてしまつたので、そこで私塾に学ぶ士族の子弟は続々と減つて行つたのであります。其の為に私塾の倒れるものが非常に多くなつて、僅かに多数の力を協せて維持すると云ふ近代的学塾の仕組を採用してゐた慶応義塾が今日たゞ一つ残つて居るのみであります。」

「英学の発達と福沢先生」は付記によれば、日本諸学振興委員会の教育学会における報告の速記に訂正加筆したもので、維新前後の英学については、まとまりのある一文ではあるがしいて難点をあげれば、慶応義塾だけに焦点を向けすぎていることである。主題が福沢諭吉であるにしても、その他にも存続したものがあることが無視されている。

私学衰退の原因については、家塾的な規模で経営に近代性がなかつたこと、生徒の大部分をしめていた士族の子弟が公費制度の廃止によつて退学したこと、などあげられているがそれらが大きな理由になつたことは事実である。さらに、みのがしがたい原因は、他のところで指摘しているように、いわゆる英学ブームが正常な状態にたちもどり、洋癖的な一般の風潮が鎮静し冷却したことによるところが多い。けれども、ほんとうの英学その他への向学心はいぜんとして青年の関心事であつて、むしろますます盛んになつていつたというべきであろう。その意味では私塾は、質的に向上する契機を迎えたといつてよい。

一八七七年（明治一〇）には各地の英語学校が廃止されたが、十二年三月七日付の「朝野新聞」の、外国語学校減少の記事は興味深い。

「外国語学校の数九十二箇、内官立九箇、公立六箇、私立七十七箇、之を前年に比較すれば一十一箇を減少す。其学科に就て之を種別すれば、仏独露清の四語を授くるもの一箇、英語八十七箇、仏語独語各二箇、其教員の数内国人三百七十七名、内女六名、外国人六十五名、内女一十二名計四百四十二名、生徒の数男五千八百二十五名、女四百六十七名、計六千二百九十二名、之を前年に比較すれば、内国教員は三十六名を増加し、外国教員は五名を減少す、生徒は男五百六十七名を減少し女九十四名を増加せり。妓に又文部省所轄に属するものを挙れば、東京外国語学校、東京英語学校、愛知英語学校、大坂英語学校、広島英語学校、長崎英語学校、新潟英語学校、宮城英語学校及東京女学校なり。其教員は内国人一百十三名外国人三十六名計一百四十九名、生徒は男二千一百五十六名、女一百五十二名計二千三百零八名とす、右各学校一箇月の補助金を通算すれば、一万五千九百七十八円五十九銭五厘なり。公立外国語学校は京都府下に英語二箇独語一箇、愛知県下熊本県下山形県下に英語各一箇あり。私立外国語学校は東京府下に在るもの英語六十箇、独語一箇にして、其他の府県下に在るもの英語一十四箇なり。」（「新聞集成明治編年史」四）註（数字のあらわし方は原文のまま）

「朝野新聞」の、この記事によれば、東京府下の英語学校は六十校であり、最盛時にくらべて決して減少してはいないが、あいつぐ興亡の変転により、永続性のあるものがすくなかつたことは容易に想像できる。

官設のものとして列記されているものの多くはこの年まですでに廃止されているが、その理由をつまびらかにすることはできない。ただ、大阪英語学校が専門学校に改められているような事例もみられるが、学制廃止と新しい教育令の制定にともなう措置がとられたことも事実である。その他、たとえば師範学校の廃止が府県設立に移行したなどのこともあつた。

私学の場合、公費制度の撤廃は、大きな障害になつたことはいうまでもない。福沢諭吉や尺振八がこれに反対する上申書を出していることはこの間の事情を有力に物語るものであろう。しかし、私学の受難時代を経て、質的な自然陶汰が行われたことも事実である。ブームにのつて開始された、いわば泡沫私塾は、あえなくつぶれ去つたであろうが、建学の精神とでもいうべきものにつらぬかれて経営されていたものは、苦難にたえて、底力を発揮し、つぎの発展段階へと前進していつた。

それは、慶応義塾のような大規模なものばかりではなかつた。攻玉塾も、共立学校もそれなりに前進していつた。私塾が衰退し、没落していつた反面に、こんにちの大学の萌芽となつたものもある。一覧表にないものに、かえつてそのようなケースに当るものが少なくないので、以下に英学私塾から大学へ発展したものについて概観しよう。

慶応義塾大学　慶応義塾については多くを述べる必要はないであろう。この大学ほど史料を整然と公刊しているところは他に例をみられない。既刊の「慶応義塾五十年史」（明治四〇・四）や「慶応義塾七十五年史」（七・五）には創設以来の事情がつまびらかにされており、おそらく、その「百年史」は一層整然たるものであるであろうことも想像される。

ここでは、この最古の英学私塾が変則体制を脱却して近代的なカレッジ風にぬりかえられたことについて一言する。

前にも述べたとおり、一八五八年（安政五）に築地鉄砲洲に開かれた蘭学塾は中津藩のものであり、福沢諭吉はその教師にすぎなかつたが、その翌年、彼は蘭学から英学に転じ、一八六八年（慶応四）新銭座に移り慶応義塾と称するようになる前から、塾も英学を主とするようになつていた。しかし、近代的な学校体制にぬりかえられたのは一八七二年（明治五）からであつた。

この年に慶応義塾は太田資美の出資によつて最初の外人教師として米人でプレスビテリアン派の宣教師カロザーズを雇入れ、学科の仕組をすべて米国のカレッジ風に改めた。従来の変則英学に加えて、年少者のため正則英学を課し、地理、歴史、数学、物理、簿記、経済、生理、修身など、一切原書を用いることになり、それまでの慶応流発音の汚名をそそぎ、発音法にも前進を示すことになつた。

カロザーズの雇入れの一事は慶応義塾の学制体系に一新紀元を画すことになつたのであるが、その細部については省略する。

立教大学　わが国渡来の最初のプロテスタント宣教師の一人として、一八五九年（安政六）長崎へ来たアメリカン・エピスコパル・ミッションのウイリアムズ（Channing M. Williams）は、長崎、大阪でのつとめをはたし、一八七三年（明治六）東京へきて、翌年二月、築地新栄町五丁目に英語学校を開いた。直接には、大阪から伴つてきたブランシエー（Clement T. Blanchet）が主任者として当り、まだ校名はなかつたが、報告書には単に Day Schoolと記され、近所では「ウイリアムスの学校」とよんでいたという。

英学を主としてバイブルをも教えたのは当然として、最初の応募生徒は五名であつたが、翌年四月には二十二名、秋には三十名をこえたので入船町六丁目に移り、四十六名の生徒を収容した。ウイリアムズはバイブルと歴史を担当し、二人の日本人が助教をつとめた。明治九年末には生徒五十五名、寄宿生四十六名となつた。

その年十一月、築地の大火で罹災し一年有半休校をつづけたがのち復興した。この英学塾が立教学校（Saint Paul's School）となづけられたのは入船町に移つてからだといわれる。聖ポールは十二使徒中でもつとも学殖がすぐれていた。この名称はそれにあやかろうとする意図からであつた。アメリカのカレッジ風の教科を加え、校名を立教大学校と改めたのは一八八二年（明治一五）であつた。

これよりさき、アメリカン・エピスコパル・ミッションは、ウイリアムズが大阪にいた一八七二年（明治五）にA・R・モリスに命じてのち英和学舎（Saint Timothy's School）と呼ばれた英学校をたてた。同教派の日本における教育事業としては最初の施設であり、多くのすぐれた人材を世に送つたが、一八八七年（明治二〇）、立教大学校に合併された。モリスは富豪の出であつたがウイリアムズを敬慕して日本行を志願し無給ではたらき、合併後東京へ来て教鞭をとつた。ウイリアムズにおとらぬ人格者で、生涯結婚しなかつたので死去後その遺産は立教大学に寄付された。池袋移転後新設された大学本館は「モリス館」とよばれ、その名を記念されている。

立教学校や大阪の英和学舎を設立したのはアメリカの監督教会であつたが、監督教会にはこのほかイギリス系の教会伝道会《シー・エム・エス》（The Church Mission Society）と福音伝播会《エス・ピー・ジー》（The Society for the Propagation of the Gospel）の二教団があり、明治初期以来別々に行動していた。しかし、この三教団はのち合同して日本聖公会となつたので、教育活動も活発になつた。

私塾関係外人教師名一覧にみられるショウ（Alexander Croft Shaw）とライト（William B. Wright）はS・P・Gの宣教師として来朝したのであり、ショウは慶応義塾にまねかれ、ライトは芝に私塾を開き、のち、立教出身の島田才丸の経営する乙亥学舎で教えた。

立教女学校については、さきに述べたが、ブランシエーや若山儀一の教育活動も同一教派に属する。

参考立教学院設立沿革誌（二九・一二）

青山学院大学　青山学院は女子部をあわせて単一の総合経営のもとにあるけれども、かつては男女別に運営され、その起原も同じではなかつた。二つのなかでは、さきにのべたように、女子小学校に源を発する女学院の方が古い。

学院の方は、「青山学院五十年史」（七・一一）によれば、明治十一年東京に創立された耕教学舎と明治十二年横浜に開設された美以美神学校の二つの源泉から出発したものである。しかし明治十一年美以教会の宣教師が設立し校務を西山某に委託したというだけの記述で創設当初の事情はあきらかでない。

耕教学舎の設立については、西山礼輔から提出された願書が明治十一年の「私学書類」に残つている。位置は築地一ノ二で、学科は英学（正変則）と漢学であつた。

教員は、英学には「外国人雇入の積」とあり、漢学には生嶋閑の名が出ている。その経歴には、静岡県士族、小橋多助の門に入り経史文章を学び、福地源一郎についてフランス学を伝習、明治三年静岡学校で仏学教授、明治六年、足柄県蓮申学舎で漢学、仏学教授、とある。

英学教則としては次の教科があつた。

ウエブストル 綴語集 ウイルソン才一、才二、才三読本 松本 会話 ピネオ 文法 ミッチエル 地理書 パーレー 万国史 カッケンボス 米国史 カッケンボス 窮理書 ウエランド 経済書 ギゾー 文明史 ※ヘブン 性理学 テーロール 近世史 ミル 経済論 数学

※ Joseph Haven : Mental Philosophy 西周は心理学と訳した。

なお、予定された外人教師は、一覧表によると、ジユリウス。ソーパー、フランク。ソーパーの二人の婦人となつているが、どちらも男性名であるので何かの間違いであろう。ジユリアス。ソーパーは、さきに女子小学校のところでのべたように、メソデイスト。エピスコル。ミッション派遣の初期宣教師の一人で、津田仙の教育事業に協力した人である。

教則を一覧しただけでは、耕教学舎は、普通の英学私塾とほとんど同じ系列に属するものであることがわかるが、メソデイスト。エピスコル・ミッションの教育事業であつたのだから、どこかかわつたところ

があつたに相違ない。それはあとで述べる。

耕教学舎はのち銀座三丁目のもと原女学校あとに移転して東京英学校と改称し、さらに横浜美以美神学校を吸収し、青山学院の基礎をかためた。東京英学校と改めたのは一八八一年（明治一四）四月のことで本篇の対象年度である明治十二年までを超えているが、ここに少年時代をすごした幸田露伴のことに一言ふれてみたい。

柳田泉の「幸田露伴」（一七・二）のなかに「東京英学校」という一節があり、次のようにかかれてある。

「中学（東京府才一中学校を指す）を退いたのがいつ頃のことか、はつきりしないが、一年余で退いたといふから、明治十三年中のことであつたらう。それから暫くして、露伴が、また何処かの学校に入りたいと父に願つたところそれではといふので東京英学校に入ることを許された。

東京英学校は今日の青山学院の前身の一つである。一つというと可笑しいが、この学校と美以美神学校とが合併したのが、青山学院と生長したのである。露伴がこゝに入学したのは、明治十四年七月のことであつた。この学校は最初、耕教学舎といひ、明治十一年五月築地一丁目に設立されたものであるが、同十四年四月銀座三丁目に移転すると共に、東京英学校と改称、同年十二月には本校が麻布三之橋に移されると共に、銀座には分校を置いた。十五年二月は、更にもとに戻つて、築地二丁目に移り、十六年七月現在の青山に移つた。

そこで露伴が入学したのは、銀座三丁目時代であるが、本校の麻布移転の際には、当然銀座の分校に残つたものらしい。さうしていつごろまでこゝで学んでいたものか、「築地の某英学校に一年ばかり通つた」という露伴の口吻で察すると、築地二丁目時代、すなはち十五年の春夏の交までぐらゐは通つたものであらう。この学校で教へたものは英語が主であつたが、傍ら普通学にも及び、一種の変則中学のやうなところもあつた。外人教師が数名ゐたが、日本人教師の中に元良（初め杉田）勇次郎（文学博士、帝国大学教授）がゐたことは、注目される。露伴はこゝで長田時行（昭和十五年歿）などといふ人からリーダアの講釈を聞いたが、例の努力主義で勉強したから、通学期間は短かゝつたわりに相当な語学力を得た。露伴は、時々種々な必要から（乃至趣味的に）、文学、科学、歴史、地理、などの英書を読破してゐるらしいが、その語学力の土台は、全くこゝにゐる一年ほどの間に固めたものと考へてよからう。」

この一節は、青山学院の創業以来の沿革をよく伝えているばかりでなく、教科の内容についても、さきに摘記した教則の説明の役割をある程度はたしている。幕末生残りの老儒菊池松軒の漢学塾に通つて、程朱の学を修めそこを心の故郷としていた露伴が、英書にも親しみをもつていたのは、わずかな期間の英学校での修学が意外に役立つたことを示すものであろう。

耕教学舎については「青山学院五十年史」に「創業時代の回顧」の一文がある。それによれば、二階建の長屋二、三軒をうちぬいた程度の校舎で、生徒は十五、六名にすぎなかつた。学科はさきにあげた英語のほかバイブルの時間もあつた。教師にはソーパーのほか、ハリス、ビショップがあげられているが、以上の記述は、創設一年後の事実によるもののようである。

当時の私塾における同教派宣教師の活動はソーパーをのぞいては見るべきものがない。メソデイスト系のアメリカ、カナダの三つの教団はその後合同して日本メソデイスト教会となつたが、カナダメソデイストに所属していたコクラン、イビー、などの同人社を拠点とする教育活動は盛んなもので、この他にマクドナルドは静岡で、ミーチャムは沼津で英学を伝えた。

明治学院大学　日本開国と同時に、最初に宣教師を派遣したのはアメリカのエピスコパル・ミッションとプレスビテリアン・ミッションであつたことはたびたび述べたが、プレスビテリアンミッション（長老派）には二つの教団があり、のちにはスコットランドの長老派も加わつた。これらはのちに合同して日本一致基督教会となつたが、横浜と東京を中心にもつとも活発に教育事業をおこなつたのはアメリカン・エピスコパル・ミッションであつた。

横浜に定着したヘバンやブラウンやバラが幕府の英学所で教えたり、幕府委託の学生を教えたりしたこと、バラが私学校藍謝堂で、ブラウンが修文館で教えたことなどはすでに述べた。また、ヘボン塾やブラウン塾が開かれ、ヘボン塾の女生徒を託されたメアリ・キダーが女子英学塾を開いてフェリス学院の基礎をきずいたこと、ヘバン、ブラウン、バラなどに従学したものの多くが明治初期の東京の英学私塾を経営したり教師となつたことも述べた。

この派の宣教師で東京で教育事業にたずさわつたものにはトムソン夫妻、カロザーズ夫妻、横浜から居を移したジョン・バラ、トルー夫人などがあつた。

一八七七年（明治一〇）の九月、いまの築地明石町に三派の協力によつてたてられた東京一致神学校は、実は、横浜、東京その他にあつた同一教派に属する男子系の諸塾を統合したものであつた。ただジョンバラの築地大学校には、はじめ母体となつたヘボン塾のほか、のち横浜先志学校の教師生徒を吸収して東京一致英和学校を開いた一時代があり、明治学院として統合するまでは併立していた。

東京一致神学校は名の示すように、私塾から発展したものではあるが、伝道者の養成を目的とするものであり、その限りにおいてはこんにちの大学プロパーの源流としては東京一致英和学校をとるべきである。しかしその時期は一八八三年（明治一六）であり、その前身となつた築地大学校の設立も一八八〇年（明治一三）で、本篇の時期的範囲をこえているので委しくは次の機会にゆずらねばならない。

しかし、神学校といつても、その教授陣に加つていたヴアーベック、トムソン、インブリーなどは、いずれも東京の英学発達の功労者であつた。明治十三年当時、二つの学校の教師として名をつらねているジヨン・バラ、M・N・ワイコフ、ヒユー・ウオルデなどは、日本英学の上からも記憶されるべき人で、ヒユー・ウオルデはヴアーベックやチヤールズ・ウルフとともに、この派に属する東京の私塾教師としてもその名をつらねていた。参考明治学院五十年史二・一一

その他　大学にはならなかつたが、明治初年に開設された英学私塾で現存するものは他にもある。明治二年創設の攻玉塾は攻玉社として、また共立学校の名で明治四年開かれた佐野鼎の私塾は開成学園となつて長い歴史を誇つている。

ミツション関係の女子学校では、駿台英和女学校をのぞき、いまにいたるまでその伝統をほこつている。女子小学校から救世学校、海岸女学校をへて改名された青山女学院とA六番B六番の二つの女学校から発し、原女学校、新栄女学校、桜井女学校をへて集大成された女子学院には、それぞれ英文科をふくむ専門部がおかれたが、それらのミツション系女子教育機関の専門部はすべて東京女子大学創設の際の中心基盤となつた。だから、この場合も、明治初期の英学私塾が大学への萌芽となつたことになる。

強力であつた慶応義塾を別にすれば、大学にまで生成発展したのは、すべてミツション系の私学であつたことも特筆される。

史料。東京府文書を中心にみた英学私塾

九項目にわたつて、明治初期の東京の英学私塾について概観したが、その「史料篇」とでもいうべき一項目を加えることにした。いわば、「開学願書」そのままの転載であるが、参考になるものもすくなくないと思うので、多少の説明は加えるけれども、できるだけ、きのままのかたちで伝えたい。

分量からいえば、慶応義塾が一番多く、しかも、「五十年史」「七十五年史」近刊の「百年史」などにすでに紹介されたものもすくなくないが、ここでは、収蔵史料を広く知つていただくという意図から、あえて載せることにした。

ここにとりあげた十私塾の大部分は、こんにちそのあとを絶つているが、同人社、共立学舎、三叉学舎、鳴門塾など、いずれも初期英学塾の名門であり、今後この方面の史実をさぐろうとする人たちの手がかりとなることを考慮にいれたからである。

慶応義塾（明治六年開学願書）

私学慶応義塾開業願

私学開業願

第一条　学校位置

東京府管下第二大区九小区三田二丁目拾三番地

第二条　学校費用概略

一ヶ年凡金八千円

第三条　教師履歴

東京府管下商

福沢諭吉

三十八才四ヶ月

（既出につき省略）

東京府管下商

小幡篤次郎

三十一才

元治元年甲子六月ヨリ明治四辛未ノ年迄都合八ヶ年福沢諭吉

許へ従学罷在候

亜米利加合衆国人

カロザス

三十二才

大学校科目卒業　神学卒業

但シ右人ハ明治五年壬申六月ヨリ華族太田資美官許ノ上雇

入当学校ニテ教授罷有候也

大分県士族

荘　田　平　五　郎

二十五才七ヶ月

慶応三年丁卯六月ヨリ同年十二月迄東京青地信敬へ従学明治元年戊辰五月ヨリ鹿児島洋学校へ転学修業

明治三年庚午正月ヨリ慶応義塾へ入社修業罷在候

宮崎県士族

海　老　名　晋

二十六才八ヶ月

明治元戊辰三月ヨリ慶応義塾へ入社修業罷在候

額田県管下平民

後　藤　牧　太

十九才六ヶ月

慶応三年丁卯八月ヨリ東京下谷石川義一郎へ従学明治元年戊辰五月ヨリ坪井芳洲塾ニテ受業

明治元年戊辰七月ヨリ明治二年巳己六月迄都合一ヶ年慶応義塾へ入社修業

明治二年己巳七月東校へ転学修業同年十月退校

明治三年庚午二月ヨリ慶応義塾へ再ヒ入社修業罷在候

和歌山県士族

和　田　義　郎

三十二才八ヶ月

慶応二年丙寅十一月ヨリ慶応三年丁卯十二月迄都合一ヶ年二ヶ月東京府管下商福沢諭吉へ従学明治二年巳三月ヨリ慶応義塾へ入社修業罷在候

豊岡県士族

吉　村　寅　太　郎

二十五才二ヶ月

明治元年戊辰十一月ヨリ明治二年己巳七月迄都合九ヶ月大阪瓊江塾ニテ修業

明治二年己巳九月ヨリ慶応義塾へ入社修業罷在候

豊岡県士族

小　谷　忍

二十四才二ヶ月

慶応元年乙丑七月ヨリ慶応二年丙寅二月迄都合八ヶ月東京府管下商福沢諭吉へ従学慶応三年丁卯二月ヨリ明治元年戊辰正月迄都合一ヶ年再ヒ福沢へ従学

明治元年戊辰四月ヨリ同年十二月迄都合九ヶ月長崎ニテ修業

明治二年己巳五月ヨリ慶応義塾へ入社修業罷在候

柏崎県士族

芦　野　巻　蔵

二十一才二ヶ月

明治二年己巳七月ヨリ慶応義塾へ入社修業罷在候

木更津県士族
瀬谷鍼三郎
二十一才六ヶ月
明治二年己巳六月ヨリ東京府鈴木唯一郎方へ入塾修業明治二
年己巳九月ヨリ東京山東一郎方へ転学修業明治三年庚午正月
ヨリ箕作秋坪方へ転学修業
明治三年庚午十月ヨリ慶応義塾へ入社修業罷在候

度会県士族
門野幾之進
十六才十ヶ月
明治二年己巳五月ヨリ慶応義塾へ入社修業罷在候

東京府貫属
岩田蕃
二十一才
明治元年戊辰九月ヨリ慶応義塾へ入社修業罷在候
（岩田蕃の入塾許可願は前にのせておいた。）

和歌山県士族
森下岩楠
二十一才二ヶ月
明治三年庚午二月ヨリ慶応義塾へ入社修業罷在候

青森県士族
高嶺秀夫
十八才九ヶ月
明治三年庚午四月ヨリ福地源一郎へ従学同年九月沼間新八郎
方へ転学修業
明治四辛未二月ヨリ同年七月迄箕作秋坪方へ入塾修業
明治四年辛未七月ヨリ慶応義塾へ入社修業罷在候

新潟県士族
八木沢真澄
十八才八ヶ月
明治三年庚午四月ヨリ明治四年辛未四月迄都合一ヶ年南校ニ
テ修業明治四年九月ヨリ慶応義塾へ入社修業罷在候

第四条　教師給料
右ハ学校入金ノ多寡ニヨリ時ニ割賦致シ候事ニ付更ニ確定無
之候
第五条　学科　英文学　算術
教則
一教授ノ法ヲ正則ト変則トニ様ニ分チ其規則左ノ如シ
正則科
一学業ノ年数ヲ七年ト為ス内三年ヲ予備等トシ四年ヲ本等トス
一一年ヲ分チ三期ト為ス第一期ハ八月下旬ニ始リ十二月下旬ニ
終リ十七週日第二期ハ一月上旬ニ始リ四月中旬ニ終リ十四週
日第三期ハ四月下旬ニ始リ七月下旬ニ終リ又十四週日ナリ
一停業時ハ第一期ト第二期ノ間二週日第二期ト第三期ノ間一週

日第三期終リテ後四週日トス

一休業ハ毎土曜日及二祝日トス

一此学校ニテ予備等ニ入ルハ満十三才以上ノモノタルベシ

一予備等ニ入ルハ必ス後ニ出セル科業表等外ノ業終リタル者ニ限ル

一学業ハ都テ順序ヲ逐ヒ定課ニ就クヲ法トス定課ノ外業ニ就クヲ許サス但シ教師ノ許ヲ得テ下ノ級ニ出ルハ例外ナリ

一教師ハ毎日稽古前ニ生徒ノ出席ヲ表ニ記シ直ニ業ヲ始ムベシ若シ生徒稽古時限ニ後レ出席スル者アラハ半席ノ印ヲ付ケテ一席ノ数ニ充分ラス

一教師ハ生徒ノ暗誦ヲ聞其甲乙ヲ定ム

一等外教師ノ法プライマリー、リードル、及第一リードル、ハ暗誦セシムル事ナク素読ノミヲ伝ヘ時々盤上ニ既ニ読タル語ヲ記シテ其訳ヲ答ヘシメ或ハ訳ヲ記シテ英語ヲ答ヘシムル等都テ生徒ニ英語ノ訳ヲ覚ヘシムルヲ主旨トシ第二リードル、ニ至リテハ講義ヲ為シ或ハ時々生徒ニモ読マシメ英書ノ読方ヲ知ラシムルヲ要スプライマリー文典、中等地理書、 究理初歩ハ今日講釈シテ明日コレヲ暗誦セシム数学プライマリーノ間ハ勘定稽古ヲ重モニ教ヘ、ロジメント、ニ至リテハ業及義理ヲモ精シク理解セシムベシ

一予備等ノ教授ハ、リートル、ヲ誦釈シテ時々生徒ニモ読マシメ諸歴史、究理書ハ今日講釈シテ明日生徒ニ暗誦セシメ其他ハ皆講釈スル事ナリ唯暗誦セシムルノミ数学ハ規則等ヲ暗誦セシメ業ハ生徒ヲシテ順番ニ盤上ニ記サシメ他ノ生徒ヲシテ其当否ヲ論セシムベシ

一本等ノ教授ハ全ク講義ヲ用ル事ナク唯日々生徒ヲシテ暗誦セシムルノミ

一生徒ハ必ス稽古時限ノ五分前講堂ヘ出席シ位置ヲ正シクシテ教師ノ出席ヲ待ツヘシ稽古ノ間ハ必ス其席ヲ去ルベカラス

一毎日受業ノ書ヲ暗記シテ教師ノ問ニ答フベシ仮令自身ノ番ニ非ルモ能心ヲ用ヒテ他人ノ答ヲ聞、務メテ読タル書ヲ忘レザル様心掛ヘシ

一リードル、ハ都テ暗誦スル事ナリ唯読方解シ方ヲ会得スルヲ主トス

一毎月末其月中読タル部分ノ吟味ヲ為スベシ

一冬期末其期中ニ読タル部分ノ吟味ヲ為スベシ

一毎年第三期末前年中読タル書ノ大試業ヲ為シ記憶宜シカラサル者ハ級ヲ進メス再度同級ノ業ヲ受ケシムベシ

一毎日曜日ニハ平日ノ業ヲ休ミ朝第八時ヨリ第十時迄ノ間都テノ生徒ニ修身ノ道ヲ教授ス此教授ニ欠席スル者アラバ直ニ退社セシムベシ但シ去リカタキ故障アリテ欠席スルモノハ必ス其用事ノ趣ヲ精シク記シタル書付ヲ校務掛ニ出シ其許可ヲ受クベシ

一生徒故アリテ定課ノ内一二ノ業ノ欠ヲ願フトキハ必ス其父兄

或ハ証人ヨリ差支ノ趣ヲ精シク断リ其上ニテ生徒ノ年令及欠ント欲スル業ニヨリテハ望ニ任スベシ尤此類ノ人ハ格外ノ生徒ト名テ定役ノ外ニ置クベシ

一元来書生トナリテ学問セント欲スル者ハ公私ノ用事ナキ筈ナル故ニ自身ノ病気又ハ父母兄弟ノ病気等止ムヲ得サル事故アルニ非サレハ欠席ヲ許サス若シ此類ノ事アリテ欠席スル事アラバ必ス精シク其用向ヲ教師ニ告クヘシ格別ノ故障ナクシテ欠席スルモノハ其日ノ間ニ答フル能ハサルモノト視倣シ度々欠席セハ執事相談ノ上退学セシムヘシ

一既ニ他ノ学校ニテ学ビタル者入学スル事アラハ吟味ノ上級ヲ定ム但シ一ケ月間試ミテ後其力不適当ナレバ登級或ハ下級セシムル事アルベシ

一年ノ半ヨリ等級ニ加リタル生徒アラハ塾監局ニテ当人ノ姓名ト某級ニ加ヘタルノ旨ヲ記シタル書付ヲ渡スヘシ生徒ハコノ書付ヲ教師ニ示シテ其趣ヲ告クヘシ

一生徒毎日ノ問ニ答テ得タル点数ト毎月ノ末毎期ノ末ニ得タル試業ノ点数トヲ惣計シテ零ヨリ百マテニ割合ヲ立チ又出席欠席ノ数ヲモ調ヘテ零ヨリ百マテニ割合ヲ立テ此両様ノ割合ヲ差引シテ席順ヲ定メ毎期ノ末ニ勤惰表ヲ出版ス可シ勤惰表ハ一冊ツヽ生徒ノ証人ニ送テ其父兄ニ示スモノナリ

一毎年八月アンニユアル、カタログ、ヲ出版スベシ生徒ノ名ヲ記スハイロハ、ノ順ニ従フ

一此学校ニテ本等ノ業ヲ全ク終リタル者ヘハ成業ノ免状ヲ与フヘシ

一事ナクシテ退学スル者ヘハ其等級ニ従テ卒業ノ証書ヲ与フベシ

科業表

等外				
	ウイルソンプライメル	ロビンソンプライマリーアリスメチツク	第一ウイルソンリードル	第二リードル
	日本書籍	日本作文	日本習字	スペンセリアンコピーブツク英習字
	ウエブストルスペリング	ピ子ラプライマリ文典	ロビンソンロチメントヲフアリスメチツク	ノルルトン究理書
	コル子ル中等地理書	第三ウイルソンリードル	ロビンソンメンタルアリスメチツク	

予備等　年数三年　毎日稽古四時間

初年	第一期	第二期	第三期
	ウイルソン第四リードル	同上	同上終ル
	ロビンソンプラクチカールアリスメチツク	同上	同上終ル

第二年

第一期	第二期	第三期
パルリー万国史	同上終ル ル	同上終ル
マル子ルハイスクール地理書	同上終ル ローマ史始ル	同上終ル
チクテーションエンドデクラメーション 一週二度	同上	同上
日本作文 一週三度	同上	同上

第三年

第一期	第二期	第三期
ウイルソン第五リードル	同上	同上終ル
エレメンタリーアルゼブラ	同上	同上終ル
英国史	同上終ル	コル子ルヒジカル地理書
アナリチカル文典	同上終ル フヲールス、シンタキス始ル	同上終ル
コンポジションエンドデクラメーション 一週二度	同上	同上
日本作文 一週三度	同上	同上

第一期	第二期	第三期
ホープスエスセー	サイアンス、ヲフ、ゴーブルメント始ル	同上終ル
ロビンソンハイアル、アリスメチック	同上	同上終ル
カツケンボス米国史	同上終ル ガノツト究理書始ル	同上終ル
ヒコック仏国史	同上	同上終ル
コンポジーションエンドデクラメーション	同上	同上
日本作文 一週二度	同上	同上

本等 年数四年 毎日稽古三時間

初年

第一期	第二期	第三期
ランベルト人身究理書	同上終ル	ミッチエル古代地理書
ロビンソンニウユニベルシチーアルゼブラ	同上終ル	ロビンソンゼヲメトリー
ハークネスラテン文典	同上終ル	ケーク子スラテンリートル

第一期	第二期	第三期
カツケンボス コンポジーション エンドレトリツキ	同上	同上終ル
コンポジーション エンド デクラメーション	同上	同上

第二年

第一期	第二期	第三期
ケクネ シーザル	シルリマン ケミストリー	同上終ル
ロビンソン プレーンエンド スフエリカル トリゴーメトリー	同上終ル	コニツキセツクシヨンスエンドアナリチカルジオメトリー
グリーキ文典 同リーードル	ファウレル文典	同上終ル
ウイルソン 万国史	同上終ル グレーボタニー始ル	同上終ル
コンポジーション エンド デクラメーション	同上	同上

第三年

第一期	第二期	第三期
ウエーランド メタヒジックス	同上 終ル	ズヲロジー メテヲロロンジー
ロビンソン 測量航海術	ヂフフエレンシアルエンド、インテグラル、カルキユロス	同上 終ル
パレー エビデンス ヲフ クリスチヤニチー	ウエーランド 修身論	同上 終ル
ガノツト 究理書	同上 終ル	ダナ ジヲロジー
コンポジーション エンド デクラメーション	同上	同上

第四年

第一期	第二期	第三期
コツピー ロジツキ	同上 終ル	ギゾー 文明史
ロビンソン アストロノミー	同上 終ル	キツド プリンシプルマ
経済論	同上 終ル	ヒツチコツク ゼヲロジーエンド レリシヲン
ダナ ミ子ラロジー	バニー ナチユラルセヲロジー	ウールシー 万国公法
コンポジーション エンド デクラメーション	同上	同上

大尾

変則科

一変則科ヲ学フ者ハ満十七才以上ニ限ル

一教授ノ法ハ専ラ読方及訳ヲ覚ヘシムルヲ主旨トシ其時間ハ等

級ニ由リ三時乃至二時間トス尤学期年限等ノ定リナシ其読本ハ凡左ノ如シ
リードル　文典　地理書　究理書　歴史　修身論　経済書等
一右条々ノ外大概正則科ノ規則ニ照準ス
塾　則

慶応義塾社中之約束
一入社ノ法ニ従ヒ入社スル者概シテ之ヲ社中ト唱フ
一社中ヲ区分シテ四類ト為ス
一社中ヲ支配スル者ヲ支配人ト名ク
一社中ノ諸務ヲ司ル者ヲ執事ト名ク
一社中教ル者ヲ教員ト名ク
一社中学フ者ヲ生徒ト名ク
一右ノ如ク社中ヲ区分スト雖モ一名ニテ数類ヲ兼ル者アルベシ
一社中ノ者ト雖モ支配人過半ノ同意ヲ以テ之ヲ退社セシムル事アルベシ
一社中一員ヲ撰テ総代トシ之ヲ社頭ト名ケ兼テ支配人ノ長タリ

〇支配人ノ職務
一社中ノ法ヲ定ム
一社中ノ事務大小共之ヲ総轄ス
一屋敷建家並ニ所有ノ諸品ニ至ル迄尽ク之ヲ管理ス
一執事及教員ヲ廃置増減スルノ権アリ
一執事並ニ教員ノ給料ヲ定ム
一毎期ノ終リニ集会シテ校事ヲ議シ其他執事ノ布告ニ由テ集会スベシ

〇執事ノ職務
一社中ノ法ヲ行レシム
一入社退社ヲ司ル
一生徒ヲ退社セシムルノ権アリ
一金銀ノ出納ヲ司ル
一屋敷並建物ヲ監督ス
一毎金曜日夕一統集会シ諸事ヲ商議ス
一支配人ノ集会ヲ催ス
一応対方並門監局掌ヲ支配ス
一奉公人ヲ増減シ其給金ヲ定ム
一日曜日及土曜日其他学校休業日ノ外午前第九時ヨリ午後第四時止ノ間塾監局ヘ出席シテ塾務ヲ取扱フベシ但シ塾務ヲ分ツ事左ノ如シ

〇校務掛　諸務掛ト互ニ相輔テ事ヲ執ルベシ
一教授ノ規則ヲ行ハレシム
一教員黜入並ニ配置ノ事ヲ取扱フ
一課業ノ書ニ注意シ宜キニ従テ之ヲ取捨ス
一等級ノ組立並ニ操替ヲ取扱フ
一新入生徒ヲ吟味シ等級ヲ定メ生徒ヲ進退ス

一日曜日ノ課ニ生徒ノ出席ヲ監ス
一生徒ニ退校ノ証書ヲ与フ
一試業ノ事ヲ取扱フ
一書館ヲ預ル
一「カタロク」並勤惰表ヲ組立ツ
一毎月末教員一統ヲ集会シ教授ノ事ヲ商ル
一課業ノ書ヲ買入並ニ売渡ス事ヲ掌ル但シ売渡シノ節ハ会計掛一員之ヲ輔クヘシ

○諸務掛　校務掛ト互ニ相輔テ事ヲ執ルベシ

一校中ノ記録ヲ司ル
一政府ヘ関係スル事務ヲ取扱フ
一外交並ニ応接ノ事ヲ司ル
一校内外ノ告達ヲ司ル
一貸本ヲ預リ出納ヲ取扱フ

○会計掛　営繕掛ト互ニ相輔テ事ヲ執ルベシ

一金銀ノ出納ヲ取扱フ
一入塾退塾ヲ司ル
一諸勘定ヲ司ル
一賄ノ事ヲ取扱フ
一書籍売渡ノ節ハ校務掛ヲ輔クベシ

○営繕掛　会計掛ト互ニ相輔テ事ヲ執ルベシ

一内外修覆及掃除ヲ司ル
一諸普請ヲ取扱フ
一毎土曜日ニ校内外ヲ見廻ル
一学校入用ノ諸品ヲ調達ス

○寮長

一塾ヲ数寮ニ分チ各其一寮ヲ総フ
一各々引受ノ生徒ニ注意シ其行状ヲ正シ学業ヲ勤メシム
一生徒不行状ノ者アレハ他執事ト相謀リ之ヲ退塾セシムルノ権アリ
一朝夕各々受持ノ寮中ヲ見廻ル

○教員ノ職務

一教授ノ規則ニ従テ業ヲ授ク
一毎月末一統集会シ校務掛ト教授ノ事ヲ商議ス
一試業ヲ為ス
一毎期末生徒ノ出席欠席ノ数及問ニ答ヘタル数ヲ調ベテ校務掛ヘ報ス
一新入ノ生徒アリテ其力不適当ナル件ハ一ケ月ノ内ニ校務掛ニ告クヘシ

○社中ノ規則

○入社退社ノ事

一毎金曜日ノ入社ノ定日トス
一入社金三円入社ノ時塾監局ヘ納ムベシ
一社ニ入ラントスル者ハ其父兄ヲ以テ入社ノ証人ト為ス親或ハ

父兄ナキ者ナレバ別ニ身元慥ナル者ヲ撰テ証人ト為シ本人ノ身上ニ事故アル時ハ毎ニ執事ノ掛合ヲ請合フヘキ旨ヲ塾監局申込ミ局ノ許可ヲ得テ入社ス可シ但シ証書案文及用紙ハ塾監局ヨリ渡スベシ

一何等ノ事故ヲ問ハス生徒金三ケ月ノ間講堂ニ出席セザル者ハ社中ノ名籍ヲ除ク

一退社ノ生徒更ニ来学ヲ欲スル者ハ第三条ノ法ニ従フベシ但シ入社金ハ納ムルニ及バス

○受教料ノ事

一受教ノ料ハ毎年第一期ノ始ヨリ第三期ノ終リ迄四十五週日間本等三十三円予備等二十八円等外二十五円ト定ム其出金ハ全年或ハ一期又一週日ツヽ前払トシ一期払ハ凡全年払ノ百分ノ五ヲ増シ一週払ハ凡ソ百分ノ十ヲ増ス其割合ハ下ノ表ノ如シ但シ一週払ヒタリトモ各週毎ニ出金スルニアラズ凡三四週ツヽ纒メテ出金スベシ

一受教料トハ教ヲ受ルノ費ノミヲ云フニ非ス凡其五分ノ一ハ他ノ校費ニ充ツルナリ

正則受教料ノ表

	本等	予備等	等外
全年	三十三円	二十八円	二十五円
一期十七週日	十三円十銭	十円六十銭	九円五十銭
一期十四週日	十円八十銭	九円十五銭	八円二十銭
一週日	八十一銭	六十九銭	六十二銭
三週分	二円四十三銭	二円〇七銭	一円八十六銭
四週分	三円二十四銭	二円七十六銭	二円四十八銭
五週分	四円〇五銭	三円四十五銭	三円十銭

一変則科ノ受教料ハ月々二円二十五銭ト定ム其出金ハ前月ノ末ニ納ムベシ

○通学生ノ事

一通学生徒ハ其宿処ヲ塾監局へ告クベシ町家ニ止宿スルニハ東京府ノ法令アルガ故ニ正シク其法ニ従フ者ニ非サレバ通学ヲ許サズ

一通学ノ生徒ハ内塾ニ入ル可ラズ仮令内塾ニ来ルモ各室内ニ入ルヲ許サズ要談ハ必ス応接ノ間ニ於テスベシ

一「ドテラ」三尺帯並ニ「トンビ」合羽等ノ衣服ヲ着シ講堂ニ出席スルヲ禁ス

一通学ノモノ暫ク中絶スルカ又ハ退校スル時ハ塾監局ニ其趣ヲ断ルベシ

一通学ノ生徒若シ差支ノ趣キヲモ断ラズシテ全一ケ月ノ間講堂ヘ出席セザル者ハ社ヲ去リシ者ト視做シテ社中ノ名籍ヲ除ク若シ改テ来学セントスル者アルモ支配人一同ノ許可ニ非レバ来学ヲ許サズ

○入塾退塾ノ事

一入塾ヲ乞フ者ハ塾当局ノ許可ヲ待ツベシ
一入塾ノトキ入塾金一円五十銭ヲ納ムベシ
一外宿セシ生徒再ビ入塾ヲ乞フ事アラバ執事一同ノ許可ヲ待ツベシ
一要用ニテ暫時退塾スル者ハ其「ウイキ」ヲ除キ二「ウイキ」ノ間塾席ヲ存シ置キ再ヒ入塾シテ直ニ席ヲ得ベシ
一退塾ノ節ハ塾監局ヘ届クベシ但シ席札ヲ寮長ヘ納メ席割並ニ食堂ノ名札ハ塾監局ヘ納ムヘシ
一入塾セシ者ハ書見ノ外他ニ用事ナキ筈ナレバ度々下宿又ハ門限ニ後ル丶者ハ其用向ノ公私ヲ問ハス止塾ヲ断ルベキナリ

○月俸ノ事

一月俸ハ毎月凡一円五十銭ト定ム毎月末塾監局ノ布告ニ従テ出金スベシ但シ其高ハ物価ノ高低ニ従ヒ増減アルベシ
一月俸ハ唯食料ノミナラス凡其三分ノ一ハ塾舎ノ修覆其外ノ費用ニ充ル者トス
一炭代ハ毎月末塾監局ノ布告ニ随テ出金スベシ但シ其高ハ入用ノ多寡ニ因テ増減アルベシ
一二泊以上ノ外出ハ月俸ノ割合ニ係ルカ故ニ塾監局ニ届ケテ出入帳ニ姓名ヲ記スベシ

○寮中之規則

一金銀ノ貸借ヲ禁ス
一飲酒ヲ禁ス
一午後第六時ヨリ午前第六時迄音読ヲ禁ス
一外人ハ勿論通学ノ生徒ニテモ塾中ノ私席ニ入ルヲ禁ス要用ノ事ハ応接ノ間ニ於テ談スベシ
一病者三日以上私席ニ臥スヲ禁ス
一寮中要用ニ非サレバ土曜日ノ外各室各席互ニ近クヘカラス但シ土曜日ト雖他人ノ妨ケヲ為サヾルヲ注意スベシ
一一時間以上門ヲ出ルトキハ席札ヲ裏返シ置キ外出ノ印トナスヘシ
一午前第六時午後第十時ヲ起臥ノ定刻トス床ニ就クノ後ハ燈火ヲ置クヲ禁ス
一毎朝食前私席ヲ掃除シ無用ノ衣服其外ノ品ヲ取乱スヘカラス
一毎土曜日ヲ掃除日トシ午前第八時迄ニ各室大掃除ヲ致シ一片ノ塵ヲモ残スヘカラス
一駄荷ノ如キ粗大ノ荷物ヲ室内ニ置クヘカラス
一「テーブル」椅子ヲ用ルモノハ其脚ニ円ク面ヲ取リタル板ヲ附クベシ机ニテモ四本足ノモノハ同様タルベシ「テーブル」等机ノ大サハ巾二尺長サ三尺ヲ限ル
一台ナキ瀬戸物ノ火鉢ヲ禁ス
一私席ニ屏風ヲ禁ス
一非常危難ノ時ニ非サレハ二階ノ窓ヨリ屋根ニ出ルヲ禁ス又屋根ニ茶カラヲ棄ルヲ禁ス水ヲコボスヲ禁ス紙屑ヲ棄ルヲ禁ス

唾スルヲ禁ス
一茶菓子ノ外ハ私席ニテ飲食ヲ禁ス茶碗箸等ハ室内ニ置ク可カラス
一大金又ハ大切ノ品ヲ私席へ置クヘカラス若シ止ヲ得ザル事アラバ時宜ニ由リ寮長江託スベシ

〇食堂ノ規則

一食事ノ時刻ハ時々塾監局ヨリ布告スヘシ
一定ノ時刻ニ非サレハ食ニ就クヲ許サス
一銘々名前ノ席ニ就キ互ニ席ヲ乱タル可カラス食椅ヲ汚ス事アレハ其席主ノ責ナリ
一「ドテラ」三尺帯等「トンビ」合羽等ノ衣服ヲ着シ食堂ニ出ルヲ禁ス

〇病室之規則

一病室ニ入ルモノ瘟疫疥癬等伝染ノ恐レ有ル患者及ヒ重病ノ患者ハ医師ノ差図ニ従ヒ外舎シテ療養スベシ
一病室ニ入ルモノハ入室後其「ウイキ」ヲ除クノ外二「ウイキ」ノ間塾席ヲ存シ置キ其期ヲ過シハコレニ他員ヲ充タス但シ病室ニ入ルモノモ定リノ教授料ヲ払フハ他ノ生徒ニ異ナルコトナシ
一病室中凡テ清潔ヲ主トシ病者ニ害アル不潔ノ者ハ必ス之ヲ存スヘカラス

〇雑則

一塾ヲ数寮ニ分チ生徒ノ年令ニ随ツテ之ヲ異ニシ寮中同等ノ生徒ノ同室ニ置キ室中ノ席ハ鬮引ヲ以テ月々之ヲ定ムベシ
一各期ノ終リ毎ニ執事ノ布告ニ従ヒ席換ヲナスベシ
一門ノ出入ハ午前ォ六時ヨリ午後ォ十時ニ限ル但シ門限ニ後レテ帰塾スルモノハ入門ヲ許サヽルニ非ザレドモ其姓名並ニ席ノ番号ヲ門監ニ告テ其許可ヲ得テ門ニ入ルベシ
一畳ヲ焼キ或ハ戸障子ヲ大ニ破リタルモノハ塾監局ニ訴テ其償ヲ払フベシ

以　上

右之通開業仕度此段奉願候也

ォ二大区九小区三田二丁目拾三番地東京府管下商

慶応義塾社頭　福　沢　諭　吉

明治六年四月十二日

東京府御庁

なお、明治六年五月の「私立学校明細書」にある慶応義塾の日課表をのせておく。

日課表

日曜日土曜日之外稽古左之如シ　但シ土曜日ハ休業

	正則	本等初年生	予備等第三年生	予備等第二年生	予備等初年生イ組	予備等初年生ロ組
	八時				コル子ル中等地理書	ピ子オ文典
	九時		ロビンソンプラクチカルアリスメチツク	ロビンソンプラクチカルアリスメチツク	ロビンソンロヂメント、ヲフアリスメチツク	ロビンソンロヂメント、ヲフ、アリスメチツク
	十時		ピ子オアナリチカル文典 ミツチエル地理書	コル子ル高等地理書	ピ子オ文典	コル子ル中等地理書
	十一時		クツケンボス米国史 ピンノツク仏国史	マルカム英国史		
	十二時					
	一時	ロビンソンヘイエルアリスメチツク ロビンソンエレメンタリーアルゼブラ				
	二時	ランベルトヒウマン、ヒジヲロジー、アナトミー、エンド、ハイジーン				
	三時	ハーク子スラチングラムマル				
日曜日	午前十時半ヨリ一時間	ギーゾ	文明史	ウイルランド ウイズドム		ウエーランド小修身論

時限	等外第一番	等外第二番イ組	等外第二番ロ組	等外第二番ハ組	変則	第七等	第八等
八時			習字 ウエブストル スペルリング	習字 ウエブストル スペルリング	日曜日土曜日之外稽古左ノ如シ 但土曜日ハ休業		
九時	習字 ウエブストル スペルリング	習字 ウエブストル スペルリング	ウイルソン第二リードル	ウイルソン第一リードル ウイルソンプライメル			
十時	ウイルソン第三リードル	ウイルソン第二リードル					
十一時	ロビンソンインテルレクチユアルアリスメチツク	ロビンソンプライマリーアリスメチツク					
十二時							
一時						英国史 グードリツチ	究理書 クワツケンボス
二時半							
三時						米国史 グードリツチ	グードリツチ
日曜日		サルゼント	第三リードル		午前十時半ヨリ一時間	ウイルランド ウイズドム	

第九等	等外第一番	等外第二番
	パルリー万国史	
	ピ子ラ文典	
		ウキルソン第一リードル ウキルソン第二リードル
万国史		
	ドウエーラン修身論	

攻玉塾（明治五年開学願書）

塾則

第一条　一凡テ外国ノ学ニ志ス者ハ先ツ本国ノ事情ヲ詳密ニ了解シ相比較シテ所長ヲ取リ国力進歩ノ補助トシ我威武以テ軽侮ヲ防キ文明以テ信義ヲ立ツルヲ大主意トス故ニ当社ニアツテ国史ニ心ヲ用ヒ怠慢アルヘカラサル事

第二条　一社中ノ人々ハ勉テ文武ノ道ヲ隆盛ニスルヲ主旨トスル故ニ互ニ兄弟ノ意ヲ体シ友情最モ厚カルヘク先進ノ者ハ後身ノ者ヲ懇ニ教導シ後進ノ者ハ先進ノ者ニ附キ切瑳勉励シ身体運動ノ外ハ寸暇モ空ク時間ヲ費ヤス事ナク日課ヲ勉励スヘシ故ニ酒色等ニ惑溺スル者ハ当社ノ人ニ非ス厳ニ是ヲ謹ムヘキ事

第三条　一規則ハ銘々速ニ成業スル為及ヒ他人ノ勉強ヲ妨ケザル為ニ設タル者ナレハ違犯ス可ラサルハ勿論ナレ共過テ此ニ違ヒ或ハ自己勉強ヲ怠リ候者小ナレハ諸掛ヨリ省戒ヲ加ヘ大ナレハ社長ニ達スヘキ事

第四条　一上下ノ別判然トシ紊レサルハ海陸軍士卒ノ専務ナリ故ニ長上ニ対シ無礼ノ振舞ナク諸掛ノ警戒違背致間敷事

第五条　一凡テ塾中ニ在ツテハ艦内同様ニ心得上下一致不自由ヲ忍テ規則ヲ厳守スヘキ事

第六条　一朝黎明撃柝ニテ臥床ヲ放レ装服シ日出時ノ折ニテ期ニ後レス整列スヘキ事

第七条　一塾中ノ者ハ日々少クトモ三時間業ヲ受ク可シ故無クシテ怠ル者ハ退塾スヘキ事

第八条　一毎歳春秋二回大試業毎月小試業以テ等級ヲ黜陟スヘキ事

但毎月小試ノ節進歩ノ姿無之者ハ教授掛リ尚試ミ見留メ無之者ハ社長ニ達スヘキ事

第九条　一当直ハ諸掛等教授請持有之者ノ外二人ツヽ輪番ヲ以テ勤ムヘキ事

第十条　一教授受持ノ人疾病事故等ノ節ハ他人ニ相頼成ヘキ丈ケ日課ヲ廃ス可カラサル事

第十一条　一夜第十字後ハ音読スヘカラス戸障子行燈其外楽書ス可ラス且何レノ時ヲ論セス塾中ニテ謡歌ス可カラサル事

条十二条　一会食ノ儀ハ儀容端正ニスルハ勿論汚物ヲ散乱セシムヘカラサル事

入社手続

第一条　一入社入塾ハ毎月二ノ日ノ事

第二条　一凡ソ入社ノ式ハ社長エ白扇一対ヲ納メ器械料トシテ塾エ金千疋ヲ授ズベシ入塾ハ右ノ外塾僕エ金一朱ツヽ与フヘキ事

第三条　一凡ソ入塾申込ミ有之者ハ九ノ日ニ来ツテ明キ有之ヤ否ヤヲ聞クヘシ明キ有之時ハ引請人戸籍住居等明細ニ認メ置ク可シ一ノ日ニ塾僕ノ者差遣シ引請人ニ面会ノ上証書等ニ合鑑ヲ受取ラシム其節引請人ハ手数料トシ金五十疋塾僕ニ授ス可キ事

第四条　一社中ノ者ハ毎月教授料金二百疋ツヽ差出スヘキ事

但シ此金ハ月晦ニ社中ノ者諸掛教授等ノ労逸ニ比例シ是ヲ配分スルナリ

第五条　一塾中ノ者ハ毎月器械料並ニ僕給料トシテ金百疋ヲ差出スヘキ事

但通学生ハ金二朱

第六条　一中元歳暮教授料トシテ金一円差出スベキ事

但シ此金社長諸掛等教授人ノ労逸ニ応シ配分スルナリ

第七条　一入塾証書案文左ノ通料紙美濃紙竪三ツ切リニシテ認ムヘキ事

何国何郡出生

何ノ県士族

何ノ誰　実名

干支　年令

右ノ者為測量算術英学稽古入塾御頼申候ニ付テハ御塾則違犯不致候様申聞候且本人身上ノ儀ハ都而引請可申候以上

何県士族

月　日

引請人実名印

近藤芳隣殿

但シ入社ノ者ハ入塾ノ文字ヲ入社ニ作リ第三条ニ云フ所ノ合鑑ヲ出スニ及ス

「攻玉塾」は明治十四年に「攻玉社」と改めたといわれているが、当初においても、「攻玉社」となつている書類もある。英学塾といつても、攻玉塾は、海軍中佐兼兵学中教授の近藤真琴（芳隣）が創設者であるだけに、もつぱら海軍士官を養成する上級学校入学に必要な学科を教授した。測量術、算術、航海術などの学科を英書によつて授けるというのが、攻玉塾英学の特色であつた。

明治六年の開学明細調や開学願書（再提出のもの）によれば、

学科　皇漢学　英学　測量算術

教授書籍概略

政記　皇朝史略　十八史略之類

并自著　仮名交り日本誌略

英文　地理誌　博物誌　史類　天文誌　航海書　測量書等

算術測量ハ海軍兵学寮官板教授書自著筆算初学　英ホツトン氏チヤンブル氏米国ピンソン氏ダフユース氏航海書英ゼーンス氏ノリー氏等

となつている。

なお、「開学明細調」には英学、算術、航海術漢学など担当の二十余名の教員が名をつらねているが、その多くが海軍関係者であつたのは当然であろう。その二、三を摘記すれば次のようである。

愛知県貫属
海軍大助教
前田亨
壬申三十二才

英学請持
当時請持無之
翻訳初学ノ者削正
元治元年甲子年八月ヨリ明治五壬申年十一月迄都合九年間当師江従学明治三庚午歳七月ヨリ海軍操練所教官ニ相成ル仝年正月ヨリ当塾教授罷在申候

三潴県貫属
海軍兵学寮十三等出仕
竹内知幾
壬申二十七才

算術請持
当時請持無之航海術教授スベキ者
慶応元乙丑年正月長崎江出石丸電信頭ニ随身始而英学ニ志ス側ワラ洋算肥前藩金丸知三郎江従学又渡辺一郎江従ヒ和算ヲ学フ仝年秋何礼之助江入塾又学校出席フルベツキヨリ算術ヲ学フ慶応二丙寅年正月当地江出勝海軍太輔江随身入塾シテ航海術ヲ学ヒ側ワラ測量算術当師江従学又開成学校江出席神田孝平ヨリ算術ヲ学フ慶応三丁卯年御軍艦操練所測量算術世話心得被命仝年夏英学福沢諭吉江転塾従学慶応四戊辰年四月ヨリ明治辛未八月迄藩船ニ乗組罷在仝年九月県学校洋学助教被中付明治五壬申歳二月兵部省ヨリ召ニ依テ上京四月当塾江入学

大分県貫属
加藤新平
壬申三十才

英学請持
当時理学初歩請持
安政五戊午年十二月ヨリ和算加藤氿江従学明治元戊辰四月ヨリ英学岡田誠一江従学仝二己巳三月ヨリ英学何礼之助江従学仝三庚午年十一月ヨリ転塾箕作秋坪江従学仝四辛未年八月ヨリ当師江従学罷在候

岐阜県貫属
近田政裕
壬申二十二才

英学請持
当時万国史請持
明治三年三月ヨリ福地源一郎江入学仝四年辛未十一月当師江従学罷在候

木更津県貫属
田中貫一
壬申二十二才

英学請持
当時仏国史亜国史
慶応三年丁卯年三月ヨリ英学千葉欽哉江従学明治二己巳年ヨリ明治三庚午迄箕作秋坪江従学翌未年ヨリ円山俊輔江従学仝年九月ヨリ当塾江入塾英学算術修行罷在且英学教授罷在候

英学伝習の系統は以上のほか大学南校、静岡県学校（中村敬宇）、尺振八、高島嘉右衛門の市学校、鳴門義民塾などであつた。

当時は、攻玉塾のほかに、算術、測量、英学を主学科とする私塾があつた。鏡光照の義成堂（芝浜松町）、大坪正慎の在斉館

（芝増上寺海軍省属舎）、粟野忠雄の有功学舎（麻布一本松町）、斉藤実穎の鳩切塾（赤坂表三丁目）、中井幸太郎の有隣塾（飯倉狸穴町）などである。教師の多くは攻玉塾出身で、教科書もあまりちがつていなかつた。なかでも有隣塾は、攻玉塾が手せまで収容力がなく、その上貧窮学生では入塾しても学資がつづかないので、その点を考慮した補充施設として開塾されたものであつた。

英学を修め他日海軍に勇飛しようと志している青年の多かつたことが、この種の英学私塾をささえたのであろうが、攻玉塾以外は長く命脈をたもたなかつた。なお、「攻玉社九十年史」を参考にできなかつたのは残念である。

共立学校（明治六年開学願書その他）

私学開業願

第一条　学校位置

東京府下神田淡路町二丁目三番地佐野鼎邸内共立学校ト唱ヘ

第二条　学校費用之概略

洋学幷尋常小学ヲ兼ルモ月謝金弐円廿五銭トシ尋常小学科ノミヲ学フモノハ月謝金弐拾五銭トス

第三条　教員履歴

英国人
ウイリヤムヘンリーフリーム
壬申三拾三才

英学教師

学科免状所持不致壬申年十一月ヨリ同十二月迄全二ヶ月雇入候

木更津県貫属士族
深沢要橘
壬申二十五才

英学助教

元開成所江　慶応三丁卯年三月入学明治二已己年二月迄都合二ヶ年九ヶ月英学研究同年同月大学南校少得業生ニ任セラレ其後中得業生大得業生ヲ経テ明治四辛未年七月文部中助教ニ任セラレ同年九月本官ヲ免セラレ候

造兵中令史武田信愛養子
武田信宗
壬申二拾才

英学助教手伝

箕作秋坪江　明治三庚午年四月ヨリ同十一月迄都合八ヶ月英学研究

大学南校江　明治四辛未年六月入学同十月迄五ヶ月英学研究

共立学校江　明治辛未年十一月入学現今迄前学研究

小学教授（省略）

第四条　教師給料

百三拾円　外国人一名

五拾円　助教幷小学教授等都合四名

第五条　学科

今般御発行之尋常小学教科ヲ稍斟酌致シ加之英学ヲ以テス

教則

英学ハ外国人ヲ雇ヒ語学算術等普通学ヲ教授セシムル事
英学助教幷訳語教授ノ為御国人ヲ置キ尋常小学科モ同様ノ事
講堂ヲ区別シ三トナシ其一ツハ十五才以下ノ男子及ヒ女子ノ生徒ヲ容レ幼年校ト名ケ其二ハ十六才以上ノ男子生徒ヲ容レ青年校ト名ケ其三ハ小学科ノ場トナス但各校ノ生徒相互ニ往来混沓スルヲ禁ス
英学ノ校中等級ヲ十等トシ第十等ヲ初級トスル事
修業時間ハ一日六時間トシ其始終ノ時刻ハ時節ニ因テ定ム就中午後一時ハ喫食休憩運動ノ事
休日ハ重キ御祭典之日天長節年始及ヒ西洋日曜日土曜日タル事

塾則

第一　入塾ヲ希フ者予メ其由ヲ申込許諾ノ上ハ東京居住ノ人ヲ証人トシテ同道ニテ雛形ノ通証書可差出事
第二　塾則ニ順従シ言行ヲ正フシ軽薄ノ風ヲ禁シ学勉励速成ヲ要シ空シク歳月費サヽル様専ラ注意ス可キ事
第三　疥癬其他伝染スベキ疾病アル人ハ入塾ヲ許サス既ニ入塾セル生徒モ之レ等ノ症ヲ発スレハ一旦退塾シ其愈ルヲ待再ヒ入塾スベキ事
第四　生徒衣服ノ美悪ハ其分ニ依ルト雖モ修業中ハ粗服ヲ用ヒ成丈ケ冗費ヲ省クベシ尤肌衣等ノ汚穢ハ身体ノ健康ニ害アル故可及丈ケ清潔洗濯シ室中ノ臥床ハ時々浄掃スベキ事
　但土曜日ニハ掃除済ノ上ハ下宿等随意ノ事
第五　起臥食事共撃柝ヲ以テ号トス毎朝盥漱シ力メテ室中ヲ清掃シ斉時食堂ニ出ツベシ
第六　朝六時ヨリ夜十時迄ヲ課業ノ時間トス其内午飯後一時ヲ運動休憩ノ時間トシ夕四時ヨリ七時迄門外散歩ヲ許ス外出ノ時ハ塾監ヘ断リ名札ヲ朱書ニシ帰塾ノ時ハ元ノ如ス
第七　休日ハ帰宅宿泊スルモ妨ナシ帰塾ノ時ハ何日ヨリ何日迄何方ニ止宿セル申請人ノ印章アル小紙ヲ持参ス可事
第八　臨時外出先病気其他事故アリテ無拠帰塾セサル時ハ前同様請人ノ証書ヲ持参スベシ
　但一ケ月中三度己上ニ及フ時ハ退塾ヲ命ス又事故ヲ以屢登校セサルモ同様ノ事
第九　塾中ハ飲酒ヲ厳禁ス酔態ヲアラワシ帰塾スル等ノ挙動学者尤モ慎ムベキノ急タル事
　但室中茶菓子ハ之ヲ許ス
第十　音読ト雖モ室中高声ハ禁止ス夜第十時寝期トス幼年ノ生徒ハ寝期其他規則ヲ斟酌ス
第十一　火ノ要鎮ハ無論吹烟及ヒ石油灯ニ注意シ灯心ヲ密合シ灯器ヲ覆サル様惣テ火器ニ念入レ寝号ニテ消灯シ火鉢ヲ室外ニ出シ無言寝ニ就クベキ事
第十二　生徒持参ノ火鉢成丈ケ台ト火入ノ間ニ透アルヲ用ユベシ

第十三　塾内ノモノ要用ニアラザレハ互ニ他室ニ入ル可ラス金銀貸借ハ厳禁タリ

第十四　塾中乱足早足ヲ禁ス

第十五　行李等ノ類ハ臥床ノ下ニ入置クベシ駄荷等粗大ノ荷物ヲ室中ニ置ク可ラス

第十六　塾中ドテラ三尺帯等ニテ食堂ニ出ルヲ禁ス

第十七　板床ノ上ハ土泥ノ付クル履物ヲ禁ス上履モ無響ノモノヲ用ユ可シ

第十八　室中其他戸障子硝子等破損セシモノハ価ヲ償フヘシ

第十九　賄方ニ向ヒ粗暴ノ言行ヲナス可ラス若不束ノ事アラハ塾監ヘ訴フベシ且自己ニ賄方ヲ使用ス可ラス

第二十　外来ノ人ヲ室中ニ導ク可ラズ社長塾監ノ案内アレハ此例ニアラス応接ハ食堂ニ於テスベシ故食時間ニハ退散セシム且洗濯人物売人ハ一切塾床ニ登ス可ラズ

第二十一　食堂ニテ銘々自己ノ席ニツキ互混沓シ且食期ニ後ルル勿レ

第二十二　両便所ヲ汚ス可ラス若汚ス事アラハ其人自ラ掃除スベシ

第二十三　窓ヨリ外ヘ唾ハキ又紙屑其外塵芥ヲ一切捨可ラス

第二十四　入湯ハ炎熱ノ候ヲ除キ一ケ月十度トス且過熱湯ハ大ニ健康ニ害アル故血温度前後ヲ用ユ各人任意温冷ヲ欲スル勿レ

第二十五　金銀其他所持品ハ能ク室中ニ仕抹シ紛失等ノ患ナキ様注意スベシ

第二十六　同室ノモノ倶ニ他出ノ時ハ室ヲ鎖シランプ幷火鉢ヲ賄方ヘ渡スベシ

第二十七　各ランプノ掃除等ハ定ル場ニテナシ火ハ必ラス台十能ヲ用ユ可シ諸道具ヲ仕ヒテ后元ノ処ニ返シ置ク可シ

第二十八　月俸ハ当今室代炭油一式ノ費用ヲ算シ二円七十五銭毎月月始朔日二日迄ニ差出スベシ若遅滞候ハヽ証人ヘ掛合可申事

証書雛形

証

何府県何国何郡何所
華士族農工商誰子弟
何　何某
干支何才

一英学等

右入学入塾致候上ハ諸規堅相守可申若本人身上何様ノ儀出来候共拙者引請御厄介不相成様可致候也

年号干支何月日

何府県官
又農商等属所　何　何　某　印

共立学校社長御中

右之通開業仕度此段奉願候也

壬申十一月　石川県士族　佐　野　鼎

東京府御庁

共立学校は願出人の佐野鼎が死去したので一時閉業したが、明治十一年五月二十五日に倅鉉之助から改めて開業願が提出された。

願書の内容は、

位置　第四大区一小区神田淡路町二ノ三佐野鉉之助邸内
校名　共立学校
生徒　凡百人の見積
教員　八人
英語学教師　追テ雇入之見積
英訳読教授　深沢要橋　三十年
英語学助教　遊佐五月学　二十二年五ケ月
英訳読助教　小林時宜　二十三年八ケ月
学科　英語学　同訳読　算術　和漢書籍　作文　習字
教則　正科　英語学　同訳読　算術
　　　予科　和漢書籍　作文　習字

となつていて、算術をのぞく正科の教則細目は次のとおりであつた。

教科書目并等級表

	語学教科書目	訳読教科書目
級外	ウイルソン氏綴字書 同氏プリマー	単語篇 ウイルソン氏プリマー 同氏第一読書 同氏第二読書 会話書
第一年 / 第一期　一期ヲ六ケ月トス	ウイルソン氏綴字書 同氏第一読書	ピネヲ氏文典 パーレー氏万国史

同氏　プリマー書中簡易文書取
会話書中　単語

ミッチエル氏　小地理書

第一年

ウイルソン氏　綴字書
同氏　第二読書
会話書

第二期

スウエル氏　羅馬史
クエケンボス氏　小米国史
モラルクラスブツク

第二年

ウイルソン氏　第一読書々取
ウイルソン氏　第三読書
会話書

第一期

グードリッチ氏　英国史
ウエーランド氏　小修身書

第二年

ウイルソン氏　第二読書々取
ピネヲ氏　小文典
作文　簡易ナル文章之語ヲ転倒シ
原文ニ直サシム

第二期

ウエーランド　小経済書
クエケンボス　究理書

第三年

ウイルソン氏　第四読書
ピネヲ氏　小文典
書取　不定書籍
ミッチエル氏　小地理書
簡易作文　教師題ヲ与フ

第一期

ミッチエル氏	中地理書
グードリッチ氏	列国史
ピネヲ氏	大文典
	作文
	書取

第三年

ピネヲ氏	大文典
グードリッチ氏	英国史
クエッケンボス氏	合衆国史
ミッチエル氏	大地理書
	作文
	書取

第四年

英国史
合衆国史
修身書
作文
書取

第四年

修身書
経済書

グードリッチ氏	米国史
ウエーランド氏	経済書

第二期

ピンノック氏	仏国史
グードリッチ氏	希臘史

第一期

チトレル氏	万国史
ウエーランド氏	経済書

第二期

ウエーランド氏	修身書
スミス氏	英国史

論文	教師題ヲ与フ
書取	
仏国史	
第五年	第一期
経済書	ギゾウ氏　文明史
動植物学大意	ウェーランド氏ピシックス（マヽ）
仏国史	万国公法
作文、論文	
第五年	第二期
仏国史	第一期ニ仝ジ
日耳蔓史	
ピシックス（マヽ）	
作文論文	

なお、校則には、

第一　本校ハ英語学同訳読及算術ヲ以テ正科トシ和漢書籍及作文習字ヲ以テ予科トシ級外ノ期月ヲ除キ大約五ケ年即チ十期ニシテ略科業ヲ卒ル者トス

第二　語学稍進歩ノ生徒ハ外国教師ニ教授セシメ下級ノ生徒ハ内国教員之ヲ教授ス

とあつて、再開には、英学を中心に教則を改めている。

もともと、共立学校は、佐野鼎が変則を主とする英学私塾の多いのをなげき、正則英語を標榜して創設しただけあつて、卒業生は英学の実力を身につけ上級学校の進学率もよかつた。

さきに、たびたび引用した「宮部金吾」にも、教育制度が過渡期にあつた時代に、官学へ進学するものの多くは、正則の英語を教えていた神田の共立学校からと横浜の高島学校からであつたと述べているのも、この事実を裏書きするものであろう。官学には東京英語学校（のちの大学予備門）のほか海軍兵学校があつたごとは攻玉塾に似ていた。元来、佐野鼎は、洋学を修め、砲術、航海術に熟達し、のち造兵司之頭に任ぜられた人だけに、海軍ばかりでなく陸軍にも多くの卒業生を送つたことは自然の成行で、共立学校英学の特色であつたともいえる。

しかしまた、その後身である開成学園のバッジがそうであるように、武ばかりでなく、文にも人がなかつたわけではない。学界の偉人といわれる南方熊楠は、高橋是清が経営していた時代の共立学校で英学を修め、ここから大学予備門に進んだが、同窓には幸田露伴がいたといわれる。また、島崎藤村は共立学校をへて明治学院に進んでいるが彼が明治学院へ入学したのは共立学校の英語教師木村熊二の感化によるものらしく、藤村はのち木村熊二（高輪台町教会牧師）から受洗している。

共立学校については、その後身である東京開成中学校から「東京開成中学校校史資料」（一一・一一）が出ており、創業当初の事情にもふれているが、佐野鼎死去後、その息鉉之助によつて再興されたいきさつはあきらかにされていないので、明治十一年の「私立小学校書類」からも要点を摘記しておいた。

同人社

一八七二年（明治五）六月、静岡から上京した中村正直は翌年二月、小石川江戸川の、静岡から移築した邸内に家塾同人社を開いたが、明治六年の「開学願書」から、同人社と分校開業の際のものをのせてみよう。

私学開業願

第一条　学校位置

東京府管下第四大区三小区小石川江戸川町十七番地

第二条　学校費用概略

英学

束修　二十五銭

二十五銭

月謝　五十銭

七十五銭

算術　十二銭五厘

月謝　二十五銭

五十銭

支那学

月謝　六銭二厘五毛
　　　十二銭五厘
月俸　壱円五十銭

第三条　教員履歴

柏崎県貫属士族
小林門蔵厄介
英学　柳沢信大
明治六年五月
三十六才五ヶ月
文久元年辛酉四月ヨリ慶応元年乙丑十月迄都合五ヶ年静岡県貫属士族中村一吉父隠居中村正直江漢学英学共従学明治五年壬申正月東京府管下第四大区湯島西門町壱番地講安寺借家英学教授開業同六年癸酉五月当社合併

静岡県貫属士族
算術　浜田晴高
明治六年五月
二十才九ヶ月
明治三年庚午五月ヨリ同四年辛未九月迄駿河国沼津元兵学校ニ於テ就学同年十月ヨリ同六年癸酉四月迄海軍六等出仕近藤真琴江転学

静岡県貫属士族
支那学　豊島住作
明治六年五月
二十五才九ヶ月
安政四年丁巳二月ヨリ慶応二年丙寅三月迄都合十ヶ年元甲府徽典館ニ於テ就学同年四月ヨリ明治元年戊辰二月迄元昌平坂学問所江転学同三年庚午四月静岡県ニ於テ元小学校教授方

第四条　教師給料
毎月月謝之六割五分ヲ以給料ニ相充候

第五条　学科
英学　算術　支那学

教則
英学ハ生徒之力ニ随ヒ三級ニ分チ綴字法単語会語ノ類ヨリ地理歴史究理経済修身学等ノ書訳読輪講等為致候算術ハ四法及開方ヨリ代数幾何微分積分ニ至ル迄等級ニ応シ授業致候支那学ハ英学ノ余力ヲ以初学読本皇漢歴史西洋翻訳書等生徒之力ニ応シ授業致候
大祭日天長節并年首年末毎月日曜日ヲ除クノ外朝第八時ヨリ夕四時迄就業致候

塾則
入塾及ヒ通学ヲ許ス節ハ証書本紙相渡シ右本紙ニ引請人等本人調印為致事
月謝ハ毎月一日ヨリ三日迄月俸ハ十日迄ノ中ニ可相納事
月俸ハ退塾下宿共一週七日ヲ以勘定可致右日数ニ不満者ハ

勘定不致事
毎朝各室ヲ掃除スヘキ事
就学時間ハ午前九時ヨリ午後四時迄ヲ就学時間ト定四時ヨリ日没迄ヲ散学時間ト定ム
喫飯時間散学時間ト雖モ一二人各室ニ留マリ看守スヘシ
外出ハ名札ヲ学務局ニ出スヘシ
夜中九時迄ニ各室ヲ見廻リ且ツ人員ヲ改メ不在数度ニ及バハ退塾致サスヘシ
外宿ハ請人之証書ヲ出スヘキ事
近火之節及ヒ烈風之節出門スヘカラズ
誤テ窓障子ヲ破ラハ銘々修補スヘシ但畳及窓障子等或焦シ或ハ破ル者過失ニ係ルト雖モ其時固ニ由リテハ修復料ヲ出サスヘキ事

右之通開業仕度此段奉願候也

明治六年五月　柏崎県貫属士族
小林門蔵厄介
社中　柳沢信大
静岡県貫属士族
社中　木平譲
静岡県貫属士族
中村一吉父隠去
校主　中村正直

東京府　御庁

分校開業願も、ほぼ同じ内容で重複するきらいはあるが、一部を省略してのせた。なお、麹町平河町の分校は、明治十二年四月、本校に合併され、そのあとに同人社女学校が開設されたことは、同人社女学校のところで述べたとおりである。

私学分校開業願

第一条　学校位置
東京府下第三大区一小区麹町平川町六丁目三番地
桑山重信方借家同人社分校ト唱
第二条　学校費用概略
束修　一円二十五銭
月謝　初級　五十銭
仝　二級以上　七十五銭
月俸　一円五十銭
第三条　教員履歴（省略）
第四条　教師給料
毎月月謝之六割五分ヲ以テ給料ニ相充候

第五条　学科
英学　算術　支那学
教則
惣而生徒之力ニ随ヒ三級ニ分チ綴字法単語会話ノ類ヨリ地理歴史究理経済修身学等ノ書訳読輪講等為致候算術ハ四法及ヒ開方ヨリ代数幾何微分積分ニ至ル迄等級ニ応シ授業致候支那学者初学読本皇漢歴史西洋翻訳書等授業致候大祭日天長節并年首年末毎月日曜日ヲ除クノ外朝第八時ヨリ夕四時迄就業致候

塾則
入塾及ヒ通学ヲ許ス節ハ証書本紙相渡シ右本紙ニ引受人并本人調印為致事
月謝ハ毎月一日ヨリ三日迄月俸ハ十日迄ノ中ニ可相納事
月俸ハ退塾下宿共一週七日ヲ以勘定可致右日数ニ不満者ハ勘定不致事
毎朝各室ヲ掃除スヘキ事
就学時間ハ午前九時ヨリ午後四時迄ヲ就学時間定四時ヨリ日没迄ヲ散学時間ト定ム
喫飯時間散学時間ト雖モ一二人各室ニ留リ看スベシ外出ハ名札ヲ学務局へ出スヘシ
夜中九時迄ニ各室ヲ見廻リ且ツ人員ヲ改メ不在数度ニ及ハ、退塾致サスヘシ
外宿ハ請人之証書ヲ出スヘキ事
近火之節及ヒ烈風之節出門スヘカラス
誤テ窓障子ヲ破バ銘々修補スヘシ但畳及窓障子等或ハ焦シ或ハ破ル者過失ニ係ルト雖其時宜ニ由リテハ修復料ヲ出サスヘキ事

右之通分校仕度此段奉願候也

新潟県士族
小林門蔵厄介
社中　柳沢信大
静岡県士族
明治六年十一月
木平譲
静岡県士族
一吉父隠去
校主　中村正直

英学教師は最初日本人だけであつた。日本人教師柳沢信大は、その履歴にあるとおり、漢学、英学とも中村正直の門下であつた

が、「英華字典」和訳の労作がある。

明治二年刊行の「英華字典」は英　斯維爾士維廉士著、清　衛三畏鑒定、日本　柳沢信大校正訓点となつているが、これはウエルズ・ウイリアムズ（Samuel Wells Williams　）の An English and Chinese Vocabulary in the Court Dialect （１８４４）を底本とした「英華韻府歴階」の一部に訓点をほどこして翻刻したものである。

S・W・ウイリアムズの名は、しばしば、立教大学の創始者であるC・M・ウイリアムズと混同されている。アメリカン・ボード・ミツションの宣教師であつたが、主として中国にあつて印刷出版関係の仕事に従事した中国学者で、ペリー提督の通訳官として来日したことがあり、また在中国アメリカ公使館書記官、代理公使をつとめた。中国叢報（Chinese Repository）はその編集になるものである。中国にあること四十五年、衛三畏はその漢名であつて別人ではない。

柳沢信大は、さらに明治十二年、ロブスチード（Rev, W. Lobscheid）の「英華字典」を底本として、津田仙、大井謙吉との共訳になる「英華和訳字典」を出版した。中村敬宇校正とある二巻本である。

同人社がコクラン、イビー、クロスビー、ウルフなどの外人教師を招いたのは明治九年以後であつた。外人教師には、以上のほか、一覧表によると共立学校にいたフリームも加つていた。

共　立　学　舎

尺振八の共立学舎が一八七〇年（明治三）に創設されたことは既出の尺振八の履歴書にもあきらかであるが、開学願書の提出されたのは明治七年三月で、同年十月二十八日付で許可になつている。

一位置　第一大学区第六中学区第七十六番小学区
　東京府管下第六大区本所相生町三丁目三番地

一私学校入費　凡五十円

一教師　浜松県貫属士族
　尺　振　八
　明治七年十月　三十五年三ヶ月
　履　歴　（既出したので省略）

一校名　共　立　学　舎

このほか、教師には助教堀口　昇（十九才）窪盛久（二十二年九ヶ月）の名が出ている。

学科、教則、塾則については次のように簡単に記されている。

一学科　英学

一教則

音読口授　月火金朝八時－九時半

ウェーランド　経済書　水木土朝八時－九時半

右尺振八授業

反則素読　毎朝七時－十時

甲之部　スチューデント仏国史　会読

乙之部　スチューデント英国史　〃

丙之部　グウドリッチ　仏国史　会読

丁之部　シーウエル　希臘史

右毎朝各級二字間宛授業

右　堀口　昇
　　窪盛　久　授業

一塾則

入門式　二円　授業料　三分

月俸　二円　塾費　十五銭

この開業願の書類は、病気のため閉業したいという尺振八から東京府知事楠本正隆あての届出と一括して明治十二年の「私学書類」にあるだけで、尺振八と共立学舎については、さきにあげた私塾の公費廃止についての反対建言「御布告之趣ニ付建言仕候書付」以外にみるべきものがなく、巻末の表にもその名を欠いでいる。

しかし、慶応義塾、同人社などに匹敵する英学私塾の名門であつたことは否定できない。福沢諭吉とは旧友の仲で第二回の米国行をともにしているが、明治十九年十一月、尺振八が肺患にたおれた時、福沢諭吉は馬をとばして弔問したという。

公費廃止反対の建言には吉田賢輔と須藤時一郎も書名しているが、一八七二年（明治五）に吉田賢輔は「英和字典」を、尺振八と須藤時一郎は「傍訓英語韵礎」を世に問うている。吉田賢輔は尺振八が大蔵省翻訳局長時代の副局長であり、この二人は共立学舎の創設と運営に協力した。尺振八にスペンサーの教育論の翻訳（明治一三年）があることは説明するまでもなかろう。

三叉学舎（明治六年開学願書）

塾位置　第一大区十四小区蠣殻町三ノ九

松平康倫邸内

学科　英学

教師履歴

北条県貫属士族

箕作佳吉父隠去

箕作秋坪

明六　四十七才

十二三年前より英学相心掛他人ニ就業致、義無之候

塾　中　規　則

一入塾之上ハ塾則堅く相守り互に友愛を旨とし朋友之信誼を守り礼義を失はず風儀を厳格にし学業を勉励し怠惰無頼之所業有之間敷事

一席順之義は学業之優劣教場之等級に従ひ候事

一深夜に及ひ読書するも発音して他人の眠を妨け候様之儀堅く可慎事

一書籍は勿論戸障子其外一切楽書致間敷事

一外出之節ハ出入共応門生江相断必ず無遺忘外出札を掛替へ可申事

一無餘儀用向にて外宿する時は其旨幹事江相断他行可致万一出先にて不意に用事出来或ハ急病等ニ而遅刻ニ及ひ一宿する時ハ翌朝帰塾之上其子細を相断可申二宿以上ニ及ぶ時ハ引受人より其子細認候証書を差越可申事

一夜中門限之義は第十一字と相定む門限時刻過て帰塾無之或は外宿せる人の外出札にて幹事之部屋に取還候間帰塾之上子細を相断可受取候事

一無拠要用有之歟或ハ病気等ニ而当分下宿する時ハ同様相断可申又不図外出之上二宿以上に及ひ尚帰塾難致義有之節ハ其旨書状を以て相断可申且ツ何れも帰塾之節ハ引受人より証書差越可申事

一塾中にて飲酒堅く禁止之事且外出之上酒を用ひ候とも帰塾の上酔に乗し大声を発し隣席を犯し他人之勉強を妨候所業厳禁之事

一塾中にて高殿に歌を唱へ詩を吟し候事禁止之事

一金銭貸仮一切禁制之事

一朋友知人来訪之節ハ応接所にて出会し自席江引受べからす

一諸商人江の用向は一切取次所にて弁し決して塾中に入らしむ可らす

一私席は必毎朝夜具を片付銘々に掃除し凡案等を整頓すべし総而居所衣服に不浄あらば健康を害する一大悪事なれハ勉く清潔にす可し

一二階の窓より紙屑其外一切塵芥類棄べからず

一他局と会合雑談長談堅く禁制之事

一他局之人猥りに入込勉強の妨に相成候儀有之節は無遠慮其旨幹事江可申出事

一輪講会読の下読或ハ私之対読等にて会合いたし候節にハ総而講堂に於てすべし私席に集る可らす

一塾中火之元大切に可致事

入社入塾之式

一入社之節ハ本貫身分姓名年令住所等巨細相認持参可致事

一入塾之節ハ身元引受人相立て在塾中引受証書可指出尤引請人ハ東京住居之者たるべし

一入社金　千匹
一入塾之節は別に積金　百匹
一退塾之節ハ其旨引受人より断書相認差越可申事

教場規則

一教授ハ英学普通科にして文法地理歴史窮理経済天文等の書を旨とする事
一生徒ハ学業之深浅ニ因り素読独見之二部に分ち独見生徒を会読輪講之二課を以て教授する事
一等級ハ第一等より第十等に至る第十等以下を等外とす素読生徒は等外にして独見生徒以上等級に加はる事
一等級之黜陟は毎月輪講之甲乙表に随ふ事
一課程書名等ハ時ニ変革あるに因り其度毎に講堂張出しの通心得可き事
一素読　毎朝八字過より十字過に至る
　課程之書物は教員之指図に可従事
一会読
　生徒若干名を一組となし書名を定め銘々独見下読之上相会読し会頭に不審を質する事
一輪講
　前同断但しクジを以て席順を定め文理を講釈し他人の質問に応答し互に異論ある時は会頭其勝敗を決する事
　会頭勝敗を記するに優者ハ白点を以てし劣者ハ黒点を以てし月末に至り此点数に因り等級上下する事
一輪講之義ハ互に真の学力を以て文理を討論理解し随て等級之登下にも関係する事なれハ下読之義ハ必独見とす敵に傍人の力を仮るを許さす若し窃に他人に質問する等の事ある時は罰あるべき事
一文法書輪講之義ハ下読之節他人も質問する事を許す
一輪講会読始まる時ハ鈴を鳴らし報告する事
一輪講会読ハ文理を討究する事なれハ弁論は勿論なれ共仮初にも雑言等を発し無礼ヶ間敷義有之間敷事
一輪講並に日課とも欠席を許さす病気之節ハ当日他行不相成若又医師江罷越願或ハ実以無余儀用事あれハ其旨幹事江相断事実不得已事分明なれハ臨応之を許す事も可有之事
一受業之謝として毎月金壱円つゝ出す可し
一外来生謝金之義ハ毎月十日迄ニ幹事方江差出すべき事

右之通先年来開塾罷在候向後も従前の通開塾罷在り度候此段奉願候也

小条県貫族士族
箕作佳吉父隠去
明治六年
箕　作　秋　坪
東　京　府　御中
三　叉　学　舎

三叉学舎は明治元年十一月の創設で、慶応義塾についで古い。教則については教場規則に、英学普通科として文法、地理、歴史、窮理、経済、天文などの書を旨とするとあるだけでつまびらかではないが、以上にあげた科目を適当にえらび、画一的でない教育方針で、しかも英学だけにかたよらぬ相当程度の高い内容が与えられたようである。

「阪谷芳郎伝」（二六・二）には三叉学舎について書かれた一節がある。明治五年一家を挙げて上京した芳郎の父阪谷朗盧は、明治六年に十一才の芳郎を三叉学舎に入門させた。朗盧と秋坪とはかつて古賀侗庵の劉門塾下での同門であつたばかりでなく、明六社中の同志でもあつたからであろう。伝記の著者は、当時の有数私塾にふれて

「……これらの諸塾こそは、実質的に当時の中等教育を担当せる教育機関であり、後年の画一的教育と異り、その性質上所謂秀才教育の実施を可能とした為めに、その教課の程度は相当高度のものであつた。」

とし、三叉学舎については

「「三叉学舎の例に就て見ても、語学の初歩の楷梯を終了せる者は、学力に応じて次才に、例へばピネオ文典、パレー万国史、スミス国富論等の原書を読ましめてゐた。

幕末に於ける屈指の蘭学者であつた箕作阮甫を養父に有つ秋坪先生は、当時有名な洋学者であつたが、同時に漢学の造詣も深かつた。門弟に対しても始終「洋学ばかりやつたのではいかん。同時に漢学をやらなければ、人間といふものは立派にならん。漢学の出来ない洋学者は役に立たぬ」と注意してゐた。子（阪谷芳郎をさす）の漢学の素養は、この時代にも養はれたのである。」

とあるが、三叉学舎の英学の特色はこの点にあつたようである。

三叉学舎は蠣殻町の松平津山藩々邸内にあつた。秋坪が津山藩の出身であることはいうまでもない。松平邸は大川端にあつた。大川には三方から潮の流れが集るところがあつたので、それにちなんで三叉学舎とよんだといわれる。

三叉学舎からも相当の人物が出ている。阪谷芳郎の在学中には、平沼淑郎、騏一郎の兄弟、秋坪の四男の元八（西洋史学者）などがいたと伝記にみえる。「松陰本山彦一翁遺稿」（一二・一二）の日記篇をみると、翁も三叉学舎に入門している。明治五年四月八日に入門し、九日には海軍省へいつたかえりに山城屋で、綴書を「価壱分二冊五分切レ」で求めたとある。

三叉学舎の同窓会は、出身者の多くが物故するまで長くつづけられたという。

鳴門塾（明治五年開学願書）

塾則表　英学教師　鳴門義民

第二大区小二区　露月町　付属地住居

大蔵省勧農権中属　英学教師　鳴門義民

申三十六才

本塾　右住所己巳年八月中願済私塾開業

支塾　第一大区小十三区

若松町付属地島邑元琳宿所

辛未年十月中願済

右私塾開業ノ素志ハ

王政維新ノ盛世ニ当リ英才俊傑輩出シ日新ノ洋学ヲ主張シ以テ済世ノ才ヲ養ヒ以テ報国ノ策ヲ立シヨリ以来文明日ニ進ミ開化月ニ盛ニ奴隷婢僕ノ徒猶孜々トシテ斯学ニ従事セントス然レトモ学資ノ貴キ産業ノ忙シキ其意ヲ遂スル能ハス因循以テ千歳ノ一期ヲ空費ス豈彼真意ナランヤ因テ自揣ラス同志ノ士ト相謀リ私塾ヲ設ケ学費ヲ減シ夜以テ昼ニ継キ市中童蒙ヲシテ斯学ニ従事スル階梯タラシメ教学相長シ聊教化ノ万一ヲ奉補シテ以テ報国ノ微衷ヲ欲スル而已

学課

英語階梯　英語綴　兵学寮出板

地学初歩　コルネル氏著　理学初歩マーリー氏著

博物階梯　兵学寮出板　文典　ピネヲ氏著

万国歴史　ペートル氏著　地理書　ミッチヨル氏著

究理書　クエケンホス氏著　経済説略　沼津学校板

以上授読

当今会話書　リードル

以上語学

算術

以上

束修料　随意

月謝料　金二朱

右通学生

入塾料　金壱円一方片

月謝料　金壱方

月俸料　凡金壱円二方

但生員多少ヨリ増減アリ

前書之通御座候以上

大蔵省御用大坂出行留守中ニ付

鳴門義民代

同人厄介

大蔵省記録権少属　島邨泰

同人塾長　池田英洲

壬申三月

家塾開業願（明治六年開学願書）

才二大区小二区　芝露月町三十五番地住居
大蔵省租税権中属
鳴門義民
壬申三拾六才

才一条　学校位置
本塾　才二大区小二区芝露月町三十五番地住居
同
分塾　才一大区小拾三区薬研堀町島村元琳宅

才二条　学校費用
束修　随意
月謝　金弐朱
月俸　凡金壱円弐方

才三条　教員履歴
請持　才六大区小拾四区
窮理書　経済書　本所柳原町三丁目八番地
万国歴史地理書　本木貞雄
壬申廿二才

明治三庚午年五月十五日ヨリ当塾ニ於テ修業
請持　神奈川横浜元町三丁目
理学初歩　会話篇　肥後屋竹次郎厄介
リートル　英学階梯　渡辺音次郎
壬申十七才

明治二己巳年七月ヨリ於当塾修業
請持　青森県貫属士族
理学初歩　文法書　鈴木浪江
壬申二十三才

明治四辛未年二月ヨリ於当塾修業
請持　山口県貫属士族
理学初歩　文法書　中川厚輔
壬申十九才

明治四辛未四月ヨリ於当塾修業
請持　長野県貫属士族
文法書　数学　木内謙蔵厄介
人見為男
壬申三十才

明治三庚午年十月ヨリ於当塾修業
請持　才四大区小拾区
文法書　小石川丸山町二番屋舗
時田秀三
壬申卅六才

明治三庚午年十月ヨリ於当塾修業
請持　愛知県貫属士族
地学初歩　加藤謹二郎
壬申廿九才

明治二己巳年七月ヨリ於当塾修業
請持　　三田台町壱丁目
地学初歩　町人　新田　久三郎
壬申十八才
明治三庚午年十一月ヨリ於当塾修業
請持　　栃木県貫属士族
地学初歩　黒川　固四郎
壬申廿四才
明治四辛未十二月ヨリ箕作麟祥方ニ而修業同五壬申二月ヨリ
於当塾修業
請持　　鳴門義民甥厄介
英学階梯　鳴門　半蔵
壬申十三才
明治三庚午年十一月ヨリ於当塾修業
分塾教員
請持　　美々津県貫属士族
窮理書　理学書　小川　潔
壬申廿四才
明治二己巳年五月ヨリ同三庚午年四月迄箕作麟祥方ニ而修業
同年八月ヨリ同四辛未年四月迄慶応義塾ニ而修業同年八月迄
南校ニ而修業同八月ヨリ同五壬申八月迄神奈川県学校ニ而修
業同十月ヨリ当塾ニ而修業

請持　　足羽県貫属士族
窮理学　文法書　牧田　庸夫
万国歴史　地学書　壬申廿一才
明治四辛未年正月ヨリ同年八月迄元福井県学校ニ而修業
同年八月ヨリ同五壬申年四月迄本塾鳴門義民方ニ而修業
同年四月ヨリ当塾ニ而修業
請持　　美々津県貫属士族
万国歴史　地学初歩　長谷川　節
地理書　壬申二十三才
明治四辛未年二月ヨリ同八月マテ鹿児島県学校ニ而修業同年
十月ヨリ同五壬申年八月迄神奈川県学校ニ而修業同年九月ヨ
リ当塾ニ而修業
請持　　浜松県貫属士族
数学　堀　義郎
壬申廿二才
明治二己巳年八月ヨリ同年五壬申年正月迄静岡県学校ニ而修
業同年正月ヨリ九月迄沼津学校ニ而修業同年九月ヨリ当塾ニ
而修業
学科
英学　数学
教授書籍
一英学階梯　一地学初歩

一文法書　一理学初歩
一万国歴史　一地理書
一窮理書　一経済説略
一会話篇　一リードル

教則

素読順

一英学階梯終テ地学初歩終テ文法書終テ理学初歩地理書万国歴史究理書経済略右順々ニ素読之事
一会読生素読生ノ差別ナク己カ読ム所ノ書毎日課程ヲ設ケ順環ニ誦読可致事
一会読生ハ毎月黒白勝敗相調階級之差等有之事欠席ノ者ハ黒点三ツ相与ヘ候事
一素読生ハ平常之勤惰相調差等有之候事

時間

一午前第八字ヨリ十一字迄午後第一字ヨリ三字迄之事
一午前時間素読之事
一午後時間語学幷会読之事

塾則（略）

一入塾之節請印取リ証書持参之事
一書籍上討論ハ不苦ト雖モ無益ノ争論ハ己レノ時ヲ費スノミナラス隣席ヲ妨ケ候者可為厳禁事
一塾中ニテ高吟放歌不相成候事
一窓ヨリ品物ノ売買ハ勿論往来ノ人共談話不相成候事
一夜中音読ヲ禁シ候事
一門限ハ第十字之事
但期限ニ後帰塾致ス者ハ其次第認メ証書差出可申事
一止宿ノ節ハ一泊タリト雖モ其宿主ヨリノ証書持参可致事

右之通開業仕度此段奉願候也

第二大区小二区芝露月町三十五番地住居
大蔵省租税権中属
壬申十一月　鳴門義民

東京府御庁

共慣義塾（明治五年開学願書）

英学義塾取建之儀ニ付願

謹テ惟ミルニ方今
皇化隆盛之時運ニ随ヒ洋学ノ行ハル、日月ニ相進ミ候得共官校私塾未タ周子カラス有志ノ徒猶便益ヲ得サルノ遺憾モ有之哉ニ奉存因テ自他ノ智覚ヲ磨淬シ風化ノ万一ヲモ毘補仕度磐前県貫士族士木中属三好正気伊万里県貫属士族工部省出仕安永弘行申合セ同姓従五位南部利恭家従ノ内可成修業ノ者モ両三輩有之ニ付不取敢木挽町五丁目ニ於テ英学義塾ヲ開キ上ミ在官ノ人士ヨリ下モ市街ノ子弟ニ至ル迄有志ノ輩ハ倶ニ入学勉

励仕度奉存候尤トモ学則塾法等ハ追テ精修ノ上可申上候得共
先ツ義塾取建之義御許允被成下度此段奉願候敬白

東京府貫属華族

辛未十二月　　南部信民

東京府御中

辛未十二月開業ノ掲文

共慣義塾開興之一則

時哉我国文明開化日新ノ際其命令ヲ竢スシテ横文ノ行ル駸々乎タリ然リト雖モ更始維新ノ日タルヤ未ニ久カラス故ニ官校私塾ノ設モ亦遍カラス且ツ其学校時限ノ規則アルヲ以テ王事ニ鞅掌スル者或ハ生業ニ奔走スル者志アリト雖とも又安ゾ此ニ従学スルヲ得ンヤ於是有志ノ徒相謀メ官許ヲ受ケ木挽街五丁目ニ於而英学所ヲ開興シ名ツケテ共慣義塾ト云晩四字ヨリ第十字迄搢紳民庶及年歯ノ長幼ヲ不診有志ノ者来而学ン事ヲ希望ス其束修月費ノ如キニ左ニ掲示ス

束修　金弐円
月謝　金壱円一歩
月俸　金弐円弐歩上等
月俸　同壱円弐歩下等

官員ヲ除ク外生徒勉励ノ為其業ヲ試ミ挙テ初学ノ教示トス生徒ヲ主管スル多少ニ依リ月謝并月俸ノ償ヲ定ム
且云米国人カタナ来テ以テ其力ヲ戮ス

入社並入塾之規則　（略）
塾中之規則　（略）
教授之規則のうちから

正則課目
ウキルソン氏　第二リートル書取　パッテル氏　会話暗誦
英和通信　会話暗誦　ウキルソン氏　第二リートル読方
ウキルソン氏　第一リートル同　綴書

変則課目
ウキーレンド氏小　経済書講義　シウエトン氏小　米国史
講義　プレー氏　万国史会読　同　同講義　ミチツル氏大
地理書素読　クエケンホス小　文典輪講　同　同素読
地学初歩素読

第四大区小五ノ区
東京府貫属華族
壬申六月　従五位南部信方養父隠去
共慣義塾開主　南部信民

私学開業願（明治六年開学願書から抜萃）
学校位置
第四大区小五区陽島天神下三組町新五番地福地源一郎より借地
学校費用
束修　二円　月謝一円一分　月俸一円二分
新則教科　一ヶ年一円二分

教員

長沼	熊太郎	申二十一才
島野	清五郎	十八才
八角	高英	二十才
高原	元吉	二十六才
猪俣	節太郎	二十才
高木	明輝	二十二才
山田	長禄	十九才
柳田	政醇	十八才
佐田	貫之助	二十一才
森住	元五郎	二十一才
（数学）水津	郁	二十四才
米国人	ガダナ	申二十六才

学科

一等	ウヘラント	修心論	スチーテント	仏国史
二等	ウヘラント	経済書	ウイルソン	萬国史
三等	ウヘラント	修心論	クエケンボス	米国史
四等	マルカム	英国史	カノツト	究理書
五等	スウール	羅馬史	グートリツチ	万国史
六等	ミツチエル	地理書	クエケンホス	文典書

壬申十一月　　南部信民

東京府御中

共慣義塾へは原敬など、のちに名士となつた人たちが入塾したので、伝記にも、この義塾の名が出てくるが、その設立の動機や場所、とくに福地源一郎との関係が必ずしも同じではない。村松梢風の「原敬血闘史」（近世名勝負物語第二十二話）に次の一節がある。

「その年に（明治四年をさす）、旧藩主南部利恭は東京へ移住し、次代の南部人を養成するために「共慣義塾」という英語学校を設立していたので、二人（原敬と郷里から同行したその友人）は首尾よく共慣義塾へ入学することが出来た。共慣義塾は木挽町三丁目にあつて、塾長は慶応義塾に学んだ佐藤三介という人であつた。」

前田蓮山の「原敬伝」上巻（一八・一）の「東京遊学」のくだりには、共慣義塾について一層くわしく出ている。

「南部藩が七十万両の献金に窮して、廃藩を願ひ出た結果、明治三年七月に盛岡県となつた次第は、前に述べた。

そこで旧藩主利恭は、翌四年八月に東京に移住し、せめては次代の南部人を養成して、今回の恥辱をそゝぎたいといふ考へで、共慣義塾と称する英語学校を設立した。塾長は佐藤三介といふ人であつた。この人の父は三平といひ、南部の町学者であつたが、江戸に出て御家人の株を買ひ、幕府の役人になつた人とか聞いた。三介は夙に慶応義塾に学び、当時の新智識であつた。」

原敬は明治四年十二月二十四、五日頃上京、品川に上陸、一先ず宿屋に落付いてから共慣義塾に入つた。

「共慣義塾の学資は、月謝、寄宿料合はせて、一ヶ月三円であつた。明治六年の「同人社」（中村敬宇塾）の新聞広告を見ると、月謝が二円（午後の部は五十銭）で、寄宿料は一円五十銭である。月謝が当時の私塾の通り相場であつたらしいが、共慣義塾は、南部家が旧臣の子弟のために設立したので、月謝が五十銭だけやすかつた。それにしても寄宿料に比し、月謝が法外に高いわけであるが、それは外国教師の給料が高い上に、生徒は少数といふところから生じた現象であらう。共慣義塾には英国人教師が二人ゐた。」

「共慣義塾は、原敬が入学当時は、京橋区木挽町三丁目にあつた。犬養毅も明治八年に上京して、この塾に入つたが、「犬養毅伝」（鵜崎鷺城）に「此の共慣義塾は本郷湯島にあつた。初め福地源一郎の設立に係り、それが如何なる径路を経たものか、後に八戸藩主南部氏の所有に移り‥‥」とあるのは間違ひで、宗家の南部氏が創立したのである。また諸書に「共勧義塾」と書いてあるのも間違ひである。此の塾は、原敬が入塾後間もなく、新富町に塾舎を新築して移転したが、明治五年四月に類焼の厄に遭ひ、丸焼けとなつたので本郷湯島の福地源一郎の塾(日新舎)跡に移つた。福地は明治三年十一月から伊藤博文に従つて米国に行き、更に岩倉大使の随行員になつたけれども、誰れか福地の名義で塾をつゞけてゐたが、とうとう維持し切れなくなつて、共慣義塾に譲渡したのである。」

以上の記述は、府の記録にてらし、大体において正確である。ただ、最初の所在地は木挽町五丁目が正しく、壬申（明治五年）二月新富町二丁目へ転じ、翌年、さらに湯島の福地邸へ移つたようである。

共慣義塾は、湯島に移つてから増上寺の僧侶であつた神原精二が還俗してから経営していたことがあつたといわれる。このことは慶応義塾を出てから共慣義塾で教えた門野幾之進の「事蹟文集」（一四・一一）に出ているが、それにも、共慣義塾は、はじめ福地源一郎が設立して、のちに南部家の所有となつたと説明されているので、この点についての真疑のほどもにわかに決しがたい。この神原精二の名は外人教師の雇傭主として一覧表にみられるが、同じ私塾であるかどうかは、も少し検討してみなければわからない。

共慣義塾へは、門野幾之進のほか、後藤牧太、芦野巻蔵らが慶応義塾から教師として派遣されていた。

勧学義塾（明治五年開学願書）

開塾願書

今般私共儀社ヲ結ヒ静岡県士族秋山泰英学教頭相雇愛宕下広小路東京府権典事増野貞吉邸内借受皇漢洋三学開塾仕度此段奉願候以上

壬申二月五日

遠藤胤城
石川総管
保科正益
松平忠恕

東京府御中

開塾届書

今般願済之通愛宕下広小路東京府権典事増野貞吉邸内借受開塾仕候塾名之儀者勧学義塾与相唱申候此段御届仕候以上

壬申二月九日

遠藤胤城
石川総管
保科正益
松平忠恕

東京府御中

勧学義塾規則（一部抜萃）

一証人ノ契書無キ者ハ入門ヲ許サス

但案文ハ入門申込ノ節塾監ヨリ之ヲ渡ス

一入学中ハ華士族平民ノ別無ク学業ノ等級ヲ以テ席順ヲ定ム

（中　略）

一正則ニ入リテ学フ者ハ入門金弐円月謝金壱円三方ヲ差出スヘシ

但変則ヲ兼学スルトモ別ニ月謝ヲ出スニ及ズ

一変則ニ入リテ学フ者ハ入門金壱円月謝金壱円ヲ差出スヘシ

私学開業願（明治六年開学願書抜萃）

学校位置

東京府管下第二大区二ノ小区愛宕下町弐丁目乙壱番地

学校費用

束修　正則入門　金弐円
　　　変則入門　金壱円

月謝　正則　金壱円三方弐朱　但変則数学漢籍兼学ヲ許ス
　　　変則　金壱円　但数学漢籍兼学望ニ任ス

月俸金弐円

教員履歴（洋算、支那学省略）

英学変則受持　旧幕開成所　秋山政篤
壬申二十七才

英学変則受持　慶応義塾　久恒雄五郎　壬申二十六才
〃　伊東昌之助塾　服部照朝　壬申二十三才
通弁受持　勧学義塾　杉浦正修　壬申二十二才

外人教師
英国人エドワルトランベルト　壬申二十六才
免許
期限　明治五壬申年三月二十七日－同年六月尽
延期　明治五壬申年七月一日－同年十二月卅日
英国人アルベルトイザークス　壬申二十六才
免許
期限　明治五壬申年八月五日－同年十二月卅日

教師給料
一ケ月　金百五十円　ランベルト
　　　　金七十五円　イザークス
語学通弁　金十円　杉浦正修

変則教員給料
一ケ月　金三十五円　秋山政篤
　　　　金十七円　久恒雄五郎
　　　　金十円　服部新

但変則教員此外生徒中ヨリ助補ヲ都合ス

学科
英学　数学　支那学

教則
クエケンボス窮理書講義　ウエーラント経済書講義付地理書
パーリ万国史素読及尋問　文典書取　会話書取　ヲニオン、リードル　スヘリングブーク　ウイルソン氏リードル

変則教則
講義　グードリッチ万国史　仏国史聯邦史　クエッケンホス窮理書　ハーリ地理書　ハーリ万国史
輪講　小米国史　文典
素読　文典　地理初歩　英語綴　第一読本　第二読本

勧学義塾（明治六年開学明細調抜萃）

第二大区二小区愛宕下町二丁目乙一
勧学義塾
石川総管　遠藤胤城
五年二月五日開業
英学洋算支那学
教授書籍概略
万国史《グードリッチ》仏国史聯邦史窮理書《カッケンボス》地理書万国史《パーリー》小米国史文典
地学初歩英語綴第一読本第二読本

教員

英学変則　旧幕開成所仝教授　静岡藩英学五等教授大学　南校教場手伝文部少助教　浜松県　秋山政篤　壬申二十七才

〃　福沢諭吉へ従学中津市校へ教授　小倉県　慶応義塾再入学　久恒雄五郎　壬申二十六才

〃　南校準大助教伊藤昌之助ニテ英学従学南校入学再び伊藤昌之助へ従学　東京府　服部照朝　壬申二十三才

英学通弁　勧学義塾ニ入学ランベルトニ従学　石鉄県　杉浦正修　壬申廿二才

外国教師　英国人

英学　エドワルトランベルト　壬申二十六才

免許　期限明治五壬申年三月廿七日ヨリ同年六月尽マテ
　　延期明治五壬申年七月一日ヨリ同年十二月卅日マテ

雇中止宿場所　勧学義塾邸内

給料一ヶ月金百五十円

教授書籍概略

朝

第七字ヨリ八時半迄　隔朝　クエケンホス　窮理書講義
ウエーラント　経済書講義
附地理書

第八時ヨリ十時マテ　文典書取

第十時ヨリ十二時マテ　第一アビシ組　会話書取

隔日　ヲニヲシリートル　素読
スヘルリンクブーク　綴字法

午後

第一時ヨリ三時マテ　一ノ組文法書聞取

第三時ヨリ五時マテ　ペートルパーリー　万国史素読及尋問

英国人

英学　アルベルトイザークス　壬申二十六才

免許期限明治五壬申年八月五日ヨリ同年十二月卅日マテ

雇中止宿場所　前同邸内

給料一ヶ月金七十五円

教授書籍概略

朝

第八時ヨリ九時マテ　アビシ組

第九時ヨリ　一ノ組甲ノ部
第十時半マテ　ウイルソン氏
リードル素読　スペリンクブーク
綴字法
第十時半ヨリ　一ノ組乙ノ部
第十二時マテ　前同断
午後
第一時ヨリ　ヘートルハーリー
万国史質問及教師尋問
第二時マテ　地理書ノ内星学術聞取
第二時ヨリ
第三時マテ　地理質問及地理尋問
第三時ヨリ　アビシ組乙ノ部
第五時マテ　フヲルストブーク素読
スヘリンクブーク綴字法

生徒人員
六才以上九才マテ　男　六人
十才以上十三才マテ　男三十七人
十四才以上十六才マテ　男　六十人
十七才以上十九才マテ　男八十八人
十九才以上　男八十一人
総計　二百七十二人

社中人名
東京府貫属華族　二八名
（松平忠恕、水野忠幹、保科正益、太田資美など）
士族　三名
商　三名
塾監　三名

有馬学校（明治六年開学願書）

私学開業願
学校位置
東京府管下第三大区小十三区表三町目従四位有馬頼咸邸内
学塾費用
束修　金千疋
諸入費　金弐分
月俸　金弐円
教師履歴
教員
埼玉県士族　市原正樹
壬申三十六才
慶応元丙寅年八月伊藤玄朴方江従学其後長井修三方江従
学当校私学執事罷在候
高知県士族　森春吉
〃二十三才
慶応元丙寅年三月福沢諭吉江従学明治三庚午年四月高知
県洋学所一等教授被命同辛未六月辞職同年九月工部省測
量技術一等見習拝命同壬申二月同省鉱山寮江転寮被仰付
同年九月依願御免同年十月ヨリ当塾教授罷在候
埼玉県士族　青木円次
〃二十九才
慶応元丙寅年五月千村五郎江従学同二丁卯年三月開成所

世話心得被申付明治元戊辰迄相勤箕作秋坪江従学明治五壬
申年八月当塾教授罷在候

静岡県士族　木　村　成太郎
〃　二十一才

明治三庚午年五月ヨリ同四辛未九月迄大学南校江従学同年
十二月ヨリ同五壬申年八月迄文明義塾江従学同年八月ヨリ
当校教授罷在候

和歌山県士族　山　本　良太郎
〃　二十二才

明治三庚午年四月ヨリ大学南校江従学同四辛未年四月ヨリ
大阪府理学所江従学同年十一月ヨリ早稲田山東一郎江従学
同五壬申年三月ヨリ文明義塾従学同年八月ヨリ当塾教授罷
在候

以下九名省略

英吉利ロントン生
ケ　ン　ノ　ン
申二十七才

免許無之

同断婦人
ホ　ツ　シ　ー　ス
申二十六才

同　断

雇中止宿場所　才三大区小十三区
赤坂表一丁目邸内

期　限　明治五壬申年八月ヨリ
同六癸酉年二月迄

教師ケンノンジ給料
一ケ月　金百弗

同ホツシス給料
一ケ月　金八拾弗

学科　皇学　支那学　英語学　筆道　算術

教則　皇漢学　八時ヨリ十一時迄
英語学　七時ヨリ四時迄
変則　七時ヨリ四時迄
習字　八時ヨリ十一時迄
算術　一時ヨリ四時迄

塾則

入塾社ヲ乞フ人ハ学社ニ来リテ姓名ヲ通シ幹事局江申込ムヘシ
入塾社ヲ乞フ人ハ親兄弟又ハ親族ノ内ニテ一人差添証書持参ノ
事
入社ノ式ハ金千匹ヲ出スヘシ
毎月雑費料金弐分ヲ納ムヘシ
年令七才以上ノ者ハ北舎ヘ入レ十六才以上ハ南舎ヘ入レシム
毎日稽古ノ終始ハ鐘鼓ヲ打チ知ラサシムル事
通学ノ者出席ノ節ハ持参ノ鑑札幹事局江差出スヘシ
通学ノ者断リ無ク欠席致候ハヽ社籍ヲ除キ候事

入塾則（省略）

女学之規則

学舎ノ内別ニ一教場ヲ設ケ教ヘシム男子ノ入ルヲ不許

但シ当分ノ内通学斗リ追テ入塾ヲユルス諸規則ハ都テ男子
ト同様タルヘシ
右之通開業仕度此段奉願候也
壬申十一月
第一大区十四ノ小区三番地蠣殻町三丁目
東京府貫属華族
中教正従四位　有　馬　頼　咸
東京府知事　大久保　一翁殿
以下略

同じ年の「開学明細調」にある報国学社は有馬学校と同じものである。西島越町の松平忠敬邸から赤坂表町へ移転したようである。教授書籍が出ているので、一部を摘記しておく。

報国学社
第五大区二小区西鳥越町三松平忠敬邸内
有馬頼咸　壬申五十才
五年八月開業
皇漢学英語学算術筆道
教授書籍

英学正則　綴書《ウエブスタ》　ウイルソンリードル　地理書《カツケンボス》　会話《ハツトル》　文典《カツケンボス》
歴史　万国史《グードリツチ》
英学変則　地学初歩《コルネル》　理学初歩　地理書　文典《クエツケンボス》　地理書《ミツチエル》
米国史《クエツケンボス》　万国史《ペートルパーレー》　窮理書《クエツケンボス》　各国歴史
修身学《ウエーランド》　経済書《チヤンベル》

有馬学校には、「女学之規則」にあるように、女子専用の教場があり、男子の入場を許さなかつたが、実状は共学であつた。前にしばしば引用した山川菊栄女史の「女二代の記」から有馬学校関係の部分をのせる。男女共学の実状もよく描きだされている。

「これは俗に有馬学校といわれ、四谷見附に近く、いまの国会図書館の敷地にあつた有馬侯の邸内にあり、浜町の水天宮とともにその邸が類焼したとき、ここに仮りに移転したので、そのお賽銭でまかなわれていたものでした。月謝は他の学校の半分、月一円で先生はミス・ピアソンという、だいぶ年をとつたイギリス人でした。

この先生はたいそうきびしく書取を直しながらミステークがあると「ノオテイ・ガール、ノオテイ・ガール」とおこりました。しかし、千世はここではじめてアルフアベツトからスペリング、リーダーの一の巻と順序よく教えこまれて目鼻がつき、この一年間は会話、地理、文典などじつに面白く勉強し、リーダーも第四まで進みましたが、これはまつたくピアソン先生がきびしかつたおかげでした。訳や漢学や洋算の先生など手も揃い、アラビア数字も習つて四則を知り、開平開立まで習いました。この学校には寄宿舎もあり、千世も島本姉妹もそこに寄宿して土曜日曜に家に帰りましたが、その島本幾代さんが巻紙に走りがきした、千世あての手紙が一通残つています。

「一筆申上まゐらせ候。さては今晩要用御座候ゆへかへりがたく候あひだ、石盤に書て御座候分をペン（ペン）にて明朝までに紙え御うつしつかはされ度、はばかりながらよろしく御ねがひ申上候、まづはあらあらかしこ」

当時は石盤かペンをつかい、舶来品で貴重だつたのか鉛筆は使わなかつたらしいのです。

「報国学舎は男女共学で男の子は十五、六才から十八、九才のなまいきざかり、数も多く、なにぶん女といえば虫けら同様にしか考えなかつた時代のことですから、女と机を並べるのがよほどいまいましかつたらしく、ミス・ピアソンの前でこそ慎んでいたものの、その姿の見えない所では、あらゆるいやがらせをやりました。女の子を見れば「おかめ」、「ひよつとこ」、「おたふく」などとよびかけるのは普通のこと、女の子がなにかいつたり、したりするごとにワツと笑つたり、ヒユーヒユーヒユー口笛をふいたり、ガタガタ床をふみならしたり、なにかにつけて意地わるく出て、女の子をおさえつけ、結局来させないようにする腹だつたようです。女の方は数が少なく、おまけにお嬢さん育ちときては達者なやりとりもできないところでしたが、幸い年もとつており伝法な宮本お信さんがいてくれて助かりました。

「何をツー・べらぼうめ。おたんちん野郎！　女だろうがおたふくだろうがてめえらのお世話になるかつてんだ。女に英語が読めてくやしいのか。男のくせにケチな野郎だ。くやしけりやあ遠慮はいらねエ。てめらも負けずにペラペラツと読んで見ねえ。さ、読んでみな。読めねエか。ざまアみやがれ、読めねえなら読めねえでいいからおとなしくひつこんでろい。文句があるなら夕バになつてかかつてきやがれ。てめえらの相手にやおいらひとりでもつたいねエや。」

あのすんなりしたいきなお信さんのどこからあんなすさまじい悪体がわきだしてくるかと思うようでしたが、いくたびかこういう場面がくり返されているうちに、いつのまにか少年はおとなしくなつてしまい、女たちを目のかたきにしてからかうようなことはなくなりました。が娘たちの方でも勉強には真剣で男の子が何といおうと相手にせず、実力で少年たちを圧倒する勢でもあつたので、しぜん悪口がいえなくなつた点もありましよう。」

「女二代の記」によれば、有馬学校は、明治七年の春、監督の木戸氏が死亡したあと、市原という会計係が金を使いこんだため経営難におちいり、ついに閉鎖になつたということである。開学願書には、私学執事として市原正樹の名が出ている。

I 私塾開設年月等調

明治六年一月開学明細調による

校名	所在地	学科	開設年月	生徒数	校主	備考
芳英社	第一大区四小区 神田雉子町三二	英学	明治四・一二	五七 うち男一	斎藤実堯	外人教師（英） ホーレスウキルソン夫人
共練舎	〃 五小区 伊勢町二五	英学	五・九	うち女二九	岡本頼道	
耕文義塾	〃 〃 品川区裏河岸二一二四	英学	四・八	三七 うち女二	河内静	
日章堂	〃 六小区 上槇町一	英・仏 洋算術	五・	一〇四 うち女二	渡辺済	
集義塾	〃 七小区 南伝馬町一ノ二	英学	四・一一	五〇 うち女五	並河等	
塾名なし	〃 八小区 銀座二ノ七	英学	三・六	一三 うち女二	木藤秀斉	
交信学舎	〃 八小区 元数寄屋町一ノ五	英学	五・六	三一 うち女一	神谷敬五	
塾名なし	〃 九小区 竹川町一二	英学 支那学	五・一	一八 うち女二	久保田貞則	
塾名なし	〃 十三小区 薬研堀町三七	筆道・英学洋算	五・一一 筆道は万延六年	英学七 うち女四	玉江屋能女	
協営学舎	〃 十四小区 堀江町四ノ二	支那学筆道 英仏独学	五・一一	四九 男子のみ	本吉太兵衛	外人教師スイス人 アンゼスブルゲンメステル
小童塾	〃 〃 堀留町二ノ七	英学	五・一一	まだなし	片岡淳之輔	
塾名未定	〃 〃 蠣殻町二ノ一一	英学	五・一〇	一一 男子のみ	田中則之	
三叉学舎	〃 〃 蠣殻町三ノ九	英学	一・一一	六二 男子のみ	箕作秋坪	

惜陰舎	〃十五小区 南茅場町三六	英学	五・四	三七 うち女五	横山訒	
荀新館	〃 亀島町六〇 〃	英数	四・五	二五 男子のみ	岸俊雄	
博文学舎	第二大区二小区 今入町二六	英洋算	六・一	二三	村部貫一郎	
水交女塾	〃 桜田本郷町一一 〃	洋算、皇、英、筆道	五・三	二〇 うち女一四	星野康斉	
勧学義黌	〃 愛宕下町二ノ乙一 〃	英洋算 支那学	五・二	二七二 男子のみ	石川総管 遠藤胤城	外人教師（英） エドワードランベルト アルバート アイザックス
塾名なし	〃 芝露月町三五 〃	英学	二・七	二一六 男子のみ	鳴門義民	薬研堀町に分塾がある
第三番中学（育英義塾）	〃 鳥森町五 〃	英・仏・独	記入なし	六三 男子のみ	有栖川二品宮	外人教師 チーエッチユーライヘ（和蘭） アルベルトウエセル（独）
義成社	〃 芝浜松町二ノ九 三小区	算術測量学	五・九	一一五 うち女一	鏡光照	
攻玉塾	〃 芝新銭座町六 〃	皇漢・英 測量算術	二・一一	一二一 男子のみ	近藤真琴	
在斉館	〃 海軍省十五番属舎 五小区	算術測量 英学	四・七	五一 男子のみ	大坪正慎	
共慣義塾	〃 湯島天神下三組町新五 〃	英・数	記入なし	一〇二	南部信民	外人教師（米）ガダナ
敬業舎	西久保城山町一 六小区	英学	五・一一	六	山本久照	
研塾	〃 芝森元町八 七小区	英学	四・	四四 男子のみ	海野信幸	
有隣塾	〃 飯倉狸穴町一 〃	英・算 測量	五・三	一〇六 うち女三	中井幸太郎	攻玉塾の補充的施設
正名舎	〃 芝新堀町七 八小区	英学	四・一一	三一	是洞能凡類	
共学社	〃 三田二丁目常教寺 九小区	英仏	五・四	五七 男子のみ	西野譲五	

校名	所在地	学科	開設年月	生徒数	校主	備考
開蒙社	第一大区十小区 三田台裏町薬王寺	英・数・その他	明治五・一〇	一一七 うち女五〇	戸長・町年寄が執事	小学舎
塾名なし	〃十一小区 芝日本榎一ノ三一 松光寺	皇・漢・英・その他	記入なし	六四 うち女七	川上重行	
如蘭社	〃十五小区 麻布〃六本木町九八 教善寺	英・算	五・七	無記名	植木覃造	
塾名なし	第三大区一小区 麹町隼町二一	英学	五・一〇	一四 うち女五	中　常三	
塾名なし	〃 麹町三ノ六〃	英学	六・一	六 うち女二	安積　毅	
耐恒学舎	〃 麹町十ノ一三〃	英・算	五・一一	四一 男子のみ	山口文次郎	外人教師（英）ゼー・ビーモリス
明治学舎	〃四小区 飯田町一ノ一〇	英・算	五・九	五八 男子のみ	岩本忠蔵	外人教師（米）アルフレッドエムマンテル
槐雲舎	〃九小区 四谷箪笥町六	漢・英・洋算、筆道	五・七	二一 うち女七	吉田方円	
培根舎	〃十一小区 四谷仲町一ノ二七	英学	五・七	一二 男子のみ	村上要信	
鳩切塾	〃十三小区 赤坂表三丁目	皇・漢・英・数・測量	記入なし		斎藤実頴	
駿台学舎	第四大区一小区 駿河台北甲賀町二〇	英・独	記入なし	六五	小堀　濟	外人教師（米）カアルトヘルマン
共立学校	〃 神田淡路町〃二ノ三	英学 並尋常小学科	記入なし	一〇九 うち女一〇	佐野　鼎	外人教師（英）ウイリアム・ヘンリ・フリーム
簡相義塾	〃三小区 小石川春日町一二	英・算	五・七	二五 男子のみ	篠原　資	
共輔学社	〃九小区 小日向水道端一ノ二二	皇・漢・英・洋算	五・九	三七 うち女一	古谷孝治	

明倫社	第五大区一小区 浅草芳町	英学 別に数学	一・七	一〇	田中録之助	新々学舎と改名
交有塾	〃二小区 向柳原町二ノ三	漢・英	三・九	二〇 うち女六	鱸松塘	
報国学舎	〃 〃 西鳥越町三	皇・漢・英 算・筆	五・八	一九五 うち女十五	有馬頼威	外人教師(英) ケンノン ホツジス(女)
共心義塾	〃三小区 神田佐久間町三ノ二一	皇・漢 英・算	五・五	四〇 うち女一	板倉勝任	
幼学舎	〃四小区 練塀町四	英学 変則普通科	五・七	一七 うち女一	呉新一	
伊東氏塾	〃 〃 練塀町一	英・算	四・	男子のみ五〇	伊東保義	
春風社	〃 〃 練塀町三六	独・英・算	記入なし	一〇二 うち女二	司馬盈々	
明新学舎	〃五小区 浅草栄久町三六	英・独・数	記入なし	男子のみ四七	柳本真太郎	
共励学舎	〃七小区 下谷仲徒町三ノ八	英学	五・六	六八 うち女十二	石田英洲	
真宗東派学塾	〃八小区 浅草松清町東本願寺	皇・釈・漢 英・筆・洋算	四・一〇	一四七 うち女五	大谷光勝	成島柳北が英学長
共研舎	〃九小区 下谷稲荷町一〇泰宗寺	英・算	五・六	二八 うち女一	行川一男	
時習社	〃 〃 浅草光月町三曹源寺	英・独・数	五・一一	男子のみ二六	白石誠九郎	
日洸舎	〃十二小区 新吉原京町一ノ三〇	英学	五・二	二二 うち女二	沼口清吉	
育幼舎	第六区七小区 本所柳原一ノ一二	英学	五・六	一〇二 うち女三五	吉田定一	
教育所	〃八小区 北本所表町五七	英学 和漢筆学	五・六	一五九 うち女六一		
墨水学校	〃十小区 須崎村二	英・数 その他	五・一一	男子のみ一〇	村岡良辰	外人教師(英) エドウイン・サイモンドソン

Ⅱ 私塾教師・生徒数等調

明治六年五月私立学校明細調による

塾名	所在地	学科	教師数（カッコ内外人）	生徒数	校主名
育英学校	第一大区二小区 烏森町五	英独	(一)三	六四	有栖川二品親王
芳英社	〃四小区 神田雉子町三三	英数	(一)三	七七 女子のみ	斎藤実尭
共学社	〃〃 美土代町四ノ五	英仏数漢筆	九	六三	佐原純一
日章堂	〃六小区 上槇町一	英仏数	五	一〇五	渡辺済
荷新館	〃十六小区 亀島町一ノ三二	英数	四	四七	岸俊雄
金蘭舎	〃〃 南新堀町二ノ七	皇・漢・数・筆・英・仏	二	四〇	藤元正兵衛
勧学義塾	第二大区二小区 愛宕下町二	英数	(一)六	一五八	遠藤胤城 石川総管
攻玉塾	〃三小区 芝新銭座町六	皇・支・英・数・筆	一六	一二五	近藤真琴
育幼義塾	〃〃 愛宕町三ノ一	皇・英・教・習	九	一〇九	坂部寔
如蘭社	〃五小区 芝山内九一	英数	八	七〇	植木覃造
啓蒙社	〃六小区 西久保城山町一	英・洋算	二	三六	山本久照
慶応義塾	〃九小路 三田二ノ一三	英学	(一)一六	二五〇	福沢諭吉
松声堂	第三大区一小区 麹町隼町二一	英算 その他	二	七三	岡村道賢

耐恒学舎	〃三小区 中六番町四〇	英・漢算	四	四七	山口文治郎
明治学舎	〃四小区 富士見町一ノ三〇	英・漢・数・筆	(一)八	六七	岩本忠蔵
九段学舎	〃〃 飯田町一ノ一〇	英数	四	二一	児玉武寛
開元舎	〃五小区 牛込肴町三二	英数	三	三二	平川豊貫
隆慶義塾	〃〃 新小川町一ノ二	英数	(一)	一四	渡辺温
日就義塾	〃〃 市ヶ谷八幡町一七	英・算・漢	五	一七	栗原清
逢坂学社	〃〃 牛込若宮町三三	英学	(一)二	四三	川田剛
有馬私学校	〃十三小区 赤坂表三ノ一	皇・漢・英 数・習	(二)一八	二〇七	有馬頼咸
共立学校	第四大区一小区 神田淡路町二ノ三	皇・数。 筆・英	(三)一〇	一五九	佐野鼎
紅梅塾	〃〃 西紅梅九	漢・英。数 その他	二	一六	依田薫
駿台学社	〃〃 駿河台北甲賀町二〇	漢・数・英 独	(二)四	七〇	小堀清
龍門義塾	〃二小区 小川町今川小路二ノ六	皇・漢・ 英・独	二（ほかに外人数不明）	二七	岩橋貞和
親国学舎	〃〃 小石川表町二三	英・漢	二	七七	関生三
訓蒙学舎	〃〃 一橋通開成学校添地	漢・数・筆 英・仏・独	九	一一八	篠田隆興

塾名	所在地	学科	教師数カッコ内外人	生徒数	校主名
同人社	第四大区三小区 小石川江戸川町一七	漢・英・数	三	四〇	中村正直
共慣義塾	〃五小区 湯島三組町一〇五	英学	一(一)五	二二九	南部信民
補化書院	〃〃 湯島天神町三	英数	(一)二	三四	板倉勝弼
共和義塾	第五大区二小区 浅草西鳥越町二	英独	(一)	二一	田代遙四郎
斉英社	〃四小区 練堀町一	英数	(二)四	三一	伊東保義
修成学舎	〃五小区 浅草栄久町二	皇・漢・数。筆・英・仏・独	一二	八二	千種顕信
明新学舎	第五大区五小区 浅草栄久町三六	英・独・数	三	三三	柳本直太郎
習成舎	〃八小区 浅草田島町五八	皇・漢・筆 数・英	二三	三〇六	板倉勝任
東派学塾	〃〃 浅草松清町四	皇・釈・漢・英・数・筆学	四二	一八六	大谷光勝
日洗舎	〃十二小区 新吉原京町一ノ三〇	皇・漢・英 数・筆	二	三六	沼口清吉
菁莪学舎	第六大区五小区 深川東森下町一五四	英数	(一)五	七一	小島守気
墨水学校	〃十小区 須崎村二	英・数・筆	(一)	二二	石川兵左衛門
集成社	〃十六小区 木場町七	皇・漢・英 数・習	二	二六	江田見義

この表にみられない主なもの

共立学舎（尺振八）

三叉学舎（箕作秋坪）

鳴門塾（鳴門義民）

III 明治初期東京在住英学私塾関係外人教師名一覧

（この表は当館収蔵の「府下居住外国人明細表」により英学私塾関係だけをアルファベット順に整理作成したものである）

国籍	担当語	氏名	年令	給料月額	契約期限	雇傭主
米	英語学	ジエイ　エッチ　アーサー James Hope Arthur	33	不定	8・7・1－10 2・28・12・12解約	神田佐久間町一三 伊佐敫峯
〃	〃	〃	33	不定	9・3・7－11・1 11解約	上槇町七 藤井三郎
独	独・英語学	ベッケ　ボルト Bekkervold or H.H.Berger		五〇円	9・2・10－9 5・10	本郷元町二ノ五三 壬申義塾 大熊春吉
瑞西	英・独語学	ブルゲル　マイステル Burger Misster	29	不定	9・2・20－10・10・ 20・10・3・8 中途解約	木挽村二ノ一五 渡部潤
米	英語学	アニー・エム・ブランシエー Annie M.Blanchet		二〇円	10・6・22－12 6・22	湯島四丁目 立教女学校主 若山儀一
英	〃	ジエージ　エル　カクラン George L.Cochran	38	不定	9・3・5－9・9・ 4中途解約	小石川江戸川町一七 中村正直
〃	〃	カザリン・エル・カクラン	32	不定	8・7・1・1・9・ 6・30中途解約	〃 〃
〃		フレデリック・カートマン Frederick Cartman	24	五七円	8・11－9・5・17 中途解約	華族会館 壬生基修
米	〃	ウイリアム　ビー　クーパー William B.Cooper	25	二〇円	8・12・20－9・12・ 12	愛宕町三ノ一 松井惣四郎
〃	〃	〃	26	二〇円	9・12・1－11・11・ 30・11・3中途解約	東紅梅町　照暗学校 深井弘
〃	〃	ミセス　クーパー Mrs Cooper		二〇円	11・2・15－14・2・ 14	駿河台東紅梅町九 田中正一
英	〃	ジョン　クロスビー John Crosby	30	四〇円	9・2・19－9・7・ 31	神田淡路町 佐野鼎

〃	〃	〃	31	不定	9・9・1―10・2・28 満期解約 28・12・2	小石川江戸川町一七 中村正直
米	〃	シュリア カロザーズ Carrothers		不定	9・5・19―9・8 解約	渡辺信
英	〃	ケノン		一五円	8・7・1―8・12・13 中途解約	芝新銭座六 近藤真琴
〃	英・仏語学	フランセスコーキン（女）	21	二五円	8・6・23―9・10・23 契約中病死	南金六町四 宮田兔吉
英	英語学	エミリ ダグラス Emily Dallas	25	二〇〇円	9・1・18― 向う二カ年	芝浜松町二 大河内正質
米	〃	ミセス イ・エム・ダグラス Mrs E.M. Dauglas		四〇円	10・5・20―13・5・20・11・8 解約	中六番町三 松本荘一郎
英	〃	キムビー エバンス Heomby Evans	40	五〇円	9・2・5― 向う三カ月	駿河台西紅梅町九 依田鋑五郎
〃	〃	チャールズ サミユエル イビー Charles Samuel. Eby		不定	9・9・25―10・3・24・9・10 解約	小石川江戸川一七 中村正直
〃	〃	シイ・エルドレッドー	33	不定		銀座三ノ一二 原胤昭
〃	〃	ダブリユー エイチフリーム W.H.Fream		不定	10・6・23―11・12・25・11・11 解約	小石川江戸川町一七中村正直（合雇）木平譲、柳沢信大
〃	〃	ジョージ エリオット グレゴリー George Elliot Gregory		二五〇円	8・9・7―10・9・6	浅草橋場町二八 町田久成
米	〃	グードマン Goodman	36	一五円	9・1・13―9・12・31・10・1・1― 向う三カ月	芝新銭坐町七 近藤真琴
〃	〃	〃	36	一五円	9・9―向う4カ月 近藤真琴履中の余暇	千村五郎
〃	〃	ジョン ウイリアム グードマン John William Goodman		不定	12・2・21―12・12・31	神田表神保町三 訓蒙学舎校主 鈴木重成
英	〃	アンナ マチルダ ガンブル Anne Matilda Gamble	37	不定	9・1・23―向う3カ年 11・5 解約	南小田原町三ノ一〇 三浦微

国籍	担当語	氏名	年令	月給額料	契約期限	雇傭主
蘭	英語学	エ・テ・ブアン ガステル A.T.Van Gusteel		二五円	10・8・20－12・8・ 19・11・11・11解約	南甲賀町八 宮本敦
英	〃	ジエイムズ グーディング James Gooding	21	四〇円	10・8・1－11・1・ 31・10・8解約	三組町一〇五 神原精二
〃	〃	チャールズ グーディング Charles Gooding	32	四〇円	10・9・1－11・7・ 31・11・3解約	〃 〃
〃	〃	〃		一三〇円	13 11・6・14－12・6・	神田錦町三ノ一 学習院
英	〃	アレクサンダ ジョセフヘーア Alexander Joseph Hare	28	一〇〇円	8・7・8－10・10・ 7・11・5・21解約	神田淡路町二ノ三 佐野鼎
〃	〃	〃		一〇〇円	11・6・1－12・5・ 31・11・7・26解約	〃 佐野鉉之助
〃	〃	〃		一五円	30 11・7・10－12・6・	芝新銭座町一〇 近藤真琴
〃	〃	〃		五〇円	11・10・7－12・7・ 30・12・1解約	本郷駒込西片町九 神原精二
〃	〃	アリス エリノア ホーア Alice Elenorr Hoar	29	二〇円	9・3・1－向う3カ 年10・4・30解約	三田二ノ一三 福沢諭吉
仏	英仏語学	ヒポライト ボン Hyppolite Bon	45	二五円	9・8・6－9・11	銀座四ノ一六 岩井源吉
英	英語学	ジョン・エー ヘイマン John A. Hayman	26	三〇円	30 9・10・1－10・6・	三組町一〇五 神原精二
〃	〃	トマス エドワード ファリファクス Thomas Edward Hallifax	32	不定	23 9・12・24－10・3・	今川小路二ノ一七 丸山光成
〃	〃	〃	32	不定	10・3・23－12・ 23・10・11・18解約	〃 笹田政治
米	〃	イ・エチサ・ハウス E.H.House		三〇〇円	15 11・2・15－12・2・	木挽町五ノ四五 高島徳右衛門
英	〃	ジエムズ ジョンズトン James Johnston	31	一〇〇円 のち六〇円	9・3・15－12・2・ 28・12・2・5解約	築地一ノ一三 広瀬実栄

米	英仏語学	ペイトン ジョウドン Peyton Jaudon		一五〇円	10・6・16－11・6・15	神田錦町三ノ一 学習院
〃	英語学	アンナ エイチ キダー Anna H. Kidder	37	不定	9・3・7－向う3カ年 11・11解約	上槇町七 藤井三郎
〃	〃	〃		五〇円	11・11・21－14・11・20	神田仲町一ノ五 渡辺信
英	〃	キーリング Keeling	28	一五円	10・4・1－10・12・31 10・6解約	村上要信
〃	〃	ダブリユウ エル キーリング W.E.L.Keeling	28	不定	9・3－10・2・28	市谷河田町一〇 本庄宗武
〃	〃	〃		不定		今川小路二ノ一七 笹田政治
〃	〃	ダブルウイー キーリング W.E.Keeling		三〇円	11・2・1－12・1・30	芝新堀町五 千村五郎
〃	〃	〃		一〇円	11・5・8－11・8・7	表神保町三 鈴木重成
米	〃	フレデリック クラッカー Frederick Krecker	35	三〇円	10・5－11・5－11・6・4解約	小石川大塚町四六 堀内近道
仏	英仏語学	レオニー ロンジョー Leonie Longeau	30	一〇〇円	8・10・4－向う1カ年中途解約	小石川大塚久保町一三 栗本真二郎
英	英語学	ダブリユウエス ラモ W.S. Lamoh		四〇円	10・6・15－10・12・15・10・11・29解約	芝新堀町五 千村五郎
〃	〃	フランシス スザンナ・メアリピヤソン	49	五〇円	8・7・1－8・12・31 中途解約	神田淡路町二ノ三 佐野鼎
〃	〃	フランク ピツトマン	39	五〇円	8・9・7－9・3・6 中途解約	下六番町三四 河村繁昌
〃	〃	ジョン パイパー John Piper	37	不定		築地二ノ一六 戸井田正常
〃	〃	ジョンパイパー 夫人 Mrs.Mary Piper	34	不定	9・9・1－11・8・30・10・11解約	〃 〃

国籍	担当語	氏名	年令	月給謝料	契約期限	雇傭主
英	英語学	George Pauncefort (d)《ジョージ ポンスフォード》	44	五〇円	8・9・10―9・3・9	南佐柄木町一 小寺一介
〃	〃	〃		五〇円	9・5・10―9・11解約	大伴兼氏
〃	〃	Harry R. Pirie《ハリー アール ピリー》	26	一〇円	8・12・24―9・11・3	芝露月町 鳴門義民
〃	〃	Robert Page《ロバート ページ》		五〇円	11・4・19―12・4・1	駿河台北甲賀町一六 土方久元
米	〃	フロレンス アール ピツトマン		二〇円	10・12・10―12・6・22	五番町一一 若山儀一
〃	〃	Nathan ? Rice《ライス》		四五円	8・7・13	小石川原町三五 南部信民
丁抹	独英語学	ローゼン スタント	46	五〇円	8・8・16―8・10・15	本郷元町二ノ五三 壬申義塾 大熊春吉
英	英語学	A・P・Rafferty《アーソルビー ラフレテー》	36	一〇円	9・12・25―10・11・30・10・7・1逃亡に付雇止	芝露月町三五 鳴門義民
〃	〃	St George《セント ジマージ》	26	一〇〇円	8・6・1―9・12・27	牛込若宮町三四 逢坂学社 川田剛
〃	〃	A.C. Shaw《エ シ ショウ》	25	二五円	7・4・15―10・4・14	三田二丁目一三 福沢諭吉
米	英語学	Julius Soper《ソーパー》	30	一〇円	8・6・1―9・12・30中途解約	神田錦町三ノ四 古川正雄
〃	〃	〃	32	一〇円	9・6・7―10・12・30・10・3・6解約	〃 〃 市川守静
〃	〃	ジユリウス ソーバー		五円	11・5・1―14・4・30	築地一ノ二 西山礼輔
〃	〃	フランク ソーバー		五円	11・5・1―14・4・30	〃 〃 〃

折込中三頁脱は頁の入れ違いにて本文の脱ではありませんので御了承下さい。

英	〃	マーガルト　シングレトン（女）	29	二五円	8・6・23－9・10・23	南金六町四	宮田鎚吉
米		ミス　スクーンメイカー Miss Schoonmaker	24	二〇〇円（年）	8・11・1－10・10・31	麻布新堀町二	津田仙
仏	英語学 伊太利語学	ア・テ・トルナキ A.T.Tornachi	25	五〇円	8・11・27－10・11・27	牛込北山伏町三八	柏村庸
米	英語学	テイー　トルー Mrs. M. T. True	38	不定	9・9・16－11・9・15・11・8・21解約	柳島横川町一〇	原胤昭
〃	翻訳講義 並質問	フルベツキ（マ） Verbeck		一〇〇円	10・11・20－11・11・19・11・7・31解約	神田錦町三ノ一	学習院
英	英語学	ウイリアム　ライト William Wright	32	二〇円	8・7・12－11・6・3	上一番町三 乙亥学舎	島田第丸
〃	〃	エマン　ライト Emma Wright		不定	9・3・20－10・3	〃	〃
〃	〃	ヒユウ　ウオデル Hugh Waddell		二〇円	8・10・7－12・10・6	葺手町八ノ二一	古瀬清寧
米	〃	チヤールズ　ウルフ Charles H.H.Wolff	38	不定	9・3・5－9・4 中途解約	小石川江戸川一七	中村正直
〃	英学・算術 簿記法	ダブリユー　シーホイツトニー W.C.Whitney		八〇円	11・7・1－12・6－30	麻布新堀町二	津田仙
瑞	英仏独学	ウーセーヌブール ゼルメストル		不定	10・3・1－12・2・28		林欽次

備考　1　神田時代の学習院は宮内省移管以前であり、華族会館経営の私立学校であった。

2　給料の「不定」というのは生徒の月謝高できめられるもので一定しないが、月謝の半額、その五分の二、生徒一名につき一円五十銭、二円などがあり、最低は五十銭である。

東京英学年表

一八五一 ― 一八七九

西暦		
一八五一	嘉永四年	土佐の漂流漁民中浜万次郎英文典その他英学書をたずさえアメリカから帰る 西成量ら篇「エゲレス語辞書和解」第一冊出来
一八五二	嘉永五年	M・C・ペリー東インド艦隊司令長官となる
一八五三	嘉永六年 六月	アメリカ使節ペリー浦賀へ来航 中浜万次郎幕府普請役となる 箕作秋坪天文台訳員となる 鶴峯戊申訳「米利堅新誌」出来
一八五四	安政元年 三月	ペリー再び浦賀へ来る堀達之助、森山栄之助など通弁に当る 神奈川条約調印（日米和親条約締結） 林強「北米利堅合衆国考」 正木篤「英吉利国総記和解」 村上英俊「三国便覧」

西暦		
		金沢藩壮猶館、大聖寺藩時習館、福山藩誠之館設立、それぞれ英学の教授をはじめる
一八五五	安政二年 一月	幕府洋学所を設置、一八二五年（文化八）天文台におかれた蛮書和解方に源を発したもの、蘭学と英学を教授（頭取古賀謹一郎）
		村上俊英「五方通語」
		「華英通語」中国で出版（子卿の著）
一八五六	安政三年 六月	洋学所を蕃書調所と改称、所蔵の洋書の翻訳に着手
		洋学に関する布令諭達幕府から出る
		長崎奉行から英学奨励方を幕府当局に願い出す
		津田仙洋学に志して江戸に出る
		渡部温下田表御役所書物御用見習となる
		西周英学を学び発音法を中浜万次郎にうける
	七月	ハリス来朝
		ペリー「日本遠征志」なる
		福井藩明道館に洋学科を設置

西暦		
一八五七	安政四年 一月	蕃書調所開校式挙行、一般の入学を許可、生徒数一九一名
		村上英俊閲「英語箋」前編三冊出来（後編四冊文久三年に復刻）
一八五八	安政五年 十月	福沢諭吉江戸に来る
		福沢諭吉鉄砲洲に蘭学塾を開く（慶應義塾の起り）
		手塚律蔵訳「泰西史略」（パーリの万国史の最初の翻訳）
一八五九	安政六年 一月	神奈川、長崎、函館開港
	五月	オールコック来任
	六月	日英通商条約締結
	六月	播州の漂流漁民浜田彦蔵（ジョセフ・ヒコ）神奈川米領事Ｅ・Ｍ・ドアの通訳として神奈川に上陸
	七月	Ｃ・Ｍ・ウイリアムズ、Ｊ・リギンズ長崎へくる
	十月	Ｊ・Ｃ・ヘバン（ヘボン）夫妻神奈川上陸
	十一月	Ｓ・Ｒ・ブラウン、Ｄ・Ｓ・シモンズ（セメン）、Ｇ・Ｆ・ヴアーベック（フルベッキ）同船して来朝、ブラウン、シモンズは神奈川へ、ウアーベックは長崎へ上陸
	十一月	福沢諭吉米船ポーハタン号に乗じ、木村芥舟、勝海舟らに従いアメリカへゆく（中浜万次郎通訳として同行）
		この年福沢諭吉蘭学から英学に転向

西暦		
一八五九	安政六年	ジャーデン・マジソン商会（英一番館）、ウオルシュ・ホール商会（米一商会）開設
	十二月	中浜万次郎「英米対話捷径」
		エルギン卿使節団「中国日本見聞録」
		名古屋藩洋学所創設
一八六〇	安政七年 万延元年 （三・一八）	蕃書調所を小川町へ移し、英、仏、独、露の四カ国語を加う
		ヴアーベック長崎済美館の校長となる
		歯科医W・C・イーストレイク（イーストレーキ）横浜へくる
		中浜万次郎、福沢諭吉アメリカからウエブスター辞書をもたらす
		福沢諭吉外国方翻訳員となる
		尺　振八、中浜万次郎につき英学を学ぶ
		「英吉利文典」蕃書調所から出版
		福沢諭吉「増訂華英通話」訳述刊行
		石橋政方、中山武和と共に「英語箋」編さん刊行
		清水卯三郎「ゑんぎりしことば」刊
		J・リギンズ「英和日用千句集」上海から刊行

西暦		
一八六一	万延二年 文久元年 (二・一九)	C・ワーグマン、「イラストレイテッドロンドンニューズ」の特派員として横浜へくる
	(十一月)	週刊「ジャパンヘラルド」横浜で創刊 一八六七年(慶応三)日刊となり、一九一四年(大正三)廃刊
	十一月	J・H・バラ夫妻神奈川へ上陸
		W・ウイリス英公使館付医員として来任
	十二月	外国奉行竹内下野守を首班とする遣欧使節団に加わり、福沢諭吉、箕作秋坪、福地源一郎、森山栄之助ら渡欧
		ヴァンリード「和英商話」刊行
	六月	最初の英字紙「ナガサキンツピングリストアンドアドヴアタイザー」創刊
一八六二	文久二年 五月	蕃書調所と一橋門外に移し、洋書調所と改称
	五月	幕府、横浜運上所官舎に英学所をおきブラウン、バラのほか神奈川奉行付翻訳方石橋助十郎、太田源三郎を教師とする
		明治元年廃校、明治二年旧修文館と合して再興
		ヘボン横浜居留地に医療所を新築
		この年ヘボン幕府委託の九名の学生を教える
		アーネスト・サトウ横浜へ来任
	四月	「ジャパンエキスプレス」創刊(不定期刊)
		「英和対訳袖珍辞書」洋書調所から刊行、開成所辞書といわれる日本で刊行された最初の活字本の英語辞

西暦		
		書、編さん者は堀達之助、西周、千村五郎、箕作麟祥など
一八六三	文久三年 九月	洋書調所を開成所と改称、洋学のほか数学、理学、化学を加う
	五月	D・トムソン（タムソン）横浜へくる
	十一月	ヘバン夫妻横浜に家塾を開く、生徒のうちから林董、高橋是清、益田孝などが出る
	五月	週刊英字紙「ジャパンコマーシャルニューズ」横浜で創刊、一八六五年「ジャパンタイムズ」と合併
	十月	日刊英字紙「デイリージャパンヘラルド」横浜で創刊
		ジョセフヒコの「漂流記」刊行
		S・R・ブラウンの「コロキアルジャパニーズ」上海で刊行
		この年長州藩から伊藤博文井上聞多など五名が英国に留学
		長崎に英語学校創設（長崎英語学校の前身）
一八六四	文久四年 元治元年（二・二〇）	鹿児島藩英米両国に十六名の留学生を送る
		師岡屋伊兵衛の「英米通語」刊行
		W・G・アストン、駐日英国公使館通訳生見習として来任
一八六五	元治二年 慶応元年（四・七）	英公使パークス着任
		森有礼ほか九名英国に留学

西暦	年号	月	事項
		九月	「ジャパンコマーシャルニューズ」を継承して「ジャパンタイムズ」横浜で創刊、最初週刊、明治になつて日刊、一九二四年（大正一三）東京へ移り「ジャパンメイル」と合併
			福沢諭吉「唐人往来」「自由貿易論」刊
一八六六	慶応二年		ハラタマをまねき江戸開成所に理化二学の講述場をひらく
		十月	幕府はじめての留学生として中村正直、川路太郎を取締役に箕作奎吾、菊池大麓、外山正一、林董ら十二名を英国へ派遣
			アーネスト・サトウ江戸英国公使館へ転任
		九月	ヘボン岸田吟香をともない上海におもむき和英辞典出版の準備に着手
		一月	横浜に修文館開設、ブラウン英学を教える
			ヴァーベック長崎の佐賀藩校致遠館に教える
			広島藩校修造館と改称英学を加える
			ワーグマン週刊「ファーイースト」創刊
			「英語階梯」「英吉利単語編」開成所から刊行
			渡部一郎「地学初歩」（コーネルの地理書）を復刻
			「英和対訳袖珍辞書」再板
			福沢諭吉「西洋事情」初篇第一巻刊行

西暦一八六七

慶応三年

一月

福沢諭吉、尺振八と共に軍艦受取のため小野友三郎特使の随員として米国へゆく

津田仙幕府の事務官として米国へ派遣される

F・ブリンクリー来日

ヘバン夫人横浜に女塾を開く

この年仏学を主とする達理社（村上英俊）創立

ヘバンの「和英語林集成」上海で刊行横浜居留地で一、二〇〇部発売

五月

渡部温「英吉利会話篇」

ラウダ（横浜英領事館の訳官）の「日英会話篇」ジャパンタイムズ社から刊行

柳川春三「洋学指針」英学部

英学捷径「七つ以呂波」

神田孝平訳「イリスの経済小学」（オランダ訳からの重訳）

ブラック「ジャパンガゼット」を創刊、日本における最初の日刊英字新聞

一九二四年東京へ移り「ジャパンタイムズ」と合併

西暦一八六八

慶応四年
明治元年
（九・八）

東京（横浜をふくむ）

四月

福沢家塾新銭座へ移り慶応義塾とあらためた

九月

開成所を復興　旧開成所頭取柳川春三をふたたび頭取とする

横浜に英語学校創設

ヘボン、バラ、トムソン共訳の新約聖書脱稿

福沢諭吉「窮理図解」「西洋事情」（二冊）

小幡篤次郎、同甚三郎編「英文熟語集」尚古堂刊

土佐海援隊蔵版「和英通韻以呂波便覧」

池門寅「和英初学便覧」初編

鈴木唯一訳英政如何

七月　明倫社（田中録之助）創設

十一月　三叉学舎（箕作秋坪）創設

（地　方）

兵庫洋学伝習所創設

金沢藩道済館創設

大阪に舎密局を開くのち洋学所と合併して大阪開成所となる

静岡学問所を開く

沼津兵学校を開く

西暦			
一八六九	明治二年	一月	開成所開校英仏語学科設置
		六月	開成所を開成学校と改める
		十二月	開成学校を大学南校と改称洋学を主とする
			同時に医学校を大学東校と改称
			横浜修文館再興
		四月	ヴアーベックまねかれて長崎から上京、政府の顧問となる
			E・H・ハウス来朝
			カロザース夫妻東京へくる
		九月	メアリ・キダ来朝
			この年英国人パリー、メーヤ、ウイルソンなど開成学校（大学南校）の教師となる
			柳沢信大訳「英華字彙」松荘館から刊行
			福沢諭吉訳述「英国議事院談」二冊　慶応義塾版
			福沢諭吉　「世界国尽」
			ピネヲ氏原版「英文典」複刻（慶応義塾読本）
			石川寧静斉「英学入門」
			修文館編さん「英語読本」

西暦		
	明治二年 七月	鳴門義民塾創設
	十一月	攻玉塾創設
		（地　方）
	四月	大阪舎密局開講
	九月	大阪洋学校開校　三・一〇　開成所と改む
一八七〇	明治三年 六月	東京府下に六小学校開設
	八月	東京府下に中学校開設
	十月	工部省設置
	十月	常備兵員を定め陸軍は仏式海軍は英式による
		ヴアーベック大学南校諸学教頭となる
		S・R・ブラウン修文館の教師となる
		W・E・グリフイス来朝
		W・アストン駐日英公使館の通訳官となる
		英人ダラス、ボーリング、ローバー、米人コーンズ、トムソンら大学南校教師となる

「ジャパンメイル」発刊

河津孫四郎「西洋易知録」（コリアーの「グレイト・イベンツ・オブ・ヒストリー」の部分訳）

内田正雄「輿地誌略」（八冊）大学南校刊

柳河春三訳編「格物入門和解」（六篇）マーチン・ウイリアムの訳本

緒方儀一訳「泰西農学」（八冊）

大学南校助教訳「格賢勃斯英文興直訳」上下成る（大学南校開版）

ピネヲ氏原版「英文典直訳」（永島貞次郎訳慶応義塾読本）

九月　高島英語学校創立

メアリ・キダー、ヘバン塾の女生徒を託され女子英学塾を開く（フェリス女学院の起原）

カロザーズ夫人築地明石町Ａ六番館に女学校創立（Ｂ六番館女学校などと共に女子学院の源流となる）

この年木藤秀斉塾（銀座）、交有塾（鱸松塘）、共立学舎（尺振八）、育英社（西周）、田中冬蔵塾など創設

（地　方）

六月　名古屋藩に洋学校開設

西暦 一八七一

明治四年

七月

大学南校、大学東校をそれぞれ単に南校、東校と改称

文部省創設

外務省語学校創設

東京府洋学校創 立

十二月

開拓使から永井シゲ子、津田梅子、山川捨松、上田梯子、吉益りよ子の五人アメリカへ留学、岩倉大使一行とともに出発

英人サンデマン、ホール、ホワイマーク、メイジャー、米人ハウス、クラウニンシイルド、スコット、ウイルソンなど南校教師となる

F・ブリンクリー海軍砲術学校教頭となる

堀越愛国訳「近世西史綱紀」（四冊）文部省から刊行

寧静学人（石川彝）の「西洋夜話」（パーレーの万国史による西洋古代歴史一夕話）

海浦元善訳「通俗英吉利単語篇」（一名英語早引）横浜で刊行

ガラタマ先生閲「英吉利会話篇」

後藤達三「日耳曼史略」大学南校官板　コーネルの「ドイツ史」の邦訳

中村正直訳　スマイルズの「西国立志篇」

西暦	年月	事項
		中村正直訳　ミル「自由之理」
		小幡篤次郎訳「英氏経済論」ウェイランドの邦訳
		平田一郎校ブラウン「致富新書」
		何礼之訳　ヤング「政治略原」
	八　月	プライン、クロスビー、ピアソンの三女史山手居留地にミッションホームを設立
		（共立学園の前身）
		高島学校藍謝堂創立ジョン・バラー教師となる
		荷新館、耕文義塾、在斉館、真宗東派学塾、日新義塾（田中冬蔵）、集義塾、正名舎（是洞能凡類）、
		芳英女塾（斎藤実尭）、伊東保義塾、共立学校（佐野鼎）、研塾（海野信幸）など創設
		（地　方）
	四　月	京都に公立英学校創設
		神戸に洋学校創設
		熊本洋学校創設ジェーンズ大尉教師として来朝（九・一〇閉鎖）
一八七二	明治五年 八　月	「学制」頒布　東京府に一府十三県で構成される第一大学区の本部がおかれる
	二　月	東京女学校開校（一〇・二廃校）

四月　開拓使仮学校創設

五月　師範学校を創設（六・七東京師範学校と改称）

九月　開拓使仮学校に女学校併設（九・五廃校）

グリフィス南校教師となる

米人ワシントン、グレイ、クレッシイ、マッカーティー第一番中学教師となる

（「学制」頒布により南校は第一大学区東京第一番中学と改称）

七月　英人A・J・ヘア海軍兵学寮英学教師となる

六月　C・カロザーズ慶応義塾の最初の外人教師となる

J・C・バラー高島学校の教師となる

M・M・スコット南校から師範学校へ転ず

開拓使仮学校校長荒井郁之助編「英和対訳枕辞書」刊行、いわゆる開拓使辞書

ヘバンの「和英語林集成」第二版発行　大学南校二千部を買上げる

吉田賢輔らによる「英和字典」知新館から刊行

尺振八
須藤時一郎「傍訓英語韵礎」

須藤時一郎「英語韵礎単語篇」

米国ピ子ヲ氏著「挿訳英文典」
忍榧木　寛則訳
望月誠訳「訓蒙窮理便解」（カツケンボスの邦訳）
渡部温訳「通俗伊蘇普物語」（六冊）
室田充美訳ギゾウ「欧州文明史」
片山淳吉「物理階梯」（三巻）文部省刊
吉田賢輔訳「物理訓蒙」（四冊）共立舎刊
福沢諭吉「学問のすすめ」（第一篇）「窮理図解」（三巻）「童蒙教草」
「かたわ娘」

築地万年橋に上田女学校創立

この年日章堂（渡辺済）、交信学舎（神谷敬五）、協営学舎（本吉太兵衛）、惜陰舎（横山訒）、水交女塾（星野てる）、勧学義塾（石川総管、遠藤胤城）、耐恒学舎（山口文治郎）、明治学舎（岩本忠蔵）、報国学舎（有馬頼咸）、共励学舎（石田英洲）、義成社（鏡光照）、共慣義塾（南部信民）など開塾開
開塾数のもつとも多い年であつた

（地　方）

三月　A・R・モリス大阪に英語学校をはじめるのちの英和学舎（聖テモテ学校）

四月　京都府に女紅場開設（公立女学校のはじめ）

新潟洋学校創設、ブラウン修文館を辞し新潟洋学校へおもむく
M・ワイコフ福井藩へまねかれる

西暦		
一八七三	明治六年 二月	キリスト教解禁
	四月	第一大学区第一番中学を開成学校と改め専門学科を置く
	四月	「学制二篇追加」を頒布、農、商、工、各学校を専門学校の一種とする
	七月	工部省工学寮に工学校開設（十年工部大学校と改称）
	〃	森有礼の首唱により明六社創設中村正直、箕作秋坪、福沢諭吉、津田仙などの英学者加盟
	八月	東京外国語学校設置（開成学校の語学科と元外務省付属語学所を合併）英、仏、独、魯、漢の五カ国語科をおく
	七月	E・ダイヴァーズ工学校教師となる
		W・クレーギー工学寮英学教師となる
	八月	テヴイッドマレー来朝
		この年十二月三十一日付でマレー明治六年の「マレー申報」を田中文部大輔あてに提出した
	九月	ヴァーベック解任
		この年英人ジョンストン、J・サンマーズ開成学校教師となる
	二月	米人グードマン慶応義塾英文学教師となる

六月
九月
十月
十一月

ジュリアス・ソーパー東京へくる

W・p・ライト、A・C・ショウ東京へくる

ジョウジ・コクラン来朝

ウイリアムズ、ブランシエをともない大阪から東京へくる

B・H・チエンバレーン来朝

ミスパーク（のちトムソン夫人）来日

ネーサン・ブラウン横浜へくる

福沢諭吉「帳合之法」ブライアント、ストラトン「学校用ブックキーピング」（一八七一）の邦訳、

シャンド「銀行簿記精法」

岸田吟香篇「和訳英語聯珠」

青木輔清篇「英和掌中字典」（有馬私学校蔵板）

柴田昌吉
子安　峻　編「附音挿図英和字彙」（日就社）

中村正直「西国童子鑑」（ハーパーの邦訳）

髙橋基一訳「米国史略」（カッケンボスの邦訳）

岡　千仭
河野通之　共訳「米利堅志」（カッケンボスの邦訳）

髙橋達郎「自主新論」（ウエイランドの修身書による述作）

謝海渓夫訳「修身学」（ウエイランド「モラル・サイエンス」の邦訳）
A・サトウ「会話篇」
是洞能凡類「挿訳英和用文章」
「地理初歩」文部省刊（コーネルのプライマリー・ジオグラフイーの邦訳）
藤田正方訳「理学新論」（カツケンボスの邦訳）
松山棟庵
森下岩楠訳「初学人身窮理」慶応出版社（カフトルの邦訳）
田中義廉編「小学読本」（六）文部省（ウイルソンリーダーによるもの）
「万国史略」文部省
森有礼の「エデユケイション・イン・ジヤパン」ニユーヨークで刊行

十二月

C・カロザーズ入船町に築地大学校を創立ウオルテ、グリーン、デビソンらとその指導経営にあたる
B六番女学校開設（A六番女学校などとともに女子学院の源流の一つとなる　校長ミスパーク（D・トムソン夫人）
ブラウン塾横浜山手に開設
高島藍謝堂を神奈川県へ寄付修文館と合併して横浜市学校と改称
この年同人社、博文学舎開塾

（地　方）

西暦	年	月	事項
		四月	大阪開明学校開校
			石川県英学校創設
		十月	大阪に慶応義塾分校設立
			この年京都の南座北座で「西国立志篇」に取材した「靴補童教学」（くつなほしわらべのをしへ）と「其粉色陶器交易」（そのいろどりたうきのかうえき）を競演　作者は佐橋富三郎
一八七四	明治七年	三月	東京女子師範学校設置
		四月	文部省に督学局をおく（一〇・一廃止学監事務所をおく）
		五月	開成学校を東京開成学校と改称
		八月	学校の名称に官公私立の別を明示
		十二月	東京英語学校設置（東京外国語学校英語科を分離）
			文部省第一回留学生十一名、うち九名はアメリカへゆく
		十一月	デヴィッドマレー学監に就任
		七月	B・H・チエンバレン海軍兵学寮に英学と数学を教える（十五年まで）
			英人アトキンソン東京開成学校化学教師となる
		四月	A・C・ショウ慶応義塾でキリスト教倫理学を教える
		十月	ドーラ・E・スクンメイカー女史来京

三月	明六雑誌創刊（八・二一　四三号で廃刊）
	西周創刊号巻頭に「洋字ヲ以テ国語ヲ書スルノ論」ヲ発表
六月	C・ワーグマン漫画雑誌「ジャパンパンチ」創刊「ハムレット」の独白の一節を翻訳
	阿部泰蔵訳「修身論」文部省刊（ウエイランドのエレメンツ・オブ・モラル・サイエンスの邦訳）
	寺内祐之訳「理科一斑」（カッケンボスの邦訳）
	永峰秀樹訳「欧羅巴文明史」（ギゾーの邦訳）
	永峰秀樹訳「富国論」（ウオーカーの「サイエンス・オブ・ウエルスの邦訳）
	ウイリアムエブストル　「袖珍英和辞典」 関　吉孝　訳
	「広益英倭辞典」加賀金沢刊
	津田仙「農業三事」
	桑田親五訳「合衆国小史」文部省刊（グッドリッチの邦訳）
	前田泰一「珊瑚の虫」（ウイルソンリーダーの一部和解したもの）
三月	C・M・ウイリアムズ築地新栄町五丁目に英語学校を開設主任者クレメントブランシエのち入船町六丁目に移る（立教大学の起り）
十一月	ドーラ・E・スクンメイカー津田仙の協力をえて麻布新堀町に女子小学校を開く、救世学校、海岸女学校をへて青山学院女子部の起源となる

西暦		
一八七五		（地　方）
	一　月	京都に慶応義塾分校創設
	三　月	愛知、広島、新潟、宮城に外国語学校設置
	四　月	大阪開明学校、長崎広運学校を大阪外国語学校、長崎外国語学校と改称
	十二月	愛知、大阪、広島、長崎、新潟、宮城各外国語学校をそれぞれ英語学校とあらためる
明治八年	一　月	文部省第一年報なる（明治六年の実績報告統計）
	一　月	小学学令満六才から十四才までとなる
	二　月	二・一九日付でD・マレー明治七年の「マレー申報」を田中不二麿文部大輔あてに提出、地方教育視察の報告で長崎、大阪の英語学校の現状にふれている。
	五　月	箕作秋坪東京師範学校摂理となる（一〇・二まで）
	七　月	開拓使仮学校札幌学校と改称　八月札幌に移る
	十一月	東京女子師範学校設立中村正直請われて摂理となる
	七　月	A・J・ヘア共立学校教師となる
		永峯秀樹訳「開巻驚奇暴夜物語」（アラビアンナイツ中の漁夫の話その他の邦訳）
		室田充美訳ギゾー「西洋開化史」

福沢諭吉「文明論の概略」
林董、鈴木重厚訳「ミル経済論」この年から刊行
永峯秀樹訳「ミル代議政体」
宇田川準一訳「物理全志」（カッケンボスの邦訳）
小林儀秀訳「馬耳蘇記簿法」（C・C・マルシュ簿記の邦訳）
F・ブリンクリー「語学独案内」（三冊）
ブラウン「日英会話」
箕作麟祥訳述「泰西勧善訓蒙」文部省刊
何礼之訳「万法精理」（モンテスキューの英訳からの邦訳）
大島貞益「英国開化史」（バックルの邦訳）
「西洋開化史」太政官反訳局（パーレーの万国史）
この年「平仮名絵入新聞」に「西洋歌舞伎葉武烈土」（ハムレットの翻案）が掲載される

八月　森有礼商法講習所を開設W・C・ホイットニー教師となる
九・五　東京府移管　一橋大学の前身
三菱会社商船学校を創設　九年英人ラムゼー教師となる
（東京商船大学のおこり）
この年駿台英和女学校の前身喜多英和女学校創設「喜多」はアンナ・キダーの名にちなむ

（地　方）

一月　ジョンイング弘前の東奥義塾へおもむく

十一月　新島襄デヴィスの協力をえて京都に同志社英学校を創設

照崎女学校（のち大阪から京都へ転じ平安女学校と改名）神戸女学院創設

七月　徳島慶応義塾創設

西暦一八七六　明治九年

七月　「同人社文学雑誌」発刊（一六・五　九十二号で廃刊）

この年ニューヨークで英文の「日本教育史」刊行、英訳者は小林秀儀、乙骨太郎乙、校訂者ヴァーベッ

ク、概説はD・マレーの筆になる

英人C・W・コックス駒場農学校教師となる

英人W・G・テイクソン工学寮英学教師として来任

三月　G・コクラン同人社教師となる

三月　アリス・エリノア・ホーア（ホール）福沢諭吉に雇傭される

九月　チャールズ・S・イビー同人社教師となる

九月　グードマン攻玉塾教師となる

サトウ
石橋政方　「国語英和辞典」ロンドンで刊行

ベンザム
何礼之 「民法論綱」

統計寮訳「万国年鑑」（ステイツマンイヤブックの全訳本）

須川賢久訳「具氏博物学」文部省刊（ガノットの邦訳）

この年「七一雑報」（神戸で刊行のもの）にバンヤンの「ピルグリムズ・プログレス」の翻訳「天路歴程」が載る、訳者村上俊吉

B六番女学校新栄町に移り新栄女学校と改称

原胤昭銀座に原女学校を創立廃校となったA六番女学校からトルー夫人を教師にまねく

桜井ちか女史桜井女学校を創立

新栄女学校、原女学校、桜井女学校は合して女子学院となる

六月 修文館神奈川県師範学校に改組

この年ブラウン塾廃止

前年津田仙によって結社された学農社麻布本村町に農学校を開校 一八八四年（一七年）廃止

（地方）

八月 W・クラーク札幌農学校へおもむく

西暦 一八七七

明治十年

一月 工学校と工部大学校と改称

二月 東京女学校廃止にともない東京女子師範学校に英学科をおき旧女学校生徒を収容する

三月 東京府書籍館開設のちの東京図書館

四月 東京開成学校、東京医学校を合併して東京大学設置

東京英語学校を同大学に付属させ東京大学予備門と改称

米人E・S・モース（モールス）来朝東京大学動物学教師となる

英人J・コンダー（コンドル）工部大学校建築学教師となる

米人W・A・ホートン東京開成学校英文学教師となる

十月 米人ペイトンジョウドン学習院教師となる

十一月 ヴァーベック学習院教師となる

片山平三郎訳「地文学初歩」（ミッチエルの「ア・システム・オブ・スクール・ジオグラフイ」の邦訳）

永田健助訳述「宝氏経済学」（フオーセット夫人の「ポリテイカル・エコノミー・フオア・ビギナーズ」の邦訳）

西周「利学」（ミルの「ユーテイリタリアニズム」の漢訳）

西村茂樹「求諸已斉講義」（ヒコックの「モラルサイエンス」の訳）

牧山耕平訳「巴里万国史」文部省刊

アレンシャンド述「銀行大意」

西暦		
		E・H・ハウス英字週刊紙「トウキョウ・タイムズ」創刊（一八八〇年廃刊）
		この年週刊「民間雑誌」（一二・三付）に「ヴェニスの商人」の翻案「胸肉の奇訟」が出る
	一月	救世学校築地で開校式をあげ海岸女学校と改名 立教女学校湯島に創設
	九月	長老派各地の私塾を統合して築地明石町に一致神学校を創設 （明治学院大学の前身） C・M・ウイリアムズ築地に三一神学校を創設
		（地　方）
	二月	愛知、広島、長崎、新潟、宮城の各英語学校を廃止 同志社女学校創立（京都）
一八七八	明治十一年 七月	D・マレー「東京府下公学巡視申報」を提出する
	八月	米人フェノロサ東京大学へ来任、哲学、政治、経済を担当
	十二月	D・マレー満期解任
	六月	チャールズ・グーディング学習院教師となる

西暦 一八七九

明治十二年

W・C・ホイットニー学農社教師となる

「欧州奇事花柳春話」(丹羽純一郎によるリットン卿の「アーネスト・マルトラヴアー」の抄訳)

木村一歩訳「万国史」文部省刊

深間内基訳「ミル・男女同権論」(「サブジエクション・オブ・ウイーメン」の邦訳)

中村正直訳「西洋品行論」(スマイルズ「キヤラクター」の邦訳)

大井謙吉訳「威氏修身学」(ウエイランドの「エレメンツ・オブ・モラル・サイエンス」の邦訳)

山東直砥訳「英語挿入新撰山東玉篇」

五月 築地一丁目に耕教学舎創立

一四・四 銀座三丁目に転じ東京英学校と改称、青山学院男子部の起り

(地 方)

梅花女学校創立(大阪)

七月 グラント将軍来朝

九月 学制を廃し教育令を制定

「英華和訳字典」乾坤二巻 山内轍出版

W・ロブスチードの「英華字典」の日本訳　訳者津田仙、柳沢信大、大井謙吉
校正　中村敬宇
林董訳「刑法論綱」（ベンザムの邦訳）
「地理論略」文部省刊（ウオレンの「フイジカル・ジオグラフィー」の邦訳）
土居光華
萱生奉三　共訳　バックル「英国文明史」
王堂チャンブレン氏編述「英語変格一覧」
和田垣筠莊居子「李王」（キング・リアの邦訳）
「意訳天路歴程」　佐藤喜峰編　十字屋発売

五月　同人社女学校　麹町に創設

（地　方）

四月　大阪英語学校と大阪専門学校とし医、理の二科をおく
活水女学校創立（長崎）
光塩学校（梅香女学院の前身）創立（下関）

解題

江利川　春雄（和歌山大学教育学部教授・日本英語教育史学会会長）

勝俣銓吉郎『日本英学史話』

勝俣銓吉郎について

勝俣銓吉郎は明治五年一一月一八日（一八七二年一二月一八日）に神奈川県足柄下郡に生まれた。本名は銓吉。小学校を卒業後、家計を助けるために横浜郵便局の書記となり、傍ら横浜英和学校などで英語を学んだ。一八九五（明治二八）年一一月には検定試験に合格し、小学校英語科専科準教員免許状を取得。翌年二月には横浜電信局を退職して東京の国民英学会正科に入学、五月に卒業すると同校英文学科に進み、一二月には抜群の成績で卒業した。

一八九七（明治三〇）年五月にはジャパンタイムズ社に入社。翌年四月には『英語青年』の前身である『青年』（*The Rising Generation*）を武信由太郎《たけのぶ》とともに編集し、ジャパンタイムズ社から創刊した。一九〇一（明治三四）年四月には東京府立第四中学校（現・東京都立戸山高等学校）教諭心得となったが、翌年一二月に三井鉱山合名会社入社、団琢磨専務の英文秘書となった。

一九〇六（明治三九）年二月に同社を退職、三月に早稲田大学講師となり、主に商学部の英作文を担当し、後には高等師範部、その後身の教育学部、文学部などにも出講した。一九一一（明治四四）年四月に早稲田大学教授となり、一九四三（昭和一八）年三月に早稲田大学を定年退職、名誉教授となった。

戦後の占領下では、一九四五（昭和二〇）年一二月に外務省終戦連絡中央事務局嘱託、一九四八（昭和二三）年二月に司法省終戦連絡部嘱託となった。一九五〇（昭和二五）年四月に立正大学文学部講師となり、翌年四月には富士短期大学初代学長兼理事兼教授となった。一九五九（昭和三四）年九月二二日、胃病により死去（享年八六歳）。

勝俣の代表作は、画期的なコロケーション辞典である『英和活用大辞典』（研究社、一九三九、改訂新版一九五八）で、他に『研究社新和英大辞典・第三版』（研究社、一九五四）などの辞書や英語参考書も多い。

勝俣はまた、洋学史・英学史に関する厖大な資料・文献を収集し（後述）、「本邦英学史研究家として最長老、最大の権威である」（福原麟太郎）と評価されている。しかし、以下の雑誌論文を除くと、研究書としては全四七ページの『日本英学小史』（研究社、一九三六）があるのみである。

「古い会話書」『英語青年』第三〇巻第七～九号連載、一九一四（大正三）年一～二月
「最初の英和対訳辞書」『英語青年』第三二巻第一～二号、一九一四（大正三）年一〇月
「日本欧化史の片影」『我等』第三巻第一一～一二号、一九二一（大正一〇）年一一～一二月
「英文典事始」『英語青年』第四九巻第二～四号、一九二三（大正一二）年一～二月
「日本最初の英語教師マクドーナルド」『人情地理』第一巻第四号、一九三三（昭和八）年四月

勝俣銓吉郎の履歴・業績・人物像に関しては、『英語青年』第一〇五巻第一二号（一〇月号）の「勝俣銓吉郎翁追悼」に掲載された上井磯吉の「勝俣銓吉郎先生略伝」、竹村覚《さとる》の「日本英学史と勝俣先生」などのほか、研究論文としては出来（一九七六、一九九四）などがあるが、残念ながら、いずれも本書に収録した「日本英学史話」には言及していない。

「日本英学史話」の概要と価値

「日本英学史話」は、早稲田大学教授だった勝俣銓吉郎が、一九四一（昭和一六）年六月一七日に東京の丁酉《ていゆう》倫理会（後述）で行った講演筆記で、同会の機関誌『丁酉倫理会倫理講演集』第四百六十九輯（同年一一月一日発行）の七～二二七ページに掲載された（全二一ページ）。

この講演は、「英語がどういふ風にして日本人の間に行はれるやうになったかを極くざっとお話」（七ページ）したものである。一般聴衆を相手にしているため、たいへんわかりやすい。内容は、日本における漢学、南蛮学、蘭学、そして英学に至る通史をたどるというスケールの大きな講演である。それだけに、英学史そのものの話は二〇ページ以降の四割ほどであるが、そこには日本の外国語学習・研究の全史の中に英学史を位置づけるという勝俣の姿勢がよく表れている。勝俣が生涯を掛けて収集した厖大な文献資料は、英学にとどまらず、蘭学関係も大量に含まれている。その意味では、勝俣を単に「英学」研究者と規定することには無理がある。

「日本英学史話」では、そうした資料収集の苦労話や、洋学史・英学史研究にかける勝俣の思いなども率直に語られており、興味は尽きない。

ただし、勝俣の猛烈な資料収集と、それらの資料の学術的価値は、実際にはこの講演で語られている以上のものだった。勝俣に私淑し、『日本英学発達史』（一九三三）を著した竹村覚は、次のようなエピソードを伝えている（竹村一九五九、四六二ページ）。

先生の蒐集は、まことに徹底したもので、その苦しみは、われわれが想像していた以上のものであり、時には一家の経済を全く無視した苦い経験も、おありのようであった。たとえば、月給をお貰いになると、さっそく早稲田鶴巻町あたりの古本屋に、つぎつぎと借金を払われ、帰宅した時には、月給袋は、ほとんど空っぽになっていたことも、度々あったということである。（中略）こうして先生が集められた資料や文献は、実に貴重なものばかりで、英学史研究家は、かならず先生の門を叩かなければ、本当の研究が出来ない有様であった。

こうした勝俣の厖大な洋学・英学資料は早稲田大学洋学文庫に収められ、一部はデジタル画像で公開されている。今日では二度と集めることができない珠玉のコレクションである。勝俣という洋学・英学史研究の虎は、死してなお偉大な皮を残したわけである。

なお、前述の『英語青年』第一〇五巻第一二号には、勝俣の遺稿「英学史話」が掲載されている（四六八～四六九ページ）。これは「昭和二三年一〇月一八日に、戦後創刊された『英学生新聞』という高校上級・大学初年向けの英語学習雑誌のために執筆されたものであるが、掲載準備中に同誌が廃刊になったため」、『英語青年』に掲載されたものである。わずか二ページの小品であり、今回復刻した「日本英学史話」とはまったく別物である。ただ、この遺稿には「日本英学史話」および『日本英学小史』と内容的に共通する記述がある。それは、勝俣が日本英学史研究を始めるに至った動機を述べた次の部分である（四六八ページ）。

この〔英学の〕研究は著作をしようという考えよりも寧ろ講演の材料としようとしたものであって、それは洋行したとき世界をあっと言わした近代日本の発展ぶりの底力となった英語が日本に於て如何にその研究が始められ、また如何に発達したかを西人に知らせたいという念願からである。

前述のように、勝俣は集めた厖大な資料の割には英学史に関する論考が少ない。だが、それは偶然ではなく、はじめから「著作をしようという考えよりも寧ろ講演の材料としようとした」からだと自ら語っている。相次ぐ戦争にも阻まれ、勝俣の洋行の夢は叶えられなかった。しかし、英学史に関する講演を行うという夢は国内で叶えることができた。それこそが、丁酉《ていゆう》倫理会で行った彼の唯一の講演記録「日本の英学史話」（一九四一）なのである。

丁酉倫理会について

丁酉倫理会に関しては、石毛忠ほか編『日本思想史辞典』が次のように述べている（六七四ページ）。

日本で最初の倫理学研究会。一八九七（明治三〇）年に姉崎正治・大西祝《はじめ》・横井時雄・浮田和民・岸本能武太らが設立した丁酉懇話会を母体として、一九〇〇年に発足した。「保守的国家主義に対して人格主義を主張し、宗派争いや神学や教理論争以外に人間の道を求める」（姉崎）をモットーとした。月一回の研究会や講演会を開催し、さらに全部で五三五集〔後継誌を含めると五四八集か〕にも及ぶ講演集を発行した。〇二年の哲学館事件では罷免された中島徳蔵の弁護をするなど、穏健な立場を維持していた。四七年（昭和二二）に解散したが、会員の多くは五〇年設立の日本倫理学会に引き継がれた。

丁酉倫理会は、一九〇〇（明治三三）年五月から講演会の記録を「倫理講演集」として発行した。一九〇四（明治三七）年から監事を委託された中島徳蔵は、同年一月から毎月講演集を編集し、一九三〇（昭和五）年一月末まで続けた。丁酉倫理会の倫理講演集は一九四五（昭和二〇）年の第五一六輯まで続き、一九四七（昭和二二）年から「丁酉倫理」、翌年三月から「倫理」と改題され、少なくとも一九四九（昭和二四）年三月号の第五四八輯までは発行されている（茅野二〇〇七、一七ページ）。

東京都都政史料館『東京の英学』一九五九（昭和三四）年

『東京の英学』の概要

『東京の英学』は、東京都史紀要の第一六として、東京都都政史料館から一九五九（昭和三四）年三月に発行された。東京都の刊行物であるが、実際の執筆者は著名な英学史研究者となる手塚龍麿（一八九八〜一九八五）である（後述）。Ｂ５判で、序文・目次が計八ページ、本文二三八ページ、付表と附録の東京英学年表（一八五一〜一八七九年）が二九ページの合計二七五ページである。和文タイプライターで印字された謄写刷で、奥付はない。なお、付表はいずれもＢ４判で折り込みとなっているが、復刻に際して本文と同様の見開きページ形式に改めた。

本書の概要については、日本英学史学会会長を務めた高梨健吉氏（当時・慶應義塾大学教授）が、簡潔かつ的確に次のように述べている（大村ほか一九八〇、一五四ページ）。

もと東京府文書として都政史料館に収蔵されている開学願書、開学明細調などの教育史料をもとにして主として明治初期の東京の英学私塾を調査したものである。明治初期の英語教育史を研究するには不可欠の資料となっている。内容は、序説としてわが国における英学のおいたち、蘭学から英学へ。（一）明治初期の東京の英学私塾（学制以前）（二）同（学制以後）（三）英学私塾概観（四）英学私塾の教科内容（五）女子・童児を主とする英学私塾（六）英学による商業教育と農業教育（七）英学教師の系譜（八）外人教師の片影（九）英学私塾の衰退と前進（大学への萌芽）（一〇）史料・東京府文書を中心にみた英学私塾。

本書は、その名の通り東京に焦点を当てた英学史研究であるが、明治初期の英学教育機関は多くが東京に集中しており、しかも本書は東京以外の英学教育機関についても簡潔ながら言及しているため、当時の日本における英学史の全国的な動向をほぼ把握することができる。

また、対象が主に私塾であるとはいっても、その日本英学史・英語教育史に占める存在意義はきわめて大きい。明治初期の外国語教育を担った主体は、官立（国立）学校よりも私立の英語学校（私塾）だったからである。そうした事情については、本書二九ページ以降の「官学と私学」に詳しい。「とくに慶応義塾では多くの英学教師を養成し、官、私学を通じて東京英学の隆盛に尽しただけでなく、その足跡は全国各地に印せられ、わが国英学の進展に大きな功績を残した」（三九ページ）。

英学塾開設の最盛期は一八七二（明治五）年だった（七八ページ）。一八七四（明治七）年の『文部省第二年報』によれば、官立以外の英語学校は公立が六校、私立が七六校だった。公私立八二校のうち、英語のみを教える学校が六九校（八四・二％）、フランス語のみが七校（八・五％）、ドイツ語のみが一校（一・二％）、英語とそれ以外の外国語を教える学校が五校（六・一％）だった。大半を占める私立英語学校のほとんどが東京に集中しており、生徒数が多かったのは福沢諭吉の慶應義塾五二六人を筆頭に、近藤真琴の攻玉《こうぎょく》塾三五一人、中村正直《まさなお》の同人社二五三人などが続いた。この三校だけで合計一、一三〇人に達し、同じ一八七四（明治七）年における官立外国語学校七校の生徒数一、〇〇五人を上回っている（江利川二〇一八、七一ページ）。

本書の最大の魅力は、東京都が保管する開学願書、開学明細調などの一次史料に基づいた信頼性の高い記述であることである。本文中にも、そうした一次史料がふんだんに引用されている。さらに、附録の「史料・東京府文書を中心にみた英学私塾」（一九一～二三八ページ）には、慶応義塾、攻玉塾などの代表的な一〇校の開学願書がそのまま掲載されており、設立趣旨、校則、カリキュラム、教科書配当、教員組織などを正確に把握することができる。そのことが、本書の資料的価値を一段と高めている。

こうした「史料をして語らしめる」方法を取ることができたのは、何よりも著者の手塚自身が東京都の当該部局の職員（一九五四年からは都政史料館長）として、所蔵史料に精通していたからである。そうした手塚の足跡を次に見てみたい。

手塚龍麿について

手塚龍麿（竜麿という表記も多い）は一八九八（明治三一）年に茨城県稲敷郡龍ヶ崎町（現・龍ヶ崎市）に生まれた。一九二一（大正一〇）年に同志社大学英文科本科を卒業後、各地の中学校教諭や京都基督教青年会（ＹＭＣＡ）英語学校講師を経て、一九三三（昭和八）年に東京市の都市計画部に勤務。一九四九（昭和二四）年に東京都総務局文書課調査係長、一九五二（昭和二七）年に東京都職員研修所教務課長などを歴任し、一九五六（昭和三一）年に都政史料館長となった。定年後も嘱託として東京都公文書館に務め、七七歳となった一九七五（昭和五〇）年まで勤務した。一九六四（昭和三九）年創設の日本英学史研究会（一九七〇年より学会）に当初から参加し、研究例会や紀要で旺盛な研究発表を行った。

手塚はまた、東京府所蔵の公文書にもとづく一連の学校史研究を、以下のように「都史紀要」として継続的に編纂した。いずれも英学史・英語教育史研究にとってかけがえのない史料文献となっている。

『商法講習所』一九六〇（昭和三五）年
『東京の女子教育』一九六一（昭和三六）年
『東京の大学』一九六三（昭和三八）年
『東京の理科系大学』一九六四（昭和三九）年
『東京の幼稚園』一九六六（昭和四一）年
『東京の特殊教育』一九六七（昭和四二）年
『東京の各種学校』一九六八（昭和四三）年
『東京の女子大学』一九六九（昭和四四）年
『東京の初等教育』一九七〇（昭和四五）年
『続・東京の初等教育』一九七一（昭和四六）年
『東京の中等教育一』一九七二（昭和四七）年
『東京の中等教育二』一九七四（昭和四九）年
『東京の中等教育三』一九七五（昭和五〇）年

手塚はこれ以外にも、自分の名前で次のような著作を発表している。その多くが日本英学史に関連するものである。

『私の東京散歩』紅葉屋印刷、一九六一年
『英学史の周辺』吾妻書房、一九六八年
『日本近代化の先駆者たち』吾妻書房、一九七五年
『自治・その折り折り』公人社、一九七六年
『頂に憩う』新教出版社、一九八四年

手塚龍麿は大学に籍を置く専門研究者ではなかった。しかし、東京都の職員として、都が所蔵する厖大な学校設立関係文書にじかに接する立場に身を置き、さらに日本英学史研究会・学会での旺盛な活動を通じて、一次資料に基づく実証的で手堅い研究成果を数多く世に問うてきた。

『東京の英学』は、そんな手塚の珠玉の一冊である。

参考文献

石毛忠ほか編（二〇〇九）『日本思想史辞典』山川出版

上井磯吉（一九五九）「勝俣銓吉郎先生略伝」『英語青年』第一〇五巻第一二号（一〇月号）、研究社

江利川春雄（二〇一八）『日本の外国語教育政策史』ひつじ書房

大村喜吉ほか編（一九八〇）『英語教育史資料五』東京法令出版

勝俣銓吉郎（一九三六）『日本英学小史』研究社（翻刻版は、杉本つとむ編著『日本洋学小誌』皓星社、二〇〇一）

勝俣銓吉郎（一九五九）「英学史話」『英語青年』第一〇五巻第一二号（一〇月号）、研究社

茅野良男（二〇〇七）「井上円了と東洋大学（その一）」『井上円了センター年報』第一六号（東洋大学井上円了記念学術センター）

竹村覚（一九五九）「日本英学史と勝俣先生」『英語青年』第一〇五巻第一二号、研究社（竹村については、本復刻シリーズ第Ⅰ集第五巻「解題」参照）

出来成訓（一九七六）「英学者勝俣銓吉郎」『英学史研究』第九号（『日本英学史考』東京法令出版、一九九四に再録）

手塚崇之（一九八五）「手塚龍麿先生略年譜」『英学史研究』第一八号

英《えい》語《ご》教《きょう》育《いく》史《し》重《じゅう》要《よう》文《ぶん》献《けん》集《しゅう》成《せい》　第一〇巻

英《えい》学《がく》史《し》研　究《けんきゅう》

二〇一八年一一月二六日　初版発行

監修・解題　江《え》利《り》川《かわ》春《はる》雄《お》

発　行　者　荒井秀夫

発　行　所　株式会社 ゆまに書房
東京都千代田区内神田二-七-六
郵便番号　一〇一-〇〇四七
電　話　〇三-五二九六-〇四九一（代表）

印　　　刷　株式会社 平河工業社

製　　　本　東和製本 株式会社

定価：本体一四，〇〇〇円＋税

ISBN978-4-8433-5463-6 C3382